中国转型

改革与可持续发展之道

China's Next Transformation

胡祖六◎著

北京大学出版社
PEKING UNIVERSITY PRESS

图书在版编目(CIP)数据

中国转型——改革与可持续发展之道/胡祖六著.—北京:北京大学出版社,2012.9
ISBN 978-7-301-20584-6
Ⅰ.①中… Ⅱ.①胡… Ⅲ.①中国经济—经济发展—研究 Ⅳ.①F124
中国版本图书馆 CIP 数据核字(2012)第 083319 号

书　　　名:	中国转型——改革与可持续发展之道
著作责任者:	胡祖六　著
策 划 编 辑:	叶　楠
责 任 编 辑:	叶　楠
标 准 书 号:	ISBN 978-7-301-20584-6/F·3169
出 版 发 行:	北京大学出版社
地　　　址:	北京市海淀区成府路205号　100871
网　　　址:	http://www.pup.cn
电　　　话:	邮购部 62752015　发行部 62750672　编辑部 62752926
	出版部 62754962
电 子 邮 箱:	em@pup.cn
印　刷　者:	北京大学印刷厂
经　销　者:	新华书店
	787毫米×1092毫米　16开本　18.75印张　288千字
	2012年9月第1版　2012年11月第2次印刷
印　　　数:	8001—11000册
定　　　价:	48.00元

未经许可,不得以任何方式复制或抄袭本书之部分或全部内容。
版权所有,侵权必究
举报电话:010-62752024　电子邮箱:fd@pup.pku.edu.cn

序

《中国转型》汇集了胡祖六博士近年来发表于国内外各种刊物有关中国经济改革和可持续发展的部分研究评论。书中各篇文章都不长,但涉猎广泛,从2008年的全球金融危机,到国内宏观经济增长和社会发展、体制改革、金融运行,乃至企业管理、技术创新,都有作者的潜心思考和分析见解。

自1978年党的十一届三中全会以来,中国走上了改革开放和经济社会加快发展的道路。1992年党的十四大、1993年党的十四届三中全会确立了社会主义市场经济体制的改革目标,以及建设社会主义市场经济的基本框架。2007年党的十七大确立了科学发展观作为推进经济发展方式转变的指导方针。2010年党的十七届五中全会通过了制定国民经济和社会发展"十二五"规划的建议,在经济发展、结构调整、居民收入、社会建设和改革开放等方面提出了新的目标,明确要把中国引上一条由内需拉动的,更加平衡、自主创新、资源节约和环境友好的可持续发展的新的道路。

正如作者在书中反复强调的,回顾三十年来改革开放的历程,我们取得了举世瞩目的成就,但如何实现更为平衡、协调和可持续的发展模式问题也比较突出。特别是这次全球金融危机爆发以后,我们面临着更多的挑战。如何站在全球化的视野,分析与解决下一步我国深化改革开放所面临的主要矛盾,是我们必须面对的重大课题。我们看到,胡祖六博士在他的这本书里,对中国经济转型过程中的一些重要问题进行了认真思考和探索,提供了很多受人关注的讨论与见解。

不久前在墨西哥召开的G20洛斯卡沃斯峰会上,各国领导人就有关经济复苏和贸易自由化、国际金融体系改革、绿色增长和可持续发展、全球经济治理等问题进行了广泛深入的讨论,并形成了一些共识。应该说,这些议题也是当前我国进一步推进改革开放和经济社会发展所必须面对并深入研究的问题。这次危机后,有关经济增长、宏观调控、金融运行和政府行为等领域的理论和实践有了新的发展,很可能孕育着较为广泛的理论创新、制度创新和政策创举,值得深入研究、归纳和总结。同时,在践行科学发展观、落实"十二五"规划,进一步深化我国改革开放的事业中,也需要更多全面深入且结合中国实际的研究。胡祖六博士的《中国转型》一书在此领域作了有益的探索与尝试。我们期待着学术界能够更深入、全面、客观地讨论这些问题。

周小川
中国人民银行行长

目录

1　把握宏观大趋势

3　　中国的五大变迁：机会与挑战

9　　中国会因为全球危机而终止改革吗？

12　　中国的非凡开放之路

18　　中国对于世界作出了什么贡献？

22　　全球金融危机与中国的应对策略

33　　中国能否成为全球金融危机后的大赢家？

40　　做一个聪明的"老二"

43　　跨越"中等收入陷阱"

46　　入世十年回顾与前瞻

49　　保增长不能牺牲体制改革

52　　中国经济增长潜力尚未充分释放

55　　提高生产率是防止中国经济减速的关键

58　　中国的全球影响与领导力来自哪里？

67　转变政府职能

69　　政府的主要作用是提供公共品

71　　政府介入市场应循"大拇指法则"

73　　均贫富不如均机会——怎样看待收入不平等？

76	新一轮财政改革须提上议事日程
79	富人移民潮说明了什么？
83	中国需要什么样的市场经济？

制度改革：以邻为镜

89	不可等闲视印度
92	尤科斯事件冲击波
95	"两房"教训
102	什么是全球金融危机的真正起因？
109	奥巴马与美国梦
113	千秋功罪自有评说——保尔森《峭壁边缘》与全球金融危机的处置化解
117	全球金融体系：危机、现状与未来
126	美国信用降级意味着什么？
129	德国奇迹
131	西方经济日本化？
134	条条道路通罗马

深化金融改革

141	一石双鸟——中国养老金制度改革与资本市场发展
146	中国银行业改革——刻不容缓的任务
166	全球危机中的中国金融体系：机遇与挑战
171	资本账户开放应成为中国下一轮金融改革的重心
175	人民币在世界经济中的角色
180	金融在落实"十二五"规划中的关键作用
189	金融机构最佳运营之道

194	如何解决"太大而不能倒"？——全球银行改革面临的最大考验
199	唱衰美元几时休？
202	为资本账户改革鼓与呼
205	重塑金融监管框架
210	中元崛起

应对能源与环境危机

217	能源、环境与经济可持续发展
220	有效应对能源与环境对中国经济增长的挑战
225	中国新型城市化战略探讨

知识产权与创新

233	知识产权和中国经济的未来
246	新经济依然充满生机
249	如何实现从"中国制造"到"中国创造"的飞跃？
254	利用资本市场推动创新和经济转型

培育有竞争力的世界级企业

261	中国企业如何迎接全球竞争？
270	中国来了
273	"公司中国"的崛起
277	企业卓越之路
281	如何处置中国概念股"集体信誉"危机？
284	中国可以复制乔布斯吗？
288	企业家——中国经济可持续增长的动力

把握宏观大趋势

中国的五大变迁:机会与挑战

自20世纪70年代末起,中国开启了宏伟的现代化之旅,取得了举世瞩目的辉煌成就。在过去二十五年中,国内生产总值年均增长9%以上,近两亿的人口摆脱了绝对贫困,中国一跃成为全球第六大经济体、第三大贸易国,在世界经济中的地位与作用日益上升。

二十五年来,中国发生了深刻的变革。但是,中国的巨变并未完成,过程仍在延续,虽然充满希望,但是终局尚难预测。中国正在经历着巨大的历史性变迁。这些变迁对中国的未来有着深远的影响,但变迁过程极其复杂、艰难,充满风险与不确定性。

中国正在经历的第一个历史性变迁是从计划经济转轨为市场经济的变迁。从1978年开始,中国开始打破传统的中央计划经济模式,逐步引入市场机制,包括取消人民公社制,引入家庭联产承包责任制;成立经济特区;放开价格管制,打破垄断,引入竞争,对国有企业进行股份制改造,发展私营经济等。这个变迁的过程就是不断市场化的过程。市场化的改革极大地唤醒和刺激了中国人的聪明、勤劳与创业热情,为中国经济带来了前所未有的活力。迄今,中国在市场化的改革中已取得了巨大进展,表现为国有经济比重大幅降低,涌现了一大批有活力的民营企业;一些重要的国有产业,如电信、石油、电力等进行了战略重组与国际上市,培养了一些更有效率与竞争力的大型企业,如中国移动、中国石油等。但是,中国的市场化过程尚未结束。中国仍然有大量经营不善陷入困境的国有企业,给中国经济造成了巨大的包袱。国有银行体系的脆弱也是一个巨大的隐忧。推进与深化市场化改革,仍是中国面临的艰巨任务。

中国正在经历的第二个变迁是从传统农业到制造业与服务业的变迁。中国常被称为农业大国,但在过去二十五年中,农业占GDP的比重不断下降,而制造业与服务业的比重则不断上升。尤其是工业在GDP中的比重已上升为46%,与美国、日本旗鼓相当。因此,中国被称为制造业大国,名副其实,当之无愧。经济结构由低附加值的传统农业向高附加值的现代工业与服务业演变,是提高生产率的必经之路。这一变迁称为工业化。

显然,中国目前还处于工业化的初期,劳动密集型的制造业在中国的经济结构中占主导,以科技和知识为基础的高端制造业与服务业比重还比较低。中国急待提高工业生产与服务业的资本及知识密度,更多地投资研发与创新活动,大量积累知识产权,以成功地实现产业的升级换代。只有这样,中国的工业化进程才可以持续,并得以圆满完成。

中国正在发生的第三个历史性变迁是从乡村向城市社会的变迁,即城市化。在过去二十五年中,中国城镇人口净增加了2亿,城市人口占全国总人口的比重由20%上升到36%。乡村人口向城镇迁移,变成了新型消费者,成为日益扩大的中产阶级的一部分,刺激了公共基础设施、住房、零售与服务业的发展。都市化既是现代化的最终标志,又是推进现代化进程的巨大动力。但是大规模快速城市化也造成了新的挑战,显著增加了对市政基础设施、能源、交通、环境、公共医疗卫生系统、教育文化、社会福利等多方面的压力。

中国正在经历的第四个历史性变迁是由年轻人口向老龄社会的变迁。由于一胎化生育政策、出生率的下降、预期寿命的提高,中国已经开始了类似美国、日本与欧洲已经历的人口年龄结构变迁。据预测,大约二十五年后中国老龄人口占总人口的比例将上升为20%,或者说达到今天的经合组织(OECD)的老龄化平均水平。中国"未富先老",人口老化早于欧洲,在人均GDP刚到1 000美元时就开始发生了,而且老龄化的速度也比欧洲快。如何在吸取国际经验教训的基础上,建立一个可持续、可靠和有效率的养老制度,是中国在人口快速变迁中的一个艰巨挑战。建立一个资金积累型、以个人账户为主、可持久的养老体系,既能满足老龄化的挑战,又能促进中国资本市场与金融体系的发展。

中国正在发生的第五个历史性变迁是从闭关锁国到对外开放的变迁。自1978年邓小平实行改革开放政策，引入外商直接投资，鼓励对外贸易，中国已从沉睡的封闭经济体迅速成为世界经济中一支最活跃的力量。中国外贸增长速度远远高于世界贸易平均增长速度，贸易排名从世界100名之后跃升到前几位。中国已经刚刚取代令世人羡慕的贸易强国——日本，成为世界第三大贸易大国。

特别引人注目的是，中国于2001年正式加入世界贸易组织（WTO），成为迈向全球化进程中的一个重要里程碑。但是，中国迅速地、成功地融入国际经济，也在世界某些角落引起了非理性的恐惧，刺激了贸易保护主义势力。

上述五大结构性变迁给中国提供了前所未有的发展机会，也造成了前所未有的挑战。比如，在市场化的过程中，中国企业更加有效率、不断创造新的财富，但与此同时，中国社会也出现了收入差距扩大、地区发展不平衡等现象。中国快速的工业化与都市化刺激了生产、投资与消费，推动了经济增长，但同时也导致了空气与水资源的严重污染，耕地被蚕食萎缩，绿色植被尤其森林覆盖面积的急剧减少，给中国本已脆弱的自然环境造成了不堪承受的负荷。

所有这些问题都应该得到认真的正视与关注。过渡时期所出现的大部分问题，如地区发展不平衡、贫困人口问题，必须也只能靠经济增长来逐步解决。持续的、快速的经济增长是在中国消灭贫困的根本大计。中国改革开放的总设计师邓小平说过，"发展才是硬道理"。

但是，中国下一步的发展战略应当更加科学，在总结过去二十五年成功经验的基础上，力图创新，迈上一个新的、可持续的发展平台。

中国过去二十五年最成功的秘诀在哪里？就是市场化与全球化。或者说改革与开放这两个轮子的结合。正因为改革与开放，过去的二十五年已为中国经济的腾飞打下了一个良好的基础，储积了巨大的动能与势能。为保障中国经济高速发展，必须继续深化市场化的改革，同时加速与国际经济的接轨。

就中国已面临的日益尖锐的环境问题而言，其实欧美发达国家也都曾经历过环境危机，有过深刻的教训，并在治理与保护环境方面形成了一套有效的法规政策体系与技术手段。这些经验可为中国参考与借鉴。

事实上,中国作为一个后来者,享有发展经济学中的所谓"追赶优势",即我们可以学习其他国家现代化的成功经验与失败教训,采用全球最先进的技术、管理与最佳惯例,从而以最快的速度缩小差距,并最终实现超越。

中国虽是历史悠久的农业文明古国,但不幸错失了18世纪末的西方工业革命。在那以后的两个多世纪里,中国衰落了,被工业化了的西方——先是西欧和美国,后来又有俄国和日本——远远地甩在后面。在工业化与城市化上,中国是落伍者。为了赶超,中国应当坚定不移地执行邓小平的英明开放政策,向一切先进国家与民族学习,开放市场、引进外资,等等。中国过去二十五年所取得的巨大成就,可以在很大程度上归结于中国的开放政策。

但是,中国国内近来出现一种令人不安的思潮,左翼保守的势力又开始抬头,怀疑甚至否定市场化改革的成就,怀疑甚至否定对外开放的重要性,盲目的、狭隘的民族主义与保护主义情绪不断上升。

中国入世协议的相关承诺本来是市场开放的最低条件和门槛,但是,一些部门与团体却把那些承诺当做最高——而不是最低——的门槛,不愿越雷池一步。国际经济发展史表明,保护主义政策,不管多么冠冕堂皇,从来就没有真正保护过民族工业,最多只是保护了少数特殊利益,而最终损害了全体国民的福利。

在对外开放上,现在中国还出现了一种盲目自大、故步自封的意识。如果你讲国际经验,有人就会说这些我们都知道,不新鲜。如果你讲国际最佳惯例,这些人又会说没什么了不起,美国不是也有会计丑闻,出了安然和世通事件吗?这种盲目自满、排斥国际经验的情绪令人担忧。

其实,中国在取得经济发展成就、民族自信心极大增强的时候,还是需要谦虚谨慎、兼蓄并纳,万万不可过分自满。世界经济史上充斥了大量曾经历过高速发展、充满潜力与希望的国家后来却停滞落伍的案例。

在亚洲,第二次世界大战以后被公认为经济发展最有潜力、最有希望的国家不是日本,也不是韩国、新加坡、中国香港与中国台湾这些"四小龙"们,而是菲律宾。菲律宾曾为西班牙与美国殖民地,是讲英语、信天主教的国家。当时日本战败后满目疮痍,更不用说一贫如洗的韩国、中国台湾,亚洲当时似乎没有一个国家和地区在经济发展的条件上比得过菲律宾。可是后来结果如何呢?日本成了第二次世界大战后亚洲乃至世界最大的经济奇迹。韩国、新加坡、中国香港与中国台湾也都成为新型的工业化社会。但是,菲律宾的经济却停滞不前,至今仍在低水平上挣扎。今天,中国香港地区雇有几十万菲籍佣工,他们在香港的微薄薪酬汇聚起来竟成了菲律宾最大的外汇收入来源之一。但是,很少有人知道,在第二次世界大战后直到20世纪50年代,曾有不少香港人迫于生计到菲律宾打工甚至当过家佣。

阿根廷曾是美洲一个极其富裕的国家,在20世纪初,阿根廷的人均GDP水平仅次于美国,高于加拿大。但今天,阿根廷还是一个累经危机的发展中国家,在经济实力与生活水平上遥遥落后于美国与加拿大。

巴西更是地大物博,充满巨大的潜力。但恶性通胀、外债危机、汇率贬值,使得巴西经济每况愈下。乐观的巴西人把自己的国家称为"the country of the future, forever!",即永久的未来之国。但是,巴西的巨大潜力迄今也没有充分发挥出来。

中国人均GDP 2001年首次突破1 000美元大关。按世界银行口径,中国最多也只能算低中等收入国家。中国经济增长速度的确很快,但其他国家也并没有沉睡。印度、越南、巴西、俄罗斯等,都在奋起直追。印度2002年第四季度的GDP增长了10.4%,甚至比中国的9.7%还要高。就是美国和日本这样高收入的、成熟发达的经济体的GDP增长率也达到4%!

处在目前的发展阶段,中国经济有如逆水行舟,不进则退。中国虽然充满活力,但也面临许多风险。中国的政府与人民必须清醒、理智。

过去二十五年的改革开放为中国经济的起飞与增长打下了一个良好的基础,积蓄了巨大的动能与势能。而未来的二十五年是中国经济腾飞、高速成长的关键时期。中国现代化的前途系于这二十五年。一万年太久,只争朝夕。中国人民必须有危机感、紧迫感。中国绝不可以错失这一黄金机会。

在未来二十五年中,中国必须顺利完成正在经历的五大结构变迁。这些变迁充满机会,也充满风险。在人类历史上,还没有一个国家在如此短的时期内同时经历如此之多、规模如此宏大的变迁。

中国目前所面对的困难是现代化的阵痛。我们既不能因为我们的困难而畏缩,也不能为我们的成就而自满。占人类五分之一人口的中华民族摆脱贫困走向富强,是21世纪人类的辉煌史诗。中华民族的伟大复兴指日可待!

本文系笔者于2003年5月在北京"高科技论坛"上的演讲。

中国会因为全球危机而终止改革吗？

全球金融危机不断加剧，已经使中国经受严重考验。出口急剧下滑，工业生产阻滞，数以千计的中小企业倒闭，成百上千万的民工失业。面对外部危机，中国本已疲软的楼市和股市进一步陷入低迷，消费和商业信心遭受挫折。为应对危机，中国果断地采取了多项政策行动，包括一项高达4万亿元人民币的庞大财政刺激计划，四次连续降息，以及许多旨在刺激内需的举措。当然，中国无力单独拯救世界。然而，如果全球最大的新兴经济体，能够在经济衰退大潮中逆流而行，世界面貌将会大大不同。

不过，不少经济学家和投资者仍对中国近期的增长前景感到焦虑，担心经济活动飞快减速，以及及时有效地执行一系列反周期政策所存在的固有困难。尽管我们不能低估经济近期面临的风险，但是也不能忽视中国在成功处理负面外部冲击上的辉煌成绩。就像十年前中国成功地抵御了亚洲金融危机的冲击一样，中国有条件应对当前的全球金融风暴，保持相对快速的经济增长。一个健康稳定的银行体系、令人羡慕的财政状况、企业和家庭部门低度杠杆化的资产负债表、国际债权人的地位，以及重要的一点——尚未开发的国内消费需求，都使中国在应对全球危机上处于一个独特的有利位置。

中国面临的真正问题，不在于它是否能够避免一场迫在眉睫的经济滑坡，而在于它是否会在中长期继续坚持改革开放政策。而改革开放政策正是中国过去三十年经济平顺转轨的基石。

实际上，不管从哪种角度看，中国都是近代人类历史上市场化经济改革最成功的个案。持续三十年不间断的9%的实际GDP年增长率，超过10倍的人均国民收入增长，使至少3亿人脱离赤贫状态，从农业经济体飞跃成制造业巨人，从一个自给自足的封闭经济体令人惊叹地崛起为全球贸易大国。中国改革开放前后的历史就像是一幅鲜活生动的画卷，不仅有力地宣告了苏联式计划经济梦想的破灭，同时令人信服地展现了自由市场经济制度所释放的巨大活力和财富创造潜能。

然而令外界旁观者感到困惑的是，就在这个节骨眼上，中国却似乎显现出某种程度的经济改革疲乏症。国内反对自由市场的声音受到当前全球金融危机的鼓舞，已经变得愈加喧闹。一些权威人士得意地宣称，以美国为代表的自由市场资本主义模式已经开始陷入长期衰落。许多人把全球金融危机归结于自由放任哲学的失败，并且以西方政府对知名金融机构进行"国有化"为由，鼓吹进一步强化国家对经济的控制，尤其是对金融体系的垄断，进一步巩固政府在"经济制高点"的顶端位置。与此同时，有些人自信地呼吁，中国要在重塑西方主导的全球金融体系过程中扮演更重要的角色。尤其是民族主义和民粹主义情绪已经逐渐渗透到国家决策层面，对吸引外国直接投资，特别是外资公司控股式收购行动的抵触情绪越来越大，而中国机构对外股权投资，尤其是针对西方金融机构的投资，也受到潜在的政治阻挠。进一步实行市场自由化的新举措已经完全停滞。中国正在显现出令人忧虑的迹象：失去了对改革的热情，更多地转向保护主义，对市场经济模式充满了不信任。

无可置疑的是，正在肆虐的全球金融危机，严重动摇了中国对西方自由市场体系和现有全球经济秩序的信心。然而，如果中国对危机作出过度反应，全面终止必要的改革，将是最不幸的事情。尽管中国数十年来已经取得了骄人的成就，然而它还没有完成向现代市场经济的过渡。法治建设，以及对包括农民耕地在内的公民私有财产的保护依然还不充分。经济系统的广大领域仍为国家直接掌控。政府严厉的，甚至常常是独断专行的干预，已经导致经济发生了明显的扭曲，这一点可以从煤油电的价格管制后果中看出。中国金融市场仍然并不成熟，效率欠缺。资本账户封闭，人民币汇率没有充分浮动，导致贸易不平衡不断扩大，以牺牲内需为代价。而涵盖养老、失业和医疗保险的全国性社会保障体系缺位,已经给中国社会结构造成了越来越大的压力,并威胁到社会稳定。

中国当前的经济难题,与它所面临的长期挑战比起来,可以说是小巫见大巫。找到治疗眼前问题的速效药并不难,然而经济要实现长期可持续发展,中国必须继续并深化体制改革。实际上,面对不利的外部环境依然推行深远的内部改革,中国在这方面成绩斐然。当邓小平在1978年富有远见和勇气地实施经济改革时,西方经济体依然在滞胀的泥淖中挣扎。当亚洲金融危机来临时,中国领导层也没有动摇,仍然坚定推进市场改革。而当2000年通信、传媒和互联网经济泡沫破灭,2001年美国陷入衰退,并遭受恐怖主义袭击时,中国依然选择加速改革和开放进程,并以加入世界贸易组织为标志,达到了这一过程的顶峰。

尽管自由市场体系时常发生周期性的金融危机和经济衰退,然而中国自身经验显示,任何国家都能从市场化改革和融入全球市场体系中受益。一场金融危机,即使目前这么严重的危机,也不能磨灭自由市场经济制度在创造长期经济繁荣和促进人类进步方面的功绩。

因此,中国应该避免误读当前全球危机的教训。逆转历史车轮,对中国和世界而言,都是一个悲剧性的错误。中国自然地渴望在全球经济和金融体系中扮演更重要的角色。不过,如果中国能够对自由市场经济制度表现出信心,继续致力于市场自由化,中国将会以榜样的角色,以最有效的方式发挥其在全球经济中的领袖作用。

本文英文原载于《华尔街日报》2008年12月2日。

中国的非凡开放之路

感谢亚洲协会组织本次以纪念中国改革开放三十周年为主题的午餐讨论会。笔者很高兴与笔者的朋友 Harry Harding 博士一起与各位分享一些看法。Harding 博士将阐释中国的政治演变以及中国与西方世界的关系,笔者将侧重于论述改革开放对经济发展的影响和意义。纵观人类经济发展的漫漫历史长河,鲜有政策如邓小平于三十年前提出的改革开放政策一般,如此剧烈地改变一个大国的发展进程,如此深远地影响世界的格局面貌。邓小平非凡的政治魄力和远见卓识促就了中国全方位的转型。

在接下来的演讲中,笔者首先将回顾中国对外开放进程的三个重要里程碑,接着阐述改革开放给中国带来的翻天覆地的变化,最后将简略描述可能影响未来三十年中国发展前景和全球经济地位的一些新挑战和新机遇。

一、里程碑

值中国改革开放三十周年之际,中国已在全球经济体系中占有举足轻重的地位,关于世界贸易抑或全球金融市场的重大讨论都无法忽略中国。

然而中国的对外开放之路并非一条坦途,而是跌宕起伏,甚至经历过暂时性的停滞和倒退。但综观全程,中国始终坚守开放之道,稳步扩大和深化与世界经济的融合。回顾中国的对外开放进程,笔者想强调几起至关重要、具有里程碑意义的事件。

一是 1978 年 12 月 18 日召开的中共第十一届三中全会。正是在这次会议上,邓小平举起了改革开放的大旗,创造性地将中国从封闭的中央计划体制领向对外贸易和投资的开放。

二是1992年著名的邓小平南方讲话。在1989年"学潮"和"天安门事件"后,改革计划受到了左翼势力的阻挠。正是邓小平的南方讲话,重启和重申了中国推行自由市场经济的决心和承诺。

三是中国于2001年正式加入世界贸易组织。历时约十五年之久,中国最终完成了与主要贸易伙伴的马拉松式的谈判。如果没有中国领导人江泽民主席和朱镕基总理非凡的政治勇气,中国成为世界贸易组织成员仍将遥遥无期。作为加入世界贸易组织的主要条件,中国全面推行贸易自由化,引入大量更加符合国际标准和惯例的经济法律、法规和政策。加入世界贸易组织使中国深深融入了国际贸易体系。

另一项里程碑式的重要事件笔者认为非常值得一提,那就是中国针对1997—1998年亚洲金融危机的应对之道。尽管当时悲观气氛蔓延,中国仍保持人民币币值稳定,国内经济稳步增长。更让人称道的是,中国加快了对国有企业,尤其是问题重重的银行业的结构调整。正是中国的运筹帷幄使之力挽狂澜,不仅在维护危机地区稳定方面发挥了建设性的作用,而且为中国赢得了国际社会的喝彩,同时也使中国在历经亚洲金融危机的洗礼之后变得更加强盛。

二、成就

中国在过去三十年取得的成就自当彪炳史册。请允许笔者再次回顾一下大家都耳熟能详的中国迄今所取得的成就。

1. 贸易强国

开放政策促使中国从封闭的经济孤岛转型为重要的贸易强国。除了幅员辽阔,1978年的中国与今天的朝鲜几无二致,同样地贫困、无望、孤立、自闭,在世界经济版图上的地位微乎其微。

开放三十年以来,中国的对外贸易实现了跨越式发展,增长速度远超全球平均水平。20世纪80年代日本在世界市场上所带来的冲击和震慑,令我们仍记忆犹新,而如今令人瞩目的是中国在贸易领域的地位已经取代了强大的日本,紧随美国和德国之后,排名世界第三位。中国对外贸易在国内生产总值中的比重约占65%,当之无愧是最开放的大型经济体。

2. 吸引外国直接投资的磁场

20世纪90年代以来,中国始终是世界上吸收外资最多的发展中国家,其中大部分是合资企业和制造业新项目,它们推动中国成为世界工厂。许多经济学家——包括笔者本人——的研究表明,外国投资在推动中国成长和发展的过程中发挥了至关重要的作用,包括创造就业、促进税收,最为重要的是,将技术知识和先进经验引入中国。我们应当铭记外国直接投资对缔造中国奇迹功不可没,尽管当时的投资环境并不是春风万里。

3. 规模最大的外汇储备

在各种宏观经济因素和竞争力因素的综合作用下,中国自1994年以来始终保持经常账户盈余,2008年达到近4 000亿美元,占GDP的10%。由此,中国已建立起世界上规模最大的外汇储备,达到近2万亿美元,约占全球储备总量的四分之一。

4. 金融稳定的坚实堡垒

快速的增长、迅速的财富积累和极高的国内储蓄率使中国拥有了令人羡慕的雄厚资本和良好的资本流动性。而当下的全球性危机导致了全球严重的信贷紧缩和资本短缺,从发达国家到新兴国家无一幸免。相比之下,中国公共财政健全,企业和家庭资产负债状况健康,最重要的是,中国拥有资本基础强大、流动性充裕、资产质量良好的健康稳定的金融体系。

5. 全球经济增长引擎

在过去10年中,中国已经成为日益重要的全球经济增长引擎,贡献了全球经济增长的30%—40%,大大超过其在全球产出中的份额。2009年,中国对世界经济增长的贡献预计将超过100%。面对数十年来最严重的危机,尽管中国无法仅凭一己之力扭转乾坤,但中国竭其所能,力荷千斤,创造需求,恢复增长。虽然中国的经济增速可能从近期的两位数大幅放慢,但在一片暗淡的全球经济中,中国仍不啻为一个亮点。

大家用不计其数的盛誉之辞来颂扬中国的经济成就,然而最重要、最有说服力的当属如下事实——中国连续三十年成为增长最快的主要经济体,创下世界纪录。与此同时,中国使数以亿计的人们摆脱了赤贫、饥饿和绝望,中国人民的平均生活水平提高了10倍以上。

尤为重要的是，通过对外开放，中国从效仿开始，继而成功推行了自由市场经济模式，摒弃了苏联式的中央计划经济制度。尽管因为当前的全球经济危机，人们对市场机制产生怀疑，但它仍不失为实现持续繁荣和增长的最佳引擎。有了这个推动经济增长的强大引擎，中国可利用其显著优势实现持续增长。中国可能是过去三十年来全球化的最大受益者。

还应该特别提及香港特别行政区在内地改革开放中所发挥的特殊作用。事实上，香港为内地的对外开放提供了启蒙。在20世纪70年代，当时的广东省委书记习仲勋高瞻远瞩，提案将毗邻香港但贫穷落后的深圳设立为中国第一个经济特区。在过去的三十年中，香港是内地通往世界的重要门户，是内地投资的主要来源，是内地紧密的贸易伙伴，是进入全球资本市场的首选之地。换言之，香港是不可或缺的中间人，是内地了解资本主义知识和经验的绝佳来源。笔者认为，相比俄罗斯和印度，中国拥有香港是其得天独厚的优势。没有香港，笔者不敢确定内地的对外开放进程是否还会如此顺利和成功。

三、展望与风险

下面笔者要指出中国在今后几年所面临的重要机遇和挑战：

1. 从商品出口大国转变成资本输出大国

中国已成功地发展成为占据主导地位、极具竞争力、享有低廉成本的商品制造国和出口国。然而，尽管拥有高额经常账户盈余和外汇储备，中国尚未深谙投资之道，未能积极完成跨境并购，也没有在投资全球股票、债券、货币、大宗商品和其他资本类别方面取得优良成绩。笔者觉得这个标准可能过高，因为这不仅需要金融资本，还需要人力资本以及成熟的承担风险的文化，而这在中国仅仅初现端倪。

2. 中国在新兴世界扮演的角色

中国在新兴世界，尤其在非洲表现活跃，大体上发挥着建设性的作用，虽然也时常引起争议。尽管中国与过去的西方殖民势力不同，在东道国大量投资建设长远资产，即道路、发电厂、学校等基础设施，但是中国有时也被视为不负责任的自然资源掠夺者，并且对人权问题视而不见。

3. 重塑全球经济和金融秩序

尽管人们期冀中国在应对全球金融危机时发挥更为重要的作用,中国仍羞于在任何国际组织中担负领导之责。诚然,中国对现存很多机构过时的治理架构心存芥蒂,但同时中国对国际社会要求其承担更大责任的呼声充耳不闻。例如,虽然中国不满于比利时和荷兰等欧洲国家在国际货币基金组织(IMF)中的发言权即表决权大于中国,但是仍不愿意大量增加出资以充实其财务资源。不过越来越多的迹象表明,中国正在更加积极地参与国际政策对话,积极参与二十国集团的决策。例如,中国发表了对国际货币改革的看法,其中包括建议把特别提款权(SDR)作为新的全球储备货币。

4. 全球变暖/环境问题

作为中国经济飞速发展的副产品,中国现已取代美国成为最大的二氧化碳排放国。而二氧化碳是全球气候变化的主要原因。

中国是否有政治意愿制定正确的政策来提高能源效率、减少排放?笔者预计这将是中国和国际社会在今后几年中要面对的最具争议性的问题之一。

5. 国内和国外的民族主义及保护主义

时至今日,国际保护主义仍是中国对外开放的主要潜在威胁,贸易争端频繁,投资壁垒不断。例如,中国是全球反倾销案的最大目标。但是,中国本身日益高涨的保护主义情绪更需警惕。这是令人不安的危险信号,因为中国是全球化最大的受益者,而中国的崛起已经在世界的一些角落引起了恐惧。保护主义的根源之一是对所谓西方施加的压力及/或双重标准以牙还牙,但同时也体现了中国的自信心甚至可能是自满情绪的提高。拒绝可口可乐收购汇源就是倍具争议且徒劳无益的先例。

以上提到的这些方面——中国要扮演资本输出国的新角色、要成为新兴国家特别是非洲的资助者和合作伙伴、要成为全球经济制度改革的领军人物、要提高能源效率减少排放以有助于控制全球气候变化、要抑制保护主义的滋长——是中国在今后几十年将要面临的重大挑战和风险,也是中国的重要机遇。如果中国能成功地应对这些新的挑战,中国在今后三十年的前景仍将一片光明,中国对世界经济的影响力将继续提高。

综上所述,中国在20世纪70年代后期的对外开放应当作为世界历史上最重大的事件之一被载入史册。凭借邓小平的智慧和战略眼光,这个在历史上闭关锁国的国家终于抛弃了几个世纪以来的孤立主义思维,走上了对外开放和融入全球的道路。三十年来,对外开放有力地推动了中国经济转型和现代化,预示着中国将重新崛起成为全球最伟大的经济力量。

本文系笔者在亚洲协会2008年"纪念中国开放三十周年研讨会"上的午餐演讲,孙雯婷译。

中国对于世界作出了什么贡献?

中国作为一个具有五千年灿烂文明历史的古老大国,对于人类社会的进步,特别是对于东亚地区——日本、韩国、越南、泰国等——曾产生过重大的和深远的影响。尽管中国历来自视为"中央之国",在地理上、文化上自成一体,不屑于重视与"夷邦蛮族"的往来关系,也缺乏如欧洲十字军东征那种弘扬宗教的狂热使命,但是中国的"软势力"——造纸与印刷术,精美的丝绸与瓷器,儒家的科举制度和文官体系,等等,却使其赢得了世界的仰慕和仿效。数千年来中国从帝王将相到黎民百姓相对于外邦普遍有一种"傲视寰宇"的优越感。

但是,1840年的鸦片战争却使中国从"闭关锁国"的盲目自大中彻底惊醒过来。在西方列强的"坚船利炮"的威胁下,中国沦为"半封建半殖民地"国家,民族自尊心受到了沉重打击。中英鸦片战争被迫割让了香港,中法战争失去了越南,甲午战争中丢掉了朝鲜半岛并被迫割让了宝岛台湾,自身尚难保矣,岂能奢谈贡献他国?在一百余年的维新和革命中,中国在"中学为体、西学为用"的基础上掀起了仿效西方的"洋务运动",到了20世纪初不少仁人志士开始质疑自身传统文化的根基——儒家思想,提出了"打倒孔家店"的口号,试图引进西方的民主与科学。这一百余年里,浩浩世界潮流猛烈冲击着古老的东方帝国,逼迫中国疲于应对,救亡图存,苦苦挣扎,而中国却完全无力影响世界。

中华人民共和国成立后,毛泽东曾勉励国人:"中国应当对人类有较大的贡献"。但是,冷战时代的国际大环境,加上自身经济实力的薄弱,中国的对外交流合作主要限于苏联、东欧、朝鲜、古巴、越南等政治经济制度相同的"社会主义阵营"国家。到了20世纪60年代至70年代中期,以"文化大革命"为代表的极端国内政治深深地影响了国际关系。这一时期,中国被西方视为国际或地区性的一个潜在不稳定因素,热衷于输出或支持东南亚国家的共产主义叛乱与革命,同时以第三世界的代言人自居,慷慨地给非洲等贫穷国家提供无偿的经济援助,其中最著名的是援建坦赞铁路。

1978年,邓小平举起了改革开放的大旗,彻底终结了中国数世纪的闭关自守状态,从根本上改变了中国与世界的关系。邓小平明智地意识到了中国的现代化大业欲要成功,需要一个和平稳定的国际环境,特别是需要与以美国为首的西方发达国家在经济和科技领域的合作。中美两国正式建交,中国加入国际货币基金组织和世界银行,后来又加入世界贸易组织,是中国大踏步地迈向国际经济秩序的几个最重要的里程碑。在其后的三十年中,中国积极引进外商直接投资,开拓国际贸易,逐渐地融入了世界经济体系。和平与发展,取代革命与冲突,成为中国处理国际关系的主旨。

改革开放后的三十年中,中国经济保持了持续高速的增长,在全球经济中的地位与影响与日俱增。一个经济长期停滞、贫困落后、内向封闭的国家迅速成为全球发展中国家吸收外资最多的国家,成为名副其实的世界工厂、全球生产与供应链的关键环节、位列日本之前的世界贸易大国。今天,中国已在全球经济中产生了重要的和深远的影响。想要了解国际经济的短期景气和中长期趋势,人们不得不关注中国、重视中国。正如美国第七十四任财政部长亨利·保尔森所指出的那样,中国已经是世界经济的一个领袖。

大约从2000年开始,中国对于全球经济增长的年贡献份额为15%—30%,显著高于中国经济在全球GDP中的份额,成为世界经济成长的一个重要引擎。作为全球最重要的制造业基地之一,中国为世界市场供应了价廉物美的消费品,包括成衣、鞋帽、玩具、家用电器,等等,帮助降低了发达国家的通胀水平。同时,中国大规模投资建设和工业生产的急剧扩张,大大刺激了对于原油、天然气、铁矿石等大宗初级商品的需求与进口,为巴西、印度尼西亚、中东、中亚、非洲等资源丰富的国家和地区提供了强大的外销市场,并客观上成为推动国际市场商品价格飙涨的一个重要因素。同时,中国内需的强劲增长,为资本密集型产品和高档消费品提供了一个辽阔和飞速增长的新兴市场,包括汽车、IT网络产品和机器设备等,从而也为美国、日本、欧洲等发达国家和地区带来了投资与出口的重大机遇。

长时期持续的经常账户顺差、不断积累的官方外汇储备资产,使中国成为全球的资本剩余国。中国近年来的大规模资本输出,在客观上也帮助降低了世界均衡利率水平,成为维持全球经济繁荣的一个重要因素。

毫无疑问,上述种种都是中国在改革开放时期,尤其是近十余年,对于世界在经济上的具体贡献。但是,从长远而言,中国对世界最重要和最有意义的贡献有如下三大方面:

第一,作为最成功的转轨经济体,中国不仅为其他曾实行中央计划经济制度的国家树立了可供参照的典范,而且充分证明了自由市场经济制度的巨大优势与活力。通过打破传统中央计划制度的藩篱,引进市场竞争机制,对大型国有企业进行股份化改制、重组和上市,鼓励民营企业的发展,中国已经初步建立了一个以市场经济为基础的多元化的混合经济体。市场化改革,极大地解放了中国的生产力,焕发了中国人民固有的创业精神和创业热情,大大提高了中国经济的效率和企业的竞争力,从而使中国经济走上了一条高增长的发展轨道。

2007—2009年的全球金融危机,使欧美等成熟市场经济国家陷入了衰退,开始引起了一些人士对于自由资本主义模式的质疑。事实上,尽管自由市场经济并不完美,呈现周期性的波动,并时有泡沫和危机,但是几百年来的历史表明,它仍然是迄今人类所尝试过的最有效率和最能创造财富的经济制度。中国经济转型的成功和三十余年的持续高速成长,为市场经济新添了一个成功的案例。

第二,中国在过去三十余年中摈弃了传统的"闭关锁国"心态,而采取了外向型的发展策略。1978年,中国有如今天的朝鲜,"自力更生",几乎不存在于世界贸易版图。而今天,中国成为世界第三大贸易大国,是所有发展中国家中吸收外商直接投资最多的国家。通过大胆地、积极地实行对外开放,中国的贸易与投资经历了量和质的飞跃,与世界经济的联系日益密切。中国是全球化的最大受惠者,充分证明了参与国际贸易与投资,可以享受"专业分工"和"比较优势"所带来的巨大利益。

第三,中国快速的工业化与城市化进程,帮助数以亿计的人口摆脱绝对贫困,是人类历史上一个罕见的反贫胜利。随着中产阶级的兴起,中国人民的生活水平日益改善。一个消灭了贫困、繁荣富强的中国,不但可以维持自身社会的和谐与稳定,而且对于全球的进步、繁荣与稳定可以发挥积极的作用和影响。

但是,中国的经济发展,也对外部世界产生了某些意想不到的副作用。无论是否应承担主要的或次要的责任,中国都必须理性地正视这些问题。

第一,全球经济不平衡。全球经济严重失衡,表现为美国巨大的经常账户逆差,德国、日本和中国巨大的经常账户顺差。它被视为引起这次金融危机的基本面原因之一。无论如何,中国国内私人消费的相对不足、对于出口的过度依赖,也为中国经济增长的可持续性带来了疑问。与此相关的人民币汇率问题也势必再度成为国际社会关注的焦点之一。

第二,中国快速和大规模的工业化和城市化进程,使中国成为仅次于美国的世界第二大能源消费国,并在最近超越美国成为世界第一大碳排放国。中国高投入、高能耗与高排放的经济模式,客观上造成了严重的环境问题,包括水和空气的污染、森林植被的破坏、沙尘暴和流行疾病的盛行。这些负面影响已经引起了国际社会的高度关注和担忧。

总体而言,中国的和平崛起,对于人类社会是一件具有划时代意义的重大事件,利远大于弊。世界因为中国的繁荣与增长而受惠。中国威胁论不符合事实,站不住脚。

但是,中国必须慎防国内正在高涨的民族主义和保护主义意识。这种思潮源自于中国改革开放三十余年来取得的巨大成功和自信,但与中国改革开放的主旋律不符,客观上可能威胁保障中国未来继续成功的政策基石。事实上,中国是全球化的最大受惠者。尽管现有的国际金融和贸易秩序有诸多问题和缺陷,但是总体上仍然运作良好。中国是现有的国际秩序的重要参与者,也是罗伯特·佐利克所提出的重大"利益攸关者"。因此,中国必须在维护自由的国际贸易和金融体系上发挥积极的建设性的作用。

本文原载于清华大学《中国与世界观察》2009 年。

全球金融危机与中国的应对策略

以美国次级房贷为导火索的全球金融危机越演越烈,许多金融机构蒙受巨大资产减记与损失,资本短缺,市场信心低落,流动性干枯。欧美经济体出现了全面信用紧缩,沉重地打击了世界股市、债市、汇市及初级商品市场,并已开始对实体经济部门——私人消费、企业投资、进出口贸易等——产生严重的负面影响。美国与欧盟经济受到金融危机重创已经进入衰退,日本经济景气日益恶化,新兴市场也成为连带牺牲品。全球经济已经急剧减速,增长率从 2007 年的 5% 大幅下降至 2008 年的 3%,而 2009 年预计世界经济增长率仅为 1%—2%,为第二次世界大战以来的最低谷。此次危机性质之严重、波及面之广泛、打击破坏力之巨大、延续时间之长,只有 20 世纪初的大萧条可以与之相提并论。

中国作为世界第三大经济体与贸易大国,也不可避免地受到了这次全球金融风暴的冲击。中国金融机构与官方外汇储备持有的一些国际债券,尤其是美国房贷支持证券和海外直接投资项目蒙受了一定程度的损失,中国境内股市与房市部分受国际市场波动与资本流动的影响而更加低迷。特别是作为中国经济增长引擎之一的出口,自 2008 年第三季度以来大幅放慢,对于成千上万中小企业的经营、对于劳动密集型制造业的就业造成了严重的打击。这一切对于中国宏观经济的近期走势与资本市场表现造成了显著的下行风险。毫无疑问,在日益恶化的国际经济与金融环境中,中国并不能洁身自好、高枕无忧。中国的政府决策者、金融机构、企业和投资者不宜低估此次全球金融危机对于中国经济当期与潜在的严峻挑战。

为了有效应对全球金融危机，中国应当迅速采取一揽子的政策方案。这套危机应对方案需要把快速化解当前中国经济的燃眉之急与推进中长期重要金融改革有机结合起来。同时，这一套完整的危机应对方案应当充分兼顾防守和伺机进攻的策略元素。

就短期而言，中国应当主要采取防守型的策略，具体包括三方面的政策手段。

1. 加强风险管理

中国金融机构、一般企业及金融监管当局，必须高度关注和加强市场风险管理，避免和减少外汇资产的进一步减计损失。中国的金融机构，包括所有具有外汇业务的商业银行，都应认真分析、研究与紧密追踪这次全球金融危机的演变，掌握国际市场利率、汇率、商品期货以及股票、债券类主要金融产品价格的变化趋势，从而对自身的投资组合进行快速调整管理，尽量避免蒙受损失，并争取获得风险调整后的较好回报。

这次危机从2007年年初爆发后，波澜起伏，历时已近两年。应该说，中国的一些金融机构起初低估了危机的严重性，低估了危机的持续时间与蔓延程度，反应不够敏锐迅速，甚至在相当长的时间里存有侥幸心理，没能及时采取有效的风险对冲策略，客观上延误了次按房贷及其证券等"毒性资产"处置的最佳时机。幸而，这些问题资产占中国金融机构总资产或总资本的比率甚小，不至于对中国金融机构的当期盈利或资产负债平衡表产生过大的负面影响。

中国的能源、钢铁、有色金属冶炼与运输企业包括航空公司，在原材料订购和生产销售规划过程中，以及在国际油价、汇率与初级商品期货的价格波动风险对冲交易中，严重误判国际市场的走势，造成了程度不同的经济损失。典型的案例是中信泰富。

作为世界最大的外汇储备持有国，中国的对外投资与资本输出是一个不可避免的趋势。中国国家外汇管理局与商业银行是全球最大的美国两房机构——房利美（Fannie Mae）和房地美（Freddie Mac）的债券持有者，估计在峰值时至少持有4 000亿美元之多。但在两房问题中，中国的一些投资机构在市场低迷之际抛售了两房债券。实际上，如果能够准确判断美国政府最终一定会接管两房机构这一结局,就可以避免在市场慌乱之际抛售两房债券而蒙受损失。甚至可以像太平洋投资管理公司(PIMCO)那样趁机低价买进两房债券,获得巨利。

在这次全球金融危机爆发后,中国的投资与金融机构积极走出去,做了一些海外直接投资项目,包括对欧美金融机构的股权投资。到海外直接投资对于国家经济全局实有必要,本身绝对无可厚非,但是由于机制、人才与经验等方面的制约,在具体投资目标的筛选、投资结构的设计、投资条款的谈判与后续投资风险的管理等关键环节存在薄弱之处,从而效果欠佳,某些投资已经蒙受了较大的损失。

根据国际经济与金融市场环境的动态变化而作出快速反应,对其业务与资产组合作出及时、果断的调整,其实是反映金融机构与企业风险管理能力的一个重要指标。幸运的是,中国金融机构与企业没有受到这次全球金融危机最负面、最严重的影响,整体而言可以说是安然无恙,但是,从快速反应与风险调整能力这个指标衡量,中国金融机构和企业的市场风险管理还有较大改善空间。

2. 弹性货币政策

这次金融危机是自1929—1935年世界大萧条以来,第一次真正全球性的大规模金融危机。大萧条为人类提供了两个持久的、深刻的教训:一是货币当局尤其是美联储没能及时放松银根,增加货币供应;二是各主要国家没能协调货币金融政策,特别是在汇率政策上各自采取狭隘短视的,甚至以邻为壑的政策,导致了全球范围内灾难性的后果。

在这次金融危机中,美联储主席伯南克和财长保尔森深记历史教训,不断为深受重创的金融体系提供流动性。尤其是危机在2008年9—10月份明显加剧后,世界主要央行,包括美联储、欧洲央行、日本银行、英格兰银行、瑞士央行等,大幅度减息与大规模注入流动性。

令人欣慰的是,中国央行就在这段较短的时间里,连续三次降息,并采取了降低存款准备金比率和去除银行信贷上限指标等配套举措。此外,中国央行与金融监管当局必须审慎考虑,如何便利中资银行继续参与国际短期融资市场及维持与国际金融机构的正常业务往来。如果仅因为雷曼兄弟一家机构倒闭就全面冻结与所有欧美金融机构的正常往来,并不能增进市场风险管理能力及交易对手风险管理能力,不利于中国金融机构发展国际金融市场业务,并将可能对中国金融业的信誉与形象产生负面影响。

国际上大都把中国的减息解读为中国央行和世界主要央行的协调政策行动。不管背景如何,中国这样做,是非常明智的。在全球化时代,中国经济与世界经济的相互依存度日益增加。全球金融危机通过出口、资本流动和市场信心等多渠道负面影响中国经济增长。中国央行降息,首先符合中国经济自身的客观需要与利益;其次在时间上与世界其他主要央行密切配合,给全球市场一个坚定的信息,即包括中国在内的世界主要经济体政府和货币当局能够携手合作,采取协调一致的货币与金融政策,以尽快稳定全球金融体系,避免世界经济陷于长时期的与严重的衰退。胡锦涛主席于 2008 年 11 月出席在华盛顿举行的二十国集团峰会之后,预计陆续将有新的国际协议出台,旨在加强全球协调处置金融危机的行动。中国无疑将是一个极其重要的参与者,对于平息此轮金融风暴及构筑未来国际金融秩序将扮演重要的领导者角色。

3. 刺激内需成长

自 2000 年以来,中国经济持续高速增长,在全球经济增长中的作用日益重要,对世界经济增长的贡献率显著上升,已成为与美国几乎并驾齐驱的、拉动世界经济的火车头。

在全球金融危机的打击下,美国、欧盟和日本发达经济体进入衰退,印度、巴西、俄罗斯等主要新兴市场国家经济面临日益严峻挑战的时候,中国作为世界上最大的新兴市场、全球第三大经济体,能否继续保持较快的经济成长? 这是目前国际经济界和金融市场关注的一个重要问题。

中国 CPI 通胀率已经持续五个月回落,10 月份只有 4%,低于 9 月份的 4.6%和 8 月份的 4.9%。可以说,中国经济已从一个通胀预期快速上升的危险时期进入一个温和通胀的时期。尽管通胀风险并未完全消失,但是当前中国经济面临的主要风险是实体经济增长的大幅放慢。显然,通胀压力的缓和,为采取较宽松的宏观经济政策提供了前提条件。

中国政府必须尽快出台一个以财政政策为核心的刺激内需成长的方案。为了对市场信心产生真正的提升效果,该经济刺激方案的规模必须足够大,至少应在 2008 年名义 GDP 的 10%以上,属于 2008 年度预算和 2009 年度预算之外的新增支出;并且,必须做到大部分资金基本上能在 2008 年第四季度和 2009 年上半年实际到位并得到运用。财政刺激方案的内容也必须足够广泛,包括减税、加大基础设施投资、加大环境保护投资与加大三农、扶贫和社会保障支出等。① 也就是说,财政政策必须能对投资和私人消费双双起到真正的拉动作用。

在货币信贷政策方面,除了央行减息,应消除直接的或隐性的信贷指标控制,使商业银行在审慎评估信用风险的前提下,有更多自主权决定信贷增长速度及贷款利率水平。

在央行进一步减息时应充分注意维持商业银行信贷业务的毛利差。稳健的银行体系是中国在全球金融危机面前的一个独特的和无比重要的优势。但如果毛利差持续收缩,将严重影响中国银行业的盈利性,动摇资本市场对于中国银行业的信心,不利于银行机构在经济下行风险加剧的形势下增加必需的企业与居民信贷。

政府可通过财政预算设立中小企业和"三农"信用保险基金,从而鼓励商业银行提高中小企业贷款和"三农"贷款总额及其比重。国家政策性金融机构,尤其是中国进出口银行,应通过出口信用担保、卖方信用证等制度,更多地支持中国企业开拓国际市场,尤其是新兴市场,以减小金融危机与信用紧缩对于中国出口的打击。

在运用财政、货币和信贷政策刺激经济时,不能忽视结构调整与平衡发展。这意味着政策刺激的重点是内需,而非出口。同时,政府刺激经济的措施不能过分倾斜传统的低端产业。传统产业中的一些高能耗、高污染、低效率的企业所产生的当期就业,不足以补偿其对环境资源和中国竞争力的长远负面影响,应该趁经济低谷时逐渐将其淘汰。政府还应趁国际价格回落之机,一次性永久取消长期以来对能源等产品实行的扭曲性的价格补贴与行政管制。政府财政税收政策扶助的重点对象应是创新、节能与环保产业。除了公共基础设施建设之外,新的资本投资应优先促进高技术产业以及服务业的发展。

---

① 在本文脱稿两周后,中国政府宣布了一个 4 万亿元人民币的财政刺激方案,引起了全球金融市场的瞩目。据初步了解,这个方案的重心放在政府财政支出上(包括本文建议中的大部分支出领域)。税收政策主要涉及公司增值税的改革,估计每年减少 1 500 亿元人民币的税收负担。尚待查证 4 万亿元资金全部为政府新增财政支出,还是包括已有预算中的支出。

总之,通过刺激内需维持自身经济的持续高速成长,是中国在平息这次全球金融危机中所能扮演的主要角色,也是中国对一个不景气的世界经济所能作出的最大贡献。

尽管国内外金融市场对于中国宏观经济减速和企业盈利下降的前景忧虑日深,但是中国具备一系列良好的基本面因素,一定能够避免全球金融危机对中国经济最坏的影响。其一,虽然中国的上市银行、保险公司与证券公司的股价近期也出现了大幅回落,市值显著缩水,但总体而言中国金融机构的资产质量较好,资本金与流动性充足,中国的金融体系维持了健康稳定。这是当前中国经济与美国、欧盟国家的一个根本区别。其二,国家财政预算状况良好,公债负担轻微,仅占GDP的18%,有较大的财政刺激空间。其三,中国经常账户实现了多年的、持续的盈余,外债余额较小,已成为国际上的主要债权国之一。中国的企业与家庭部门资产负债平衡表健康,无过高的杠杆率,储蓄充足,为内需的成长,包括投资支出和消费支出增加,提供了较佳的初始条件。

还应该看到,这次全球金融危机虽然给中国造成了轻微的外汇投资损失、出口急剧放慢、外资流入减少这些负面影响,但是也为中国带来了一系列正面的和积极的东西。

其一,金融危机发生后,国际原油、天然气以及包括铁矿石在内的初级产品价格大幅回落,尤其是原油价格已经跌半,从每桶144美元的峰值回落到60美元以下,改善了中国的贸易条件,并缓解了日益制约中国经济增长的资源瓶颈。

其二,高盛商品价格指数已从2007年年底的峰值下降了33%。国际商品价格的大幅回落,显著降低了近年来困扰中国经济的通胀风险。中国2008年的平均CPI通胀率预计为6%,2009年的CPI通胀率将大幅向下修正,预计为1.5%。

其三,全球金融危机造成了严重的短期流动性与市场信心问题,使得国际资产包括股票、债券、商品期货,尤其是蓝筹跨国公司的市场价值大幅缩水。跌至历史低谷的国际金融市场为中国这样宏观经济与金融体系稳定、资本与流动性充足的国家提供了千载良机。中国企业面临着前所未有的战略收购与财务投资的机会,中国资本输出的国际市场环境与政治环境大为改善。

事实上，相对于世界上绝大多数国家，无论是发达国家，还是新兴市场经济体，中国在这次全球金融危机中处在一个最有利的位置。因为没有受到这次金融危次的直接打击，中国经济具备较强的应对能力，存在较大的回旋空间，掌握了较多的政策工具。如何有效应对这次全球金融危机的挑战，并同时把握住它带来的契机，值得中国政府、金融机构与企业认真分析与思考。

从中长期着眼，中国对于这次全球金融危机的最佳应对策略，不应仅仅局限于守势，而应该展现更积极、更主动的姿态。防守也许可以增添一些短期的安全感，但只有采取更加大胆的进攻型策略，中国才能把握这次全球金融危机所创造的中长期机会。具体而言，中国可以在三个领域采取更进取的策略。

第一，积极实行资本输出。

中国作为一个储蓄过剩（定义为国内储蓄大于国内投资）、国际收支长年盈余的债权国，实行资本输出是一个基本的宏观经济趋势。这次全球金融危机产生的一个最直接的后果，就是国际市场流动性干枯，信心脆弱，不少品牌优良、拥有知识产权和行业核心竞争力、居全球市场领导地位的欧美蓝筹公司股票与债券价格跌到历史低谷，呈现出极具吸引力的投资价值。

中国经济全球化与国际竞争格局的需要，要求中国企业走出去。而全球金融危机为中国的金融机构与企业提供了前所未有的战略收购与财务投资的机会。无论是欧美发达国家，还是新兴市场国家，合适的投资目标数量大大增加，投资价格大大降低，而中国企业所面临的海外政治、监管及保护主义障碍也因全球金融危机而大大降低。

在中国积极扩大海外投资这一问题上，需要澄清几种观点。一是海外投资不是所谓到国际市场"抄底"，不是为西方国家买单，不是任何形式的金融救援，而是为了中国自身的需要，符合中国的最佳当期与长远利益。二是中国过去的一些海外投资效果不佳，但不能因为"一朝被蛇咬，十年怕井绳"，而是应该总结经验，吸取教训，使得新的投资项目能取得较佳的回报。三是金融危机当口，金融市场波动剧烈，不确定性极大，的确为投资带来了困难与挑战。但是，对于资本与流动性充足的长线投资者，在金融危机中到海外投资,其实是最理想的时机。由于绝大多数的金融资产和实业资产的市场价格都已显著下降,已为投资者提供了较大的安全系数和风险调整后的合理回报空间。

但是,这次金融危机也暴露了中国在决策机制上的薄弱或不完善之处。企业,尤其是上市公司的管理层、董事会与股东大会理应成为商业投资决策的主体,行政部门原则上不应事先或事中具体干预,而应严格按照法律法规事后进行必要的审批。但是,中国政府或监管部门甚至国务院的态度却往往成为海外投资决策过程的关键。目前所表现出的政企不分的弊端,模糊了投资决策和执行的主体与政府监管当局的关系,打乱了权力与责任的分配格局,造成了投资决策的程序复杂化与不确定性,挫伤了中国企业的积极性,也由于中国政府的主导作用而增添了国际政治上的敏感度。因此,中国政府应当考虑给予并尊重企业和机构的投资决策自主权,有效把握这次全球金融危机为中国企业所提供的投资机会与时机。

第二,深化金融改革与开放。

这次全球金融危机百年一遇,成因复杂,后果严重,提供了许多发人深省的教训。中国作为新兴市场国家,金融市场尚在发展早期,金融体系还欠发达成熟,次级房贷、房贷证券化、CDO、CDO平方、CDS等复杂金融衍生品在中国尚未出现,尚无机会经历美国与欧洲国家所犯的错误。所以,在这次全球金融危机面前,中国不应沾沾自喜,或者幸灾乐祸,而是应该头脑清醒,认真吸取教训,避免今后重蹈覆辙。

这次中国之所以安然无恙,是因为得益于良好的基本面——宏观经济稳定、高储蓄率、国际收支盈余与良好的财政状况。更重要的是,中国过去十年间金融改革取得了突破性的进展,银行机构在资本金、资产质量、盈利能力等方面都有了显著的改善。

全球金融危机告诉我们,经济泡沫往往是触发金融危机的导火索。美国在经济繁荣时期,信贷膨胀,房地产过热,许多人相信房地产价格只升不降。然而,房地产泡沫突然破灭,令许多金融机构与投资者措手不及,遭受了严重的资产减记与损失。曾几何时,中国国内也有许多人相信"中国特殊论",即在工业化、城市化方兴未艾的中国,房价永远只涨不跌。

全球金融危机还告诉我们,金融机构的风险管理与抗震能力,在经济周期"良性"阶段,往往难以测试。只有当经济周期与金融市场逆转时,金融机构风险管理的有效性和金融系统的稳定性才能真正得到检验。在我们为中国金融业当前表现的"稳定性"而欣慰的同时,也必须关注金融业能否真正经得起未来可能面临的严重负冲击。

通过这次全球金融危机,中国可以在金融机构内部风险管理、资本金、流动性与交易对手风险管理等多方面得到有益的教训和启示。只有深化金融改革,中国才能进一步健全金融机构的风险管理能力,进一步改善审慎监管的有效性,进一步提高中国金融体系的效率、稳健性与抗震能力。

这次金融危机可能动摇了美元一个世纪以来在世界经济与金融体系中的主宰地位。但问题是,对于中国这样一个经济迅速发展的大国,有哪种更完美的国际货币可以替代美元?有哪类非美元货币资产可以有效满足中国的企业、机构和个人的投资、储蓄与消费需求?显然,从中长期来说,中国日益重要的国际债权国地位与欠发达的国内金融市场不匹配的局面不能持续。中国必须加快以人民币作为基础的股票与债券市场的发展,建立更大规模、更有深度、更有流动性和效率的境内资本市场,从而满足中国金融机构、企业与居民多样化的融资与投资需求,并允许外国投资者更大程度地参与境内市场,以及境内机构与个人更大程度地参与国际市场。

但是,我们绝不能误读这次全球金融危机的教训,以为只要闭关自守,继续关闭境内金融市场,继续无限期维系人民币资本账户的不可兑换,中国金融体系就可以高枕无忧。

不可否认的是,尽管有这次金融危机,以美国为代表的发达金融体系仍然具有许多值得中国借鉴和学习的地方。中国改革开放三十年来的金融发展所取得的巨大成就,与金融开放密不可分。现有金融架构在很大程度上借鉴了西方的金融模式与先进经验,比如西方的中央银行制度、股票与债券市场、银行与证券监管体系、存款保险制度、风险管理的模型、IT 技术基础设施,等等,都逐步为中国所引进和采纳。毫无疑问,这些开放和引进大大加快了中国建立一个健康、稳定与高效率金融体系的进程。

回顾历史,中国在开放的时机选择上从来都是知难而进,即使国际经济环境严峻,中国政府也从来没有犹豫更没有倒退过。1978 年邓小平启动改革开放时,世界经济开始经历第二次中东石油危机,美国、英国与欧洲大陆都还没有摆脱持续多年的滞胀。但是中国无所畏惧地坚持了开放,引进了外资,促进了外贸,成果丰硕。1997—1998年在亚洲金融危机面前,中国也加快了改革开放步伐,召开了第一次全国金融工作会议,正式启动了金融改革,使得中国经济走出亚洲金融危机后变得更加强劲。2000年美国TMT互联网泡沫破灭,2001年遭受恐怖主义袭击,美国经济不景气。但是,中国又一次加速开放,于2001年11月正式加入世界贸易组织。结果,中国一跃成为全球制造业大国、贸易大国,进入了持续高速增长的空前繁荣时期。

就像20世纪的大萧条奠定了美国现代金融体系的基础一样,21世纪初的这场深重的金融危机平息后,美国的金融体系有可能变得更稳定、更有效率和更具国际竞争力。中国不但不应该因为这次金融危机而放慢甚至停止开放的步伐,反而应该趁着这次金融危机主动深化国内金融改革,加快金融开放的步伐。历史表明,不管国际经济金融环境如何变化,只要坚持开放,中国就能享受经济全球化的最大好处。

第三,加强国际双边与多边合作。

中美建交风风雨雨三十年,有许多迹象表明双边关系正渐趋于成熟和稳定。近年来的中美战略经济对话机制,更是通过定期举行的高层晤谈协商为世界最大的发达国家与最大的发展中国家之间重要而又复杂的双边关系奠定了一个稳定的基础。有理由相信美国下任总统奥巴马将继续重视发展友好中美关系,但是他的民主党支持者可能因为贸易不平衡与汇率问题而给中国施加更大的政治压力。中国在这次全球金融危机处置过程中的立场与行动,将在较大程度上决定未来若干年中美两国能否建立真正的互信和合作,两国双边关系是否能继续健康地发展并得到巩固加强。

作为这次金融危机的震源地,美国的金融业和实体经济受到了严重打击,以美国为主导的世界货币金融体系也暴露出了显著的缺陷或过时的问题。化解全球金融危机,促进世界经济复原,需要全球的协调努力。中国如果隔岸观火,被动消极,呈现任何"孤立主义"色彩,那么中国的国际形象与声誉将受到质疑和损害。但是,如果中国以一个重要"利益相关者"的身份,积极参与和配合美国、欧盟、日本、"七国集团"、国际货币基金组织、世界银行或者"二十国集团"的对话和共同行动,成为一支积极的、稳定的力量,那么中国在国际舞台上的硬实力和软实力都将显著上升,中国将在今后的国际金融新秩序和未来世界经济中发挥一个重要的领袖作用。

此外,这次全球金融危机对新兴市场经济国家的打击也很严重。俄罗斯、巴基斯坦、印度尼西亚、韩国和东南亚、中亚、拉美、非洲、东欧等地区经济都在不同程度上受到负面冲击。流入新兴市场国家的外国私人资本大幅减少,预计2009年在2008年的低水平上将萎缩至少30%,新兴市场国家的出口与增长前景显著恶化。

在欧美主要发达经济体自顾不暇之际,中国可以更积极地推动和参与国际货币基金组织对于陷于困境的新兴市场国家所提供的金融援助项目。在不违背对于国际货币基金组织或世界贸易组织等的国际义务的条件下,中国可以积极探索通过双边政府金融援助协议,给予有地缘政治重要性的发展中国家(比如巴基斯坦)和自然资源丰富的新兴市场国家和地区(比如非洲、中亚、拉美地区和俄罗斯等)中长期低息政府贷款和央行外汇掉期,一方面可以获得更优惠的商业条款,保障中国对于自然资源与原材料的需求,另一方面可以在官方金融援助的框架下,帮助中国企业争取受援国的工程合同和制成品出口机会,从而提升和巩固中国的地缘政治与商业利益。

总之,这次全球金融危机给中国造成了巨大的外部冲击和挑战,是中国进入21世纪后首次面临的最严峻考验。全球金融危机既给了中国发人深省的教训和启示,又提供了前所未有的战略发展机会。中国必须把短期防守策略和中长期进攻战略结合起来,在保障本国经济继续维持高速增长的前提下,通过采取一致的、协调的政策与行动,积极参与并推动全球金融危机的化解和世界经济的稳定、复苏。同时,中国可以抓住这个契机,深化国内金融体系的改革,推动中国资本输出,在国际金融秩序改革与重建过程中发挥领导者作用。中国在十年前的亚洲金融危机中展现了智慧与远见,赢得了国际社会的广泛赞誉和尊敬。在这次全球金融危机中,中国必须也一定能够抓住历史性的机遇,在一个动荡不安的国际环境中长袖善舞,展现大国战略和大国风范,更加显著地提升在全球经济和政治体系中的实力、地位与声誉。

本文原载于清华大学《中国与世界观察》2009年1月。

中国能否成为全球金融危机后的大赢家？

落伍(falling behind)—追赶(catching up)—超越(overtaking)，自从英国工业革命以来，国与国之间的经济竞赛基本上都依循了这样一条轨迹。而一个国家内外部环境的突变、危机、战争，等等，往往在造成严峻考验之时，也为一个奋发图强的民族提供了一个罕见的发展和赶超机遇。19世纪下半叶，日本就是在美国黑色舰队的强大压力下开展明治维新而迅速崛起，而德国和日本也是在第二次世界大战惨败的废墟上创造了经济复苏的奇迹。

在某种意义上，正是十年"文化大革命"的空前浩劫、动乱与经济停滞，终于催生了中国在20世纪70年代末的拨乱反正和改革开放。从此，中国从一个闭关自守的超低收入贫困国家的起点上，开始了全速奋力追赶发达国家的历史性进程。中国三十年的改革开放历程充满了艰难、不确定性和风险，更经受了多次巨大的外部冲击，包括第二次中东石油危机、20世纪80年代的拉美债务危机、工业化国家的滞涨(stagflation)、1994年的墨西哥比索危机、日本后泡沫时代的低迷，尤其是1997—1998年的亚洲金融风暴。但是，在变幻莫测的国际经济环境中，中国始终坚定不移地推进经济体制改革与对外开放，极大地焕发了中国人民创业的热情和能量，解放了生产力，从而确保了中国经济能够持续地快速成长，通过取得更高的增长率，不断缩小与美国、日本和欧洲等发达国家和地区间的收入差距。而2008—2009年的全球金融危机，就如同1997—1998年的亚洲金融危机，在给中国造成巨大挑战和外部冲击的同时,也提供了一个加速追赶甚至局部超越的历史性机会。

由于初始条件、政策反应和运气等因素,中国平稳度过了2008—2009年的全球金融危机,基本上安然无恙。而且,可以说中国在较大程度上是一个受惠者。

第一,危机催生了世界经济增长的"两极分化",中国成为全球单引擎。以美国为代表的发达国家,由于其经济规模、基础和科技实力,长期以来是世界经济的主要火车头,基本上决定了世界经济的景气——繁荣或者衰退。但是,大约从2000年开始,中国与美国一起成为推动全球经济增长的最重要的双引擎之一。在2000—2007年间,日本和欧盟经济低迷,印度、巴西和俄罗斯("金砖四国"的三个成员国)成长虽快,但规模太小,尚未成为气候。而在此期间,中国对于世界经济增长的贡献率在15%—30%左右,仅次于美国。

2008年以美国房地产次按债为导火索的全球金融危机爆发后,美国经济受到重创,并因此导致世界经济进入了衰退。尽管中国受到了外需全面崩溃的严峻考验,但其实处于一个相对有利的位置来应对这次危机。与美国、英国、欧盟、日本和绝大多数新兴市场国家相比,中国享有两大显著优势:金融体系健康稳定,以及公共财政状况良好。因此,中国有条件实行高达4万亿元的大规模财政刺激和9.6万亿元的巨额银行信贷扩张。强有力的危机应对政策使得中国能够在一个不景气的世界里逆势而上,一枝独秀。2009年全球经济萎缩了0.7%,美国负成长2.4%,日本负成长5.2%,欧盟负成长4%,而中国却取得了8.7%的真实GDP增长率,率先带领全球经济走向复苏。

第二,全球金融危机为中国上了免费的一课。曾几何时,中国的金融体系也是十分脆弱,国有银行体系不良贷款高企,技术上已近破产。但是,亚洲金融危机爆发后,中国如梦方醒,开始正视银行体系不健全的问题。经过数年的系统性银行改革,终于开创了今天金融健康稳定的局面。同样,这次全球金融危机的原因复杂,波及面广,后果惨重,教训深刻,发人深省,给中国上了免费的一课。目前,美国、英国和欧盟等正在酝酿各式各样的金融改革方案,预计对资本金、流动性、交易对手风险、杠杆率、资产质量、衍生品、会计原则、信用评级机构、薪酬制度和监管体系等诸多方面进行全方位的结构性的改革。西方国家在系统性风险监管和消费者保护等新领域的实验尤其值得中国关注，不管最终成效如何，可以为中国提供有益的启示和参考。

第三，危机大大提升了中国的国际地位和影响力。在2008年度的美国总统大选中，中国破天荒地没有成为美国国内的一个政治议题。以后无论是在二十国集团、国际货币基金组织、世界银行，还是在金融稳定局（FSB）和巴塞尔委员会的多边对话磋商中，中国都受到了国际社会前所未有的重视。正是在处置全球金融危机恢复世界经济增长的过程中，所谓"中美两国集团"（G2）的概念首次浮出水面。在1997—1998年的亚洲金融危机中，国际社会一方面赞赏中国为稳定亚洲金融与经济局势所扮演的积极角色，另一方面则对于中国自身的金融和经济健康充满了疑虑和担心。但是，在这次全球金融危机中，国际社会对于中国几乎没有任何担心，而是充满了尊敬、期许和希望。可以说，中华人民共和国成立六十周年以来，中国的国际形象、地位和影响力从未如此好过。

尽管如此，中国只是暂时的赢家，还不能算是最大的赢家，也并非注定成为永久的赢家。

那么，中国是否可以成为全球金融危机后的大赢家？除了国际环境的制约和影响，最终结果主要取决于中国自身的政策选择（policy choices）。换言之，取决于中国是否能够高瞻远瞩，审时度势，避免失误，抓住机遇。

后金融危机时代，中国面临着国家加速发展、民族崛起的独特机会。但此时的国际环境诡秘莫测，充满风险。如果形势判断不准，决策失误，则有可能导致中国与这一千载难逢的历史性机会失之交臂。

后危机时代，全球经济进入了一个重要的结构调整和转折时期，充满了不确定性：美国和西方世界经济复苏与金融重组的步伐缓慢；美国储蓄率的结构性调整和消费模式的转变；国际市场利率水平和美元汇率的走势；国际能源和矿产资源价格的波动；希腊、葡萄牙、爱尔兰、西班牙等欧盟国家脆弱财政所产生的后果；等等。这些不确定性的变化，也许不会像2008年秋雷曼兄倒闭那样产生惊心动魄的戏剧性反响，但它们对于中国未来宏观经济的稳定和增长其实可能产生更加重大和深远的影响。

尤其需要指出的是，国际社会在危机深重时期对于中国的那种期盼和蜜月般的感觉，随着危机的逐渐平息、经济走向复苏，也自然地消失殆尽。代之而起的是，世界各地针对中国的保护主义势力开始日益高涨。中国成为全球反倾销和关税制裁的主要靶子。中国在全球气候变化谈判中的立场和态度，客观上进一步触发了国际社会的不满。国际舆论把哥本哈根气候峰会的失败主要归结于中国，甚至指责中国是一个"成事不足，败事有余"的不负责任的大国。

在后危机时代，中国面临如下三大风险：

1. 错估形势

对于国际金融和经济形势的准确判断，显然对于中国的宏观经济政策，对于中国金融机构的风险管理，对于中国的海外投资策略，都非常重要。整体而言，中国政府对于全球金融危机中国际形势大局的把握较好。但也应该指出，有关决策当局在一定程度上被所谓金融危机第二波的论调所误导。事实上，2008年第四季度是全球金融危机的最低谷，是最深重的时期。但到了2009年年初，系统性金融崩溃的风险已经显著降低，金融市场开始逐渐解冻，金融体系趋于稳定，而各类资产价格已经开始止跌回升。但是，受所谓危机第二波的误导，有关决策层对于当时的环境情势估计得过分严重和悲观，把2009年判断为历史上最严峻的一年，这样导致了至少两个不利后果：一是中国坐拥数万亿美元的巨额外汇储备和举世无双的流动性，在海外投资上却表现得谨小慎微，错失了千载难逢的机会。二是导致了2009年的过度刺激，如超常规的信贷膨胀、大量政府主导的重复建设工程、投资项目效益的不确定性、贷款组合的安全和质量问题、房地产的潜在泡沫，等等，为中国经济埋下了中长期的隐患。2009年的超常规信贷扩张，如果在2010年不能得到较有效的遏制，在极端的情况下有可能酿发与美国次按债危机性质相似的信贷危机，导致近十余年中国银行改革的成果毁于一旦，付诸东流。

2. 误读教训

全球金融危机爆发后，中国不少观察家把金融危机简单归结为证券化和信用衍生工具的泛滥，一提及金融创新则谈虎色变，视金融创新为洪水猛兽,甚至认为金融危机标志着西方自由市场经济模式的破产。

事实上,虽然房贷证券化和复杂信用衍生工具在较大程度上扩散和加剧了金融危机,但它并非金融危机的始因。金融危机在资本主义历史上累累发生,并非罕见。归根结底,2008—2009年的全球金融危机是由信贷过度膨胀和房地产泡沫所引发的,与历史上的每一次金融危机的机理其实大同小异。

诚然,自由市场经济的确呈现固有的周期性波动,繁荣与衰退彼此交替,偶尔会发生危机,甚至大萧条。正因为市场经济会产生周期性的波动,才出现了凯恩斯主义,引进了政府的适当干预——宏观经济政策、中央银行、监管制、存款保险、社会保障,等等,以矫正和弥补市场机制固有的缺陷及失效。

无论如何,市场固有的不稳定性并不能抵消市场经济制度的巨大优越性。自由市场经济的最大好处正是它巨大的创新能力,包括金融创新的能力,资本配置的效率,对于生产率的推动;为人们提供的巨大诱因和刺激,创造财富的巨大能量。

三十余年的改革开放,创造了中国奇迹。就是因为市场经济模式解放了中国人民的创业精神和活力,就是因为中国吸收了国际资本、先进技术、管理经验和商业模式。中国是经济市场化和经济全球化的最大受惠者。

金融创新,如同人类任何其他形式的创新活动,必然会有风险。没有数以千计的失败和事故,就没有莱特兄弟飞行实验的最终成功。不应忘记的是,在商业航空已经运作了近百年后,至今还会偶发空难。但人们难道会因此而希望回到老牛拉破车的旅行时代去吗?美国的航天业全球领先,但是也发生过"挑战者号"这样的可怕事故。同样,美国的金融业是世界上最发达的,但是复杂金融衍生产品的普及的确可以造成许多意想不到的风险。承担风险和失败,是先驱者必须付出的代价。老师,也是可以犯错误的。前车之鉴,后事之师。如果中国能够正确地吸取其中的教训,那么这次全球金融危机对于中国可以说是一笔宝贵的意外财富。

3. 盲目自满

在全球金融危机期间,尤其是2008年秋雷曼等系列事件发生后,中国的大众传媒、政策界甚至学术界曾普遍地相信,美国等西方国家的金融体系已经崩溃,至少已经日落西山,大势已去。而中国的金融体系最健全,中国不会犯西方的错误,中国的银行和保险公司按市值已跻身于全球最前列,可以引领世界重造国际金融与货币体系,人民币应当取代美元成为主要国际储备货币,等等。

事实上,中国金融业近年来尽管成绩斐然,但整体发展水平与发达经济体的金融业差距依然非常显著。美国从20世纪20年代末30年代初的严重大萧条中能东山再起,经历了第二次世界大战后的长期繁荣,其金融体系自我调整的能力和速度是不可低估的。事实上,美国金融机构在危机发生后,进行了全方位的痛苦重组,清理资产负债表,补充资本金,大规模裁员,变卖处置资产,调整业务模式,改善风险管理。强者,比如高盛、J. P. 摩根等,变得更强;弱者,虽然步履维艰,但在市场和监管当局的双重压力下,被迫重组。尽管受到百年一遇的金融危机的沉重打击,也只经历了一年左右的时间,美国的金融体系就已经基本恢复了稳定。可以预见,美国的金融体系可能因此变得更加健康、更有效率、更具全球竞争力。

与其幸灾乐祸,或误信以华尔街为代表的美国金融业从此一蹶不振,不如保持清醒和理智的头脑,认真吸取金融危机的教训,引以为戒,继续深化中国自己的金融改革,继续学习借鉴国际上先进的金融知识、技术和经验,尤其是风险管理的经验。

中国还不能自满、自傲、故步自封。毕竟,中国的人均GDP刚达到4 000美元,相当于美国人均国民收入水平的九分之一而已。经过三十余年的改革开放和高速发展,中国的经济实力显著增加,但与美、欧、日等发达国家和地区的差距依然很大,也远没有达到中国自身经济所具备的增长潜力。

对于中国来说,最大的危险就是误读了这次全球金融危机的教训,受极"左"思潮、民粹主义和狭隘民族主义情绪的影响,怀疑自由市场制度,怀疑金融体系的重要性,从而动摇或丧失深化改革与开放的决心。

在后危机时代,中国面临着三大至关重要的政策课题:

第一,调整经济增长模式,从出口导向到内需驱动,推动民间消费与投资,实现经济再平衡;

第二,深化国内体制改革,包括金融监管体系改革,国企改革,财政税收制度改革,土地等产权改革,医疗卫生、教育、养老与失业保险改革,等等;

第三,应对全球气候变化,提高清洁能源比重及能源使用效率,控制污染,减少排放,建立低碳经济。

事实上,这三大任务都是中国政府已经明确宣告的政策目标。它们是挑战,也是机遇。有效地应对和处理这三大议题符合中国的最佳利益。但是,颇令人费解和担忧的是,在实际行动上,中国似乎显得迟疑摇摆、裹足不前,缺乏惯有的果决和快捷执行力。甚至,某些出台的短期政策措施与这三大政策目标直接冲突、背道而驰。众目睽睽,全世界都在高度关注中国如何处理这三大议题。如果中国能够果决地和成功地应对这三大议题,时间将证明,中国的经济增长将会更加平衡和持续,中国的经济将变得更加健康、强劲,具有效率和国际竞争力。

三十余年的改革开放,中国已经打下了一个良好的基础,成为全球制造业大国、贸易大国,在全球经济与金融体系中的作用与地位不断增强。这次全球金融危机使美国、英国、欧盟等发达国家经济受到重挫,而中国却化险为夷、安然无恙,其相对实力大幅提升。

历史会自然而然地简单重复吗？十余年前的亚洲金融危机,中国是大赢家,而且是永久大赢家。而这次的全球金融危机,中国显然是赢家,但还只是暂时的赢家。可以相信,只要中国清醒冷静,避免误读金融危机,继续坚持改革开放,中国就可以也一定能够成为全球金融危机后的大赢家。

本文根据笔者在哈佛大学"China Review 2010"年会上的演讲整理而成。

做一个聪明的"老二"

中国 GDP 总值正式超过日本,成为仅次于美国的世界第二大经济体,在很大程度上圆了几代中国人的梦想,可慰可庆。在新中国成立后,曾立下"超英赶美"的宏愿,当时日本还正在从第二次世界大战惨败的废墟中爬起,我们并不把日本放在眼里。但不幸的是,中国错搬了苏联的计划经济模式,结果不但没能超英赶美,与西方先进国家的收入差别反而进一步急剧扩大,而且还远远落在了奇迹般迅速复苏的日本和东亚"四小龙"的后面。

1978 年邓小平改革开放后,中国终于走上了经济发展的正确轨道,从此中国持续保持了世界 GDP 增长最快的纪录,与发达国家的经济差距不断缩小。2003 年中国终于超过了英国、德国,而在 2011 年正式取代日本坐上了"老二"的位置。

可以预见,"老二"这个位置将给中国带来许多利益:全球经济体系的领头羊地位,国际金融市场的巨大影响力,贸易谈判的新增筹码,地缘政治的显著优势,等等。但是,"老二"也会带来许多烦恼、挑战,甚至意想不到的风险。最大的挑战也是最大的风险就是如何处理与美国这个"老大"的关系。

大凡"老二"一旦当了"老二",腰板硬了,实力强了,心里可能越来越不服气"老大",从而时时闹摩擦,甚至公开挑战"老大"的权威。而如果"老大"受到了真实的或假想的威胁,为维护其世界霸主的地位,必然会打压和钳制"老二"进一步成长与发展的空间。历史上,德国和日本的崛起,冲击了既有国际秩序,引发了尖锐的对立与冲突,最终酿成了两次世界大战的悲剧。

难道 21 世纪的中美两国必须重蹈历史覆辙吗?笔者认为历史不必简

单的重复。只要中国做一个聪明的"老二",能够清醒客观地评估"老大"和自身的实力,避免作出不正确的假设,中美两国完全可以成为重要的战略伙伴,中国就可以真正地实现和平崛起。

中华民族的伟大复兴指日可待。但中国未来三十年面临的一个大风险就是与"老大"的关系处理不当,认定美国是一个正在迅速衰落的国家,从而过于自信轻妄,在经济上采取过度的保护主义,在国际政治与安全事务上采取过度的民族主义。

当中国还是一个"一穷二白"没有巨额经常账户盈余、没有庞大外汇储备的落后穷国时,中国的官员和百姓都很谦虚和谨慎,积极实行对外开放,学习国际先进技术、管理经验和最佳惯例,从而进步飞快。西方,尤其是美国,尽管政治意识形态不同,但非常能够接受、包容,甚至欣赏中华民族这样一个自强不息而又善于学习的民族。美国慷慨热情地接受了一批批中国留学生,支持中国加入国际货币基金组织、世界银行和世界贸易组织,鼓励对华直接投资,并开放其辽阔的国内市场给中国的出口产品。尽管中美两国不时会发生纠纷摩擦,美国的国会和媒体爱管他国闲事,对中国动辄指手画脚,评头论足,令人生厌和愤怒(公允而言,美国作为"老大"并非只跟中国过不去,它对于其冷战时代的盟友日本和欧洲不也是批评不断吗?)。但总体而言,美国对于中国采取了一种务实、开放与合作的政策,而美国过去三十年的对华政策,基本上为中国的改革开放大业营造了一个和平合作的良好国际氛围。

但是,当中国变成了世界"老二",经济实力显著提升并带动政治与军事实力一并上升时,国际上"中国威胁论"、"中国取代美国论"开始甚嚣尘上。虽然鲜有国人认为自己是威胁,但不少精英目睹了全球金融危机中美国的狼狈和窘状,深信美国已经是日落西山,该是中国充当"老大"的时候了。

然而,美国不仅度过了金融危机,而且已经从经济衰退中强劲复苏反弹。显然,美国不会马上衰落。在可预见的将来,美国仍然将是世界上经济最发达、科技最先进、军事最强大的"老大"。就中长期而言,且不提它成熟的民主和法制,美国最大的优势是它的开放、创新与弹性。在今天的信息时代和网络社会,美国这种开放创新的精神与自由扁平的文化,相对于一个论资排辈、缺少活力的传统阶梯式社会结构,具有不可估量的优势。

笔者20世纪80年代中期在美国留学,当时的日本正如旭日东升,势不可挡。"日本名列第一"、"日本敢说不",日本超越美国似乎已不假时日了。然而,1989年经济大泡沫破灭,日本从此二十载沉疴不起,而美国发动领导了全球互联网和信息科技革命,创新能力遥遥领先日本。别说日本超美不成,在经济规模总量上还被中国所超越。

邓小平"韬光养晦"的战略为中国赢得了过去三十年经济发展的有利国际环境。他的这一告诫对于今天已经荣居"老二"的中国,甚至更加重要。

本文原载于财新《新世纪》2011年3月。

跨越"中等收入陷阱"

近来在中国及国际经济界有许多关于"中等收入陷阱"的讨论。所谓"中等收入陷阱",是指在人均国民收入达到 5 000—15 000 美元区间时,GDP 增长减速,经济发展失去动力,进入一个低增长的轨道。中国 2011 年人均 GDP 预计刚好达到 5 000 美元。中国即将进入"中等收入陷阱"之说于是开始流行起来。

但是,无论在理论上还是实证上,"中等收入陷阱"并非经济长程发展中必然出现的现象。以索罗增长模型为代表的新古典经济增长理论有两个相关的预言:一是其他条件相同的情形下,收入越低的国家增长越快,高收入国家的经济增长将会较慢;二是长远而言,各国收入水平趋同。内生增长理论则把长远经济增长的动力归结为技术进步,生产率的差异决定了各国收入水平的差异。

如果我们观察近两百余年的经济史,英国、欧洲大陆和美国相继实现工业革命,从传统农业社会的低成长、低收入状态,达到了中等收入水平,最后转型成为高收入的富裕社会。欧美发达国家走过的是一个动态、复杂但连续的过程,但并没有在所谓中等收入水平上徘徊停留。

日本明治维新后进入了快速工业化时期。20 世纪上半叶的军国主义和对外侵略扩展,最终使日本沦为废墟。但在第二次世界大战后,日本又奇迹般地复苏和崛起,确立了其先进发达国家的地位。东亚"四小龙"紧步日本之后,经济起飞,于 70 年代左右达到了中等收入水平。但是,两次中东石油危机的冲击、传统产业竞争力的丧失和 1997 年亚洲金融危机的重创,并没有使它们陷入所谓中等收入陷阱。它们都在较长时期内保持了较快的经济发展态势,并最终成为高收入的经济体。

如果真有所谓经济发展的陷阱的话,那么"低收入陷阱"更加可能,也更加悲惨。自从错失西方工业革命,中国经历了近两百年的低增长甚至负增长,在世界经济中的比重直线下降,人均GDP长期处于世界最低位水平,是世界上最落后贫困的国家之一。

印度独立后,印度的统治精英采纳了苏联的计划经济模式,推进政府主导的工业化,压抑私人经济和国际贸易,导致印度经济在长时期内停滞不前,成长缓慢,结果经济学辞典中出现了一个术语——印度式增长(Indian rate of growth),成为低增长的代名词。

今天,在非洲、拉丁美洲和亚洲(特别是朝鲜和缅甸)地区,还有为数不少的国家未能进入经济增长的正常轨道,还在"低收入陷阱"中挣扎。对于发展经济学来说,最大的挑战是如何消灭贫困。

中国现在已基本上解决了温饱和持续大规模贫困问题,摆脱了"低收入陷阱",开始步入中等收入国行列。那么,中国未来是否可以高枕无忧?

中国过去三十余年高增长的奇迹,不是从天上掉下来的馅饼,而是市场化改革与对外开放的结果,是明智合理的宏观经济与结构政策的结果。中国经济中的深层矛盾——宏观经济的失衡、国有产业的持续垄断地位、金融体系的不透明和低效率、房地产的潜在泡沫、裙带关系和腐败的盛行、科技创新能力的严重不足、能源与环境的空前压力,等等——意味着增长的可持续性将面临巨大的挑战。特别是近年来日益高涨的狭隘民族主义和民粹主义,已经给中国的未来增长蒙上了阴影。

令人不安的是,中国在某些方面确有步拉美国家之后尘的迹象。阿根廷、墨西哥和巴西这些拉美大国资源丰富,与美国一样曾为欧洲殖民地,经济发展条件得天独厚。在20世纪初,阿根廷的人均国民收入水平曾名列美洲第二,仅低于美国,但高于加拿大。但是,大萧条后,拉美国家出现了激进的民族主义和民粹主义,严重地伤害了经济的发展。进口替代、限制外资、不可持续的公共部门工资福利政策、腐败、收入严重不均,等等,使拉美经济和社会丧失了活力,其天然的优势无从发挥。到了80年代,拉美国家政府债台高筑,陷入了债务危机,以及恶性通胀和货币严重贬值的恶性循环。拉美经济完全停滞甚至大步倒退,经历了"失落的二十年"。在1980—2000年间,人均收入水平几乎没有变化。如果有"中等收入陷阱"的话,拉美国家确实有过类似的经历。

但是,东亚"四小龙"和拉美的经验也清晰地表明,"中等收入陷阱"不是必然的规律,而是人为的结果。坏政府和坏政策把充满发展潜力和资源优势的拉美国家推向了一个绝望的陷阱。而东亚"四小龙"的自由市场、开放与审慎的财政与货币政策使它们克服了土地狭小、人口拥挤和自然资源短缺等瓶颈,极大地发挥了企业家的创业潜能,取得了持续的高速成长,使它们从贫困社会快速而平稳地迈入了富裕的高收入社会。

中等收入陷阱本不存在。但是,如果听任宏观失衡、经济泡沫、法制不健全、腐败、政府过度监管和干预,那么中国可能重蹈拉美覆辙,不知不觉地步入一个自设的陷阱。

本文原载于财新《新世纪》2011年7月。

入世十年回顾与前瞻

十年前,中国正式加入了世界贸易组织。这一历经十五年马拉松式艰难谈判所取得的结果,从制度上保证了中国融入全球经济体系的进程,保证了中国国内改革与对外开放政策的延续。日本 19 世纪中叶是在美国黑色舰队的威逼下被迫开放门户,实行明治维新的。在 20 世纪末 21 世纪初,中国则是自觉地、主动地争取加入世界贸易组织。中国改革派领导人这一高瞻远瞩的决定,从根本上否定了中国数百年的闭关锁国、因循守旧与故步自封的民族心结,坚定地、积极地迎接全球化时代的到来。如果 21 世纪能够成为"中国世纪",那么未来的历史学家应该把中共十一届三中全会与加入世界贸易组织视为中国现代化进程中两个最重要的里程碑。

在中国入世后的十年间,中国基本上履行了入世时所作出的各项承诺,进行了全方位的、深远的贸易体系改革,大幅降低了工业品与农产品的进口关税,减少了各式各样的非关税贸易堡垒,包括配额、许可证、审批、补贴,等等,进一步开放了市场,特别是长期受到严格保护的领域,如电信、银行、保险、证券、零售与批发等服务性产业,大大地减少了经济中的扭曲,更好地遵循了比较优势原则,改善了资源的配置,从而显著地提高了生产率。

正是因为入世所形成的强劲推动力,中国加速了工业化与城市化的进程,迅速崛起成为世界工厂、全球第一大出口国与第二大进口国。贸易的惊人扩展、外商直接投资的涌入和生产效率的提高,使得中国真实 GDP 增长率上升了 2 个百分点,由 1978—2000 年的 9% 提升到 2001—2010 年的 11%。中国因此能够加速追赶与赶超,直至取代日本成为全球第二大经济体。

笔者在中国入世前参与过的许多学术与政策讨论中,常听到一个观点,即入世从长期而言对中国有利,中期影响不明朗,短期负面冲击过大,一定是弊大于利。当时,年轻气盛的笔者曾毫不含糊地写道:入世对于中国无论是长期、中期还是短期,都是利大于弊。

一晃十年,现在非常清楚,入世前许多危言耸听的悲观预测和警告几乎无一兑现。中国的汽车、钢铁、消费电子等被广泛认为受入世负面冲击最大的产业,不但没有在国际竞争压力下出现大面积的破产、倒闭和萧条,反而表现良好,展现了生机和活力,进入了前所未有的黄金发展期。数以亿万计的中国人口摆脱了贫困,进入了小康中产阶级,成为星巴克、别克、iPhone4和路易·威登日益重要的顾客群体。中国内地成为日本、韩国、中国台湾和东南亚地区最大的出口市场,而中国内地对于能源、铁矿石等的强劲需求,使得巴西、澳大利亚等自然资源丰富的国家在2008—2009年全球金融危机与经济衰退中表现不凡。同时,中国不断扩大的贸易与投资给拉美和非洲发展中国家注入了新的能量,创造了发展与脱贫的机会。短短十年,沧桑巨变,中国在世界经济中的地位与影响大幅上升,成为拉动世界经济增长的日益重要的引擎。

无论从哪个角度客观衡量,中国入世都取得了辉煌的成就。贸易自由化所带来的益处甚至超乎了笔者这样自始至终支持中国开放的经济学家们最乐观的估计。中国过去十年的经验充分证实了市场经济与自由贸易体系的优越性。但是,在取得巨大成就的同时,中国还存在许多问题与挑战,需要引起高度关注与重视。

第一,政府对于经济的直接干预依然非常普遍,甚至变本加厉。最近几年,国进民退趋向明显,国有企业对于中国经济的主导地位又开始回升。在电力、能源、铁路与金融等主要基础产业的行政垄断依然如旧。

第二,法制建设进展有限,财产权利尤其知识产权保护依然薄弱,司法的不独立与随意性没能得到根本改善。因此,中国市场经济的制度基础还十分脆弱。

第三,产业政策被广为滥用,无论是第三大电信网络(3G)建设,还是新能源产业,在产业与市场准入上的许多行政樊篱明显偏离了世界贸易组织的精神,违背了市场经济的基本原则,造成了不公平的游戏场。

第四,在推进国际贸易自由化方面,中国不够积极热心,甚至站错了立场,成为多哈回合国际贸易谈判流产的原因之一。

入世后随着中国在全球贸易中主导地位的确立,中国与主要贸易伙伴的贸易摩擦加剧,成为国际市场反倾销的首要目标。但是,世界贸易组织这样的多边贸易仲裁机制为中国提供了较为公平处理贸易纠纷的理想平台并使中国融入全球经济体系,实现了真正的多赢结果。但最大的赢家无疑是中国自己。由于美国经济复苏步伐缓慢、欧元区主权债务危机日趋恶化,以及日本的持续不景气,国际上出现了质疑全球化的声音,保护主义的势力有所抬头。中国必须带头抵制全球贸易保护主义势力,更必须警惕国内民族主义与保护主义的抬头,中国不能像东亚小型出口经济体那样习惯性地搭便车,被动无为,也不能像印度与非洲、拉美发展中国家那样消极抵制,而应扮演积极的领袖作用,推动国际多边贸易自由化进程。

因为开放,中国从一个低收入的贫困国家变成了一个中等收入的小康社会。但前路茫茫。只有继续坚持开放、全球化的道路,中国才能避免所谓"中等收入陷阱",不让改革开放的成果付诸东流,从而更上一层楼,尽早迈进高收入发达市场经济国家的行列。

本文原载于财新《新世纪》2011年12月。

保增长不能牺牲体制改革

进入2012年,日益明显的下行风险困扰着中国经济。企业抱怨订单疲软,成本上升,毛利下降,融资短缺,做实业越来越难;消费者担心家庭收入增长缓慢与物价继续上涨;政府忧虑欧债危机对出口的冲击,房地产猛力调控后泡沫犹存,经济增长大幅滑坡,以及由此引发的社会不稳定;投资者痛呼一年来A股、红筹国企股与美国上市的中国概念股的凄惨表现,地方债务风险与银行不良资产的积累,以及未来影响中国上市公司盈利预期与股价表现的重重不明朗因素。

现在关于中国的共识,与2008年年底时颇为相似,并非政府是否应当刺激经济,而是政府将采取什么样的具体政策手段、用什么力度救市、执行速度如何,等等。中央经济工作会议提出了"审慎货币"和"积极财政"的政策指向。"审慎货币政策"就是宽松货币,"积极财政政策"就是扩张性赤字财政,人们对一贯模棱两可的说法已经心照不宣。2012年,除了银行存款准备金比率大幅下调外,中国极有可能降低利率,增加信贷,抑制汇率升值,同时减免税负,扩大财政支出。甚至不用半年,还有可能把信誓旦旦要调控到底的房地产政策来个180度的大转弯。换言之,任何可动用的刺激经济保增长的政策举措都有可能在2012年陆续出台。

诚然,在欧债危机加剧、美国复苏欠力、新兴市场经济体与发达国家再挂钩、中国经济内部也面临着日益严峻形势的情况下,中国必须确保维持一定速度的GDP成长率。但是,保经济增长必须与推进体制改革紧密结合起来;否则,即使2012年中国在一个不景气的世界经济中能够逆势而上,如同

2009年那样一枝独秀，所换来的也只是昙花一现的短期景气，不但经济增长难以自我持续，而且为未来发展造成许多难以治理的后遗症。

目前中国多项经济指标告急，主要下行风险其实并非来自欧债危机恶化所带来的外需萎缩，而是2008—2009年不顾一切"保增长"的必然结果。2008—2009年中国应对了全球金融危机的冲击，成绩有目共睹，但是付出了高昂的代价。当时最大的失误就是只采取了凯恩斯式的总需求管理政策，通过空前的大规模政策刺激一味保增长，而不顾经济自身固有的结构问题，忽视了必要的体制改革。结果，过度的短期性刺激掩盖了深层次的问题，虽暂时带来了双位数的GDP增长率，却造成或加剧了一系列的矛盾，如重复建设、投资效率低下、通胀加速、房地产泡沫日趋严重、地方债务负担攀升、银行资产质量恶化，再加上国进民退，尤其是大型央企的扩张，使得市场竞争环境变得越来越不利于私营经济与中小型企业的发展。当通胀压力急剧上升政府被迫改弦易辙实行宏观调控时，私营经济与中小型企业又首先变成了紧缩政策的替罪羔羊。

中国在1997—1998年亚洲金融危机期间，同样面临着保增长的内外部巨大压力。那时，中国政府明智地实行了扩大内需的反周期性财政刺激政策，确保了中国经济在严重外部负冲击的环境下保持增长。同时也不失时机地大举推进了一系列重大结构改革，包括启动了至关重要、影响深远的国有企业改革与银行体系改革。在产权制度改革上推进民营化与股权多元化，对臃肿低效的传统国有企业实行战略重组，抓大放小，一方面显著改善了国有企业的内部机制与运营效率，另一方面为民营经济的兴起与发展提供了更广阔的市场空间。在住房改革上，取消了福利分房政策，开启了商品房地产市场。在劳动制度改革上，大幅放松了户籍管制，让农村剩余劳力有序转移至制造业、建筑业与服务业，大幅推进了城市化进程，显著减少了农村的绝对贫困人口。在贸易改革上，大举降低关税，消除了各式各样、五花八门的贸易配额、执照与许可证等非关税壁垒，大胆地向外商开放了许多原来封闭的国内产品与服务市场，包括承诺逐步开放长期受到极端保护非常敏感的电信、银行、保险、证券与批发零售业，从而最终为中国正式加入世界贸易组织扫除了障碍。

事实证明，中国是亚洲金融危机的大赢家，而且是持久的赢家。中国当时没有急功近利,采取汇率贬值,也没有只单纯依靠赤字财政,追求一时的繁荣,而是把周期性宏观政策与中长期结构改革完美地结合起来。中国在一系列重大体制改革上所取得的突破性进展,消除或缓解了经济中的深层次矛盾,私营经济的崛起与入世所带来的贸易改革尤其显著提升了中国经济的全要素生产率,为中国经济在其后十余年的高速发展奠定了基础。

　　在今天的国际国内大环境下,中国继续面临着周期性宏观经济政策调整与推进体制改革的双重任务。应对欧债危机扭转经济短期滑坡固然重要,但治理近年来因改革疲劳症而疏忽了的中长期结构问题,更是迫在眉睫。从 2012 年开始,中国必须在保增长与推改革之间实行更紧密的配套,找到短期需求刺激与结构改革的最佳结合点。如果只单纯重复 2009 年式的保增长,那将是治标不治本,虽有短效而无远功,只能让结构问题积重难返,最终降低中国经济的趋势增长率。只有深化改革、完善市场经济体系,才能克服经济发展不平衡、不稳定与不可持续的尖锐矛盾,增加中国经济的长期活力与能量,培育新的增长点,保障中国经济在中长期的快速、高质量与可持续的增长。

本文原载于财新《新世纪》2012 年 1 月。

中国经济增长潜力尚未充分释放

中国经济增长的黄金时期是否已经过去？很多专家认为随着中国人口老化，人口红利已近消失，加上结构瓶颈，中国已经进入一个经济减速时期，甚至可能陷入所谓"中等收入陷阱"，从此停滞不前。温家宝总理在《政府工作报告》中宣布把2012年的政府经济增长目标调为7.5％，显著低于以往的目标，更是引起了国内外广泛的关注。有些评论视此举动为官方对于中国进入低速增长期这一事实的正式默认。

但是，不管人们如何解读，官方GDP增长目标通常并非实际经济表现的最好预测指标。历史上，实际增长率总是大大高于官方的指标。比如，中国曾长期把经济增长目标定在8％，然而在过去二十年，中国的实际GDP增长率只有两次低于8％，即亚洲金融危机期间的1998年和1999年。

其实，中国政府调低GDP增长目标，主要目的应该是给公众尤其是地方政府发送一个明确信号，即政府今后不应再片面追求增长的速度，而是应更加注重增长的质量，在需求结构——出口与内需之间和投资与消费之间——上实现更好的平衡，并且在经济增长与环境生态保护之间，以及经济增长与社会发展之间实现更好的兼顾协调。

这无疑是一个明智的考虑。尽管中国曾经历了较长时期的双位数GDP高速增长，但是这种增长是极其粗放的、低效率的。过去的高增长依靠的是巨大的要素投入，特别是资本的过高投入，表现在占GDP达45％这样一个举世无双的高投资率上。而高投资率必须靠银行信贷膨胀和政府公开及隐形财政赤字(比如通过地方政府融资平台)的高杠杆支撑,不可避免地造成通胀甚至房地产泡沫。这种高增长还带来了能源与原材料的空前消耗,推动了全球自然资源等大宗商品价格的飙涨,并造成了对生态和环境的巨大污染与破坏。就如同在一条并不稳固的轨道上全速疾驰的高速列车,中国经济近十年来双位数的高增长是不可持续的。

但是必须指出,降低官方 GDP 增长目标并不意味着低增长对于中国就是更加合乎意愿的良好选择。无论是中国政府,还是中国百姓,都还没有做好充分的心理准备"吻别"世界最高增长率的纪录,而接受一个新的但是很平凡的经济增长速度。近年来高增长的确造成了不平衡、不稳定的现象,其背后掩盖了许多深层次的经济与社会问题。然而不可否认的是,高增长本身也为化解这些问题争取了时间,提供了资源,创造了条件。试想,如果过去十年没有平均双位数的经济增长,中国的日子必定非常艰难,不可能顺利地由彼到此取得今天所拥有的一切。

同样,如果未来实际 GDP 增长明显低于官方的目标 7.5%,那么,中国也必将会面临一系列非常棘手的新的挑战。每年国内生产总值的新增增量将不能满足大规模减贫的需要,所带来的财政收入的增加将不能满足退休养老、医疗保健与教育等日益上升的社会支出的需要,将难以覆盖治理严重环境污染与大规模减排的成本,尤其是难以创造高工资的就业机会从而壮大中国的中产阶级,维持社会稳定与和谐的难度也将大大增加。

2011 年,中国人均 GDP 刚过 5 000 美元,约为美国同年人均 GDP 的九分之一,与高收入发达经济体的收入水平仍然相差甚远。如果中国经济不能继续以更快的速度增长,与先进国家收入水平的差距将难以在一代人之内显著缩小。而日益觉醒的中国老百姓,尤其是新兴的中产阶层,对于收入及财富的增长和生活水平的提高期望值越来越高。中国百姓这种"见富思齐"的愿望可以形成一股强大的爆发力,通过勤奋创业推动经济前行。但是,如果受到挫折,也可能成为一个不稳定的因素。

在极端的情况下,如果中国经济一旦陷于衰退,失业激增,类似于美国和欧洲近几年所经历的境况,那么可以预见,中国现行政治与社会的刚性结构将难以应对经济衰退所造成的巨大压力测试。中国尚不健全的社会保障体系并不能提供足够的缓冲垫,中国的决策精英和老百姓也并没有应对衰退的经验。日本从1989年经济发展黄金期终结,二十余年后犹在磕磕碰碰狼狈摸索复苏之道。

总之,中国在未来相当长的一段时期,继续维持较高的经济增长速度不仅是非常有利的,而且是非常必要的。盲目追求速度而不顾效益与质量固然不可取,也不可持续,但是,低于经济固有增长潜力的速度同样不应当接受。在完成经济赶超美、欧、日的过程,变为高收入发达经济体之前,笔者认为中国几乎没有选择高增长抑或低增长的奢望。

幸运的是,中国的经济增长潜力还远没有充分释放,高速追赶发达国家的空间仍然巨大。中国可以总结过去三十余年高速增长的经验与教训,调整与优化经济增长的模式,从而实现既有高速度又有高质量的增长。

本文原载于《新财富》2012年3月。

提高生产率是防止中国经济减速的关键

长期以来,企业、百姓和国际市场对于中国的高增长率习以为常。因此,中国政府把经济增长目标正式调低到 7.5%,引起了国内外的广泛关注与担心。这一举动是否意味着官方正式确认中国从此告别了高速增长的黄金时代,开始进入一个慢速增长的轨道?低增长对于中国经济的未来,对于中国人民的生活水准,以及中国的全球地位与影响,将产生什么样的影响?

中国官方调低增长率目标,应该在较大程度上考虑了中国传统增长模式暴露的局限性:需求结构的失衡,投资效率的低下,社会(教育、卫生、食品安全、社会保障等)发展的滞后,资源的过度消耗,生态环境的急剧恶化,等等。毫无疑问,这些日益尖锐的问题如果不能得到有效的遏制与解决,将不可避免地制约未来中国经济发展的速度。

显然,一味片面地追求 GDP 成长高速度,而不顾效率、质量与生态环境,是不可取的,也是不可持续的。但是,如果中国经济从此真的进入一个慢速轨道,也绝非一个令人安慰的前景。中国人均 GDP 刚过 5 000 美元,与美国等发达国家的收入水平仍然相差甚远,经济模仿与追赶的潜力依然巨大。低成长意味着中国没有能够发挥自身的潜力,意味着中国很难在一两代人内缩小与发达国家的收入差距并实现超越。中国每年新增就业的压力,包括大学毕业生就业机会不足的问题,民众对于收入水平与生活品质不断上升的预期,也意味着低成长将带来巨大的不可预知的风险,有可能动摇中国社会和谐与政治稳定的基石。换言之,过去缺乏质量的高成长固然不能为继,而未来的低成长也并不是一个合乎情理可以接受的选择。摆在中国政府面前的难题,就是既要速度又要质量,二者缺一不可。

那么,中国如何才能维持既有高速度又有高质量的增长呢?

传统增长模式主要依靠大规模的要素投入,即劳动力的增加和固定资产的投资。由于人口结构变化与自然增长率的下降,劳动力队伍未来在总量上难以显著扩大。但是,劳动参与率,特别是妇女与老龄人口的劳动参与率,仍有上升空间。据笔者估算,劳动力投入每年可以为GDP增长贡献最多1个百分点。尽管中国在较长时间维持了举世罕见的高投资率,但由于人均资本存量还是偏低,仍有巨大的资本积累与资本深化的空间。中国城市化人口刚达50%,未来城市化进程将继续刺激对于公共基础设施、住房、学校、医院、体育娱乐设施等的投资需求。固定投资可以为未来GDP成长每年贡献3个百分点。

因此,即使实现7.5%这样一个平庸的GDP增长率,中国也必须取得3%以上的全要素生产率的增长。如果中国未来经济增长模式更有效率、更高质量,也更可持续,那么提高生产率将是关键。

经济学内生增长理论与跨国实证研究发现,生产率增长的因素主要包括技术进步与创新、人力资本(劳动力队伍的教育水平与技能)和制度环境。后者主要是指一国法制的健全性,司法的独立公正性,对于私有财产包括知识产权的保障,政治架构的稳定,市场竞争的充分与公平,金融体系的效率,合理的税负,政府的廉洁与透明度等。

需要特别关注的是,中国目前面临着制约生产率改善的一系列问题。中国政府与企业虽然已经重视科技研发投资,但是总体而言创新能力不足。政府一些不明智的产业政策与规章,比如3G国标,对于Google与Facebook的限制,妨碍了创新,甚至妨碍了中国对于国际最新技术与商业模式的模仿和采纳。中国对于教育体系的死板行政控制,重考试唯学历的填鸭式教育模式,不利于培养、激发中国年轻一代的探索与创造力。尤其是,国有经济的垄断地位和政府对于经济过度的干预、法制的不健全与政策的不透明,鼓励了寻租与腐败,严重压抑了市场竞争,压抑了创新。制度因素是中国未来生产率提高的主要障碍。

中国改革开放初期,农村从人民公社集体化改为家庭联产承包责任制,极大地调动了农民的劳动积极性,解放了生产力,从而提高了农民的收入水平。过去三十年,中国积极引进外资、国际技术、管理经验与营商模式,特别是通过加入世界贸易组织而推行的贸易与国有企业改革,显著促进了中国制造业与服务业的整体效率改善与竞争力的提高。这些都是通过制度改革带来生产率提高的成功案例。

但是,令人忧虑的是,近年来中国出现了"改革疲劳症",经济体制问题积重难返,甚至变本加厉,制度瓶颈制约日益明显。不改革,生产率难以提高,中国经济潜力无法发挥,将有落入"中等收入陷阱"之虞,中国未来的社会与政治稳定也必将面临巨大挑战。

邓小平说,发展才是硬道理。只有加速与深化体制改革,坚定不移地推进市场化进程,打破国有垄断,壮大私营企业,保障公平竞争,鼓励研发创新,中国才能充分释放出其固有的巨大发展潜力,在未来保持有质量、有效率、可持续的高增长,实现中华民族的伟大复兴。

本文原载于财新《新世纪》2012年4月。

中国的全球影响与领导力来自哪里？

中国自20世纪70年代末开始改革开放，真实国内生产总值以年均9%的速度持续增长，为世界上成长最快的主要经济体，在世界经济中的地位与影响日益上升。2010年是中国经济发展的一个重要分水岭。这一年，中国经济规模首次超越日本成为仅次于美国的全球第二大经济体。作为世界第一大出口国(2009年超越德国)和第三大进口国，中国在全球生产供应链与货物贸易体系中的地位举足轻重。至2010年年底，中国已是欧盟、日本、巴西、澳大利亚、韩国与东盟的第一大贸易伙伴，是美国、印度与俄罗斯的第二大贸易伙伴。中国的快速工业化与城市化刺激了对于能源与原材料的强劲需求，是近年来主导全球自然资源与大宗商品价格波动变化的最重要因素。同时，鉴于中国持续的经常账户顺差与庞大的官方外汇储备，中国已经成为一个主要国际债权国和跨境投资的重要来源。

在最可能的基准情形下，预计中国在2030年左右国内生产总值规模将超越美国，成为世界第一大经济体。超英赶美，是两百年来中国人梦寐以求的目标。通过改革开放，中国经济快速发展，迅速缩小与美、日、欧发达国家的差距。中华民族重新屹立于世界先进民族之林终于指日可待。那么，21世纪将会是中国的世纪吗？中国能够在21世纪扮演英国在19世纪和美国在20世纪所扮演过的全球领头羊角色吗？

为了解答这个问题，我们首先有必要考察哪些重要因素将决定中国在21世纪的国际地位，什么是中国的威望、影响与领导力的主要源泉。

笔者认为,中国在21世纪的国际影响与领导力来源不大可能是文化,也不是科技。中国拥有悠久而灿烂的文化,先秦诸子百家学说,孔孟伦理体系,道家哲学,唐诗宋词,明清小说,建筑,瓷器,绘画,等等,长久以来是滋润中华民族的精神甘泉,是中华文明的瑰宝。但是,文化只有相对而非绝对的标准。中国文化虽然博大精深、独特优美,却未必能够取代欧美文化,最多是享有与其平行独立的高峰地位。从科技来说,虽然中国拥有古代四大发明,但现代科技主要学科和领域还是一个落伍者与追赶者。因为政府体制、教育模式与社会环境的原因,中国还不具备条件取代美国成为领先全球的科技创新大国。

中国的国际影响力不是源于宗教。中国是佛、道、儒三教合一的国家。佛教原本起源于印度,但在中国才真正得到发扬光大。中国还有千万计的穆斯林,近几百年来基督教包括天主教与新教也逐渐传入中国。中国历史上发生过无数战争,但值得强调的是,从没有以宗教的名义发动过战争。基本上,中国的宗教传统是一个开放、温和、兼收并蓄的传统。应该说,这个传统与现代社会对于宗教持宽容态度的趋向非常匹配。正因为如此,中国几乎没有可能热衷于宣扬传播任何一种特定宗教,以借其扩大全球影响。

中国的国际影响力不是来自独特的政治制度。苏联解体标志着共产主义主流意识形态的终结。当今世界只有朝鲜、古巴与越南等极少数国家还保留了名义上的共产主义意识形态。中国的现行政治体制适合中国目前的国情,但客观而言,不具备条件输出给其他国家。

未来中国全球领导力的来源也不是军事。近三十年来中国军队的现代化进程加快,武器装备水平与综合作战能力显著上升,但是与美国军力相比,可能在相当长的时期内仍会继续存在差距。历史上,没有一个国家或者文化能单纯通过军事优势而较长期地保持世界领先地位。最终,持久的军事实力取决于持久的经济实力。没有强大经济基础与优越制度的支撑,军事优势将是短暂的。历史上,匈奴和蒙古铁骑曾纵横亚欧大陆,一时攻城略地,摧枯拉朽,势不可挡,但由于没有优越制度、文化和经济的牢固根基,其势皆不可续,匈奴和蒙古帝国并没有对中国和欧洲文化留下永久的烙印。北方游牧民族占领中原,建立了大清王朝,但几乎全盘采纳吸收了汉族文化,除了对周边国家的辐射影响,也并没有成为全球超级强权。

中国今天之所以令全球瞩目，之所以受到重视与尊敬，主要是因为中国正在创造的经济奇迹。按GDP增长速度、经济规模、人均国内收入、制造业能力、基础设施建设、出口竞争力、外汇储备、银行体系资产、股票市值、跨境直接投资等相关指标衡量，中国经济发展成就巨大，表现卓越。中国传统文化固然灿烂，科技水平固然迅速提高，军事实力固然显著增加，但是这些因素还不足以决定中国的全球领导地位。毫无疑问，经济的高速增长与国民财富的迅速扩张，是决定中国未来国际地位与影响力的主要原因。

回顾历史，一种国家特定的文明或者文化对于世界其余地区的影响，可以通过三种主要形式或渠道而产生。

一是通过军事扩张。典型的例子是古罗马帝国向欧洲与中亚地区输出了其特定的法律政治制度，以及科技文化特别是建筑与水利工程技术等。英国在17世纪至20世纪中叶通过其强大的海军进行海外扩张、殖民与贸易，将其文化"强行输出"到美洲、非洲、大洋洲与印度，建立了让古罗马帝国也望尘莫及的"日不落"大英帝国。美国扶持拉美地区的所谓"香蕉共和国"，发动了伊拉克战争，企图通过军事实力强行实现"政权更迭"（regime change），使中东地区变成民主化。

需要指出的是，单凭军事实力扩大全球影响，往往代价昂贵，而成绩乏善可陈。英国和美国在其全球霸主地位建立后，企图通过武力强行输出思想价值，效果并不理想，犯了不少错误，伊拉克战争就是最新例子。德国和日本在国家崛起过程中的军事冒险，引发了两次世界大战，遭遇了几乎毁灭性的打击，更是提供了惨痛的历史教训。和平崛起，是中国最明智、最合适的全球战略。

二是通过宗教，比如基督教、伊斯兰教、犹太教等。特别需要指出的是，基督教与伊斯兰教作为有组织的宗教，拥有强大的资源与网络，所以成为世界上最有影响的两大宗教。基督教的信仰与价值影响尤为深远、广泛，是欧洲、美洲与大洋洲人民的主要信仰。基督教在西方文明的发展与兴起进程中扮演了极其重要的角色。马克斯·韦伯曾权威地论证了资本主义与新教伦理的关系。

三是通过"榜样的力量"，即经济的富裕、科技的先进与文化的优越对世界其他国家或地区产生自然的吸引力，他国自愿接受与仿效，如中国汉唐文化之所以能对周边国家产生深远的影响,主要是因为中国当时的相对发达与优越地位,自然成为周边国家仿效的楷模。

古希腊文化的传播主要是通过后者,但亚历山大大帝的征战无疑也使得希腊文化的影响扩展到了地中海之外的地区。而古罗马帝国、大英帝国和美国的崛起以及领导地位具备了比较全面综合的优势与条件,实行了软硬(实力)兼施的策略,通过其文化与核心思想价值体系的内在优越及其经济和军事无与伦比的强大实力,对世界产生了长久与深远的影响。

在近现代史上,英国和美国在19、20世纪的人类发展中各领风骚,两国在世界舞台上拥有对世界秩序的主导权。这个主导权的确立,无疑仰赖了经济和军事等力量,但也向世界输出了一种价值观或思想体系。作为孕育第一次工业革命的摇篮,英国开创了蒸汽机、铁路与机器制造的时代,拉开了现代工业文明的序幕,并建立了一套以财产权、契约、自由竞争与产业分工协作为基础的工业文明基本规范。美国为世界提供了一套基于民主、自由、平等的价值体系,不仅在电力、飞机、原子能与太空技术上独占鳌头,而且在以电脑和互联网为标志的信息产业上引领全球,率领人类进入后工业社会的现代文明。"己所不欲,勿施于人"。英国和美国之所以能够向世界输出它们的价值思想体系,主要是因为它们自己遵循实践了这一套价值体系,成为它们的富强之本,被证明行之有效,从而具备吸引力。

中国完全能够也一定可以在21世纪扮演一个全球领袖角色,享有与其国家实力匹配的崇高国际地位与巨大影响力。但是,这一判断主要是基于中国经济的持续高速发展、人民生活水平的不断提高、中国企业国际竞争力的不断改善,以及教育科技与文化水平与国际先进水平的逐步缩小,而非基于所谓独特的中国思想或中国价值。事实上,笔者不认为中国必须,或者可能发展出一套自己独特的、可完全替代美国的、放之四海而皆准的思想与价值体系。

21世纪可以有一个以中国为龙头的大型经济体深刻地影响甚至主宰着全球经济、贸易与金融体系,但是,由于现代信息通信与互联网技术的飞速发展和在全球范围内的普及与广泛应用,21世纪的人类将会在思想价值体系上呈现多元性、分散性和交叉性。预期中国思想价值统领世界必须作出两个假设:一是中国的思想文化相对于世界其他思想价值具备固有的优越性。二是中国可以强制性地输出其文化,或者其他国家会自觉地服膺,学习与接受中国文化。从历史经验或者未来世界发展趋势来看,这两个假设都是不合理也是不现实的。

如果以儒家文化为代表的传统中国价值比其他文化思想体系更为优越,那么就无法解释为什么过去两三百年中国的衰落与贫穷。如果强势政府、中央计划、公有制与产业政策就能保证经济快速发展,那么就不能解释从1949年到1978年间中国国民收入水平不但与美国相比差距更加拉大,而且还被日本和东亚"四小龙"远抛其后。事实上,当邓小平实行改革开放之际,中国经济已经到了崩溃的边缘。近三十余年中国的重新崛起,在很大程度上是因为中国实行了改革与开放,采纳了自由市场经济制度,融入了全球贸易体系。也就是说,中国成功地借鉴和引入了西方资本主义市场经济的模式。中国近三十余年所走过的历程清晰地表明,自由市场经济制度在资源配置效率、调动释放创业激情、创造利润和就业与财富等诸多方面有着巨大的优越性。

中国在三十余年的经济发展中摸索积累了丰富的经验,值得认真总结。中国的经济发展是有一些特点的,比如国家五年经济发展规划,国有企业的主导地位,对于金融体系的高度控制,重商主义,产业政策,高储蓄率,高投资率,出口导向,等等。但是,除了国有企业一项之外,日本、韩国、中国台湾与新加坡等东亚国家与地区在其经济起飞阶段也呈现了同样的特征,因此并不能说统统为中国独创。

在2008年全球金融危机与2010—2011年欧洲主权债务危机中,美国、英国与欧盟显得政治领导力较弱,在危机的处置与化解上行动迟缓,客观上加剧了金融市场的动荡,拖累了经济的复苏。这些案例的经验教训值得中国借鉴。但是,一些学者将目前美欧的经济金融问题以及政府政策的缺乏效果视为西方自由市场资本主义制度的破产,并认为以中国式的"国家资本主义"、政府意志与官僚体系的巨大权威为内核的另类模式将取代自由竞争的美国模式。这个结论显得过时,也显得过早。说它过时,是因为在资本主义的发展史上,资本主义即将崩溃的预言一再出现,尤其是在20世纪30年代初发生了"大萧条"后,全球学术与政治精英的共识是资本主义终于彻头彻尾地完蛋了。但是,大萧条却被证明只是"美国世纪"的前奏,美国不但彻底复原了,而且经历了一个新的黄金发展时期。说此言过早,是因为美国经济虽然还不景气,面临着财政债务负担重、劳工失业率高等严重问题,但是美国经济有较大的灵活性、较强的调整能力和巨大的科技创新能力,这些优势在这一轮经济周期中尚未充分展现出来,不宜过早对其下悲观结论。

在一个运作良好的市场经济中,政府显然能够也必须发挥巨大的作用,包括提供法制、公平竞争、合理税负、金融监管、基础教育、社会保障、环境保护等公共品。中国政府拥有巨大权威,决策效率较高,干预经济的能力强,直接掌控的资源多,在非常时期(比如遭遇特大自然灾害,或国际经济负面冲击时)能够作出及时果断的反应,从而保障经济的稳定与发展,这显然是一个不可低估的优势。但是,政府角色有一个"适度"的问题。如果政府过于强势,对经济过度干预,国有企业享受垄断或其他不公平待遇,就会阻碍市场竞争,损害经济效率,严重压抑创新,甚至滋生腐败,变质为既不公平又无效率的裙带和权贵资本主义。

显然,中国的市场经济模式还在发展与完善之中,尚不成熟,更非完美。中国的经济发展模式也有明显的缺陷、不足和局限,缺乏普适性。中国面临着高能耗、高排放、高污染,环境恶化,食品安全,官员腐败,道德沦丧等一系列尖锐的经济与社会问题。中国多年来政府主导、投资与出口拉动的增长模式很难在世界各地大规模地推广复制。比如,大多数发展中国家的政府权威与行政能力相对不足,政府所掌管的财政资源有限,显然不具备中国政府享有的可以直接干预经济的权力和巨大政策影响力,以及大规模集中与调配社会资源用于经济建设的能力。

中国经济发展三十余年的成功经验,其实包含融汇了美国等发达市场经济国家的主要制度元素,虽有差别,但总体而言,共性较多,特性较少。过分强调"中国模式"的独特性与优越性,是一种自欺欺人的危险幻觉,在国际上可能引发与美国及整个西方国家的经济摩擦和冲突,在国内则会助长非理性的民族主义与盲目自大情绪,从而减少深化经济结构改革的政治承诺,延缓完善市场经济体系的进程。

曾经有人提出过所谓"北京共识",过分渲染中国经济发展模式的独特性,并以其与代表美国市场经济主流理念的所谓"华盛顿共识"对垒,这是故弄玄虚、毫无意义的文字游戏。事实上,迄今为止中国所取得的经济成就并非依靠另辟蹊径,找出了一个独特的模式,而是采取了美欧数百年行之有效的自由市场经济制度,特别是引进了竞争、贸易与私有产权等核心理念。

1776年,亚当·斯密发表了《国富论》。同年,托马斯·杰弗逊起草了美国《独立宣言》。在同一个年份发生了两个划时代的事件,深刻地改变并影响了其后两百余年的人类社会发展进程。市场经济、民主、自由与法治是英国世纪和美国世纪的共同思想与价值体系,构成了人类现代文明的基石。中国已经走上了市场经济的道路,并且获得了巨大的成功。民主、自由与法治也是中国的基本发展方向。一方面,这是经济发展达到一定水平后中国绝大多数民众自然的诉求;另一方面,如果没有民主、自由、法治的制度建设,中国经济就可能陷入所谓"中等收入陷阱",中国无法脱变成一个创新社会,未来经济增长将难以持续。

在比较东西文化差异时,人们往往聚焦于个人自由与集体利益的平衡取舍上。李光耀的新加坡模式受到推崇。其实,新加坡模式,或者更广泛地说,东亚模式,包括日本、韩国、中国台湾都并非排斥而是在很大程度上接受了西方文化的核心元素。日本、韩国、中国台湾在经历了经济快速发展后都成为民主社会,中国香港虽没有西方式的政治民主,但享有可与西方媲美的自由与法治。新加坡的权威政府并没有取代而是依赖了其高度的国际化、私有财产制度和可靠与高效率的法制。所以,"东亚模式"尽管颇有特点,但并没有成为一个独立的模式与美欧模式平行于世,而是演变为"西方"或者"美国模式"的一个表现或翻版。

中国不必太花心思和精力试图为世界建立、提供一种区别于美国的可供替代的独立的文化价值体系。未来的中国文化与价值体系,将是在继承中国儒、道、佛教文化优秀传统的基础上,学习吸收西方文明的精华,糅合融汇而成的。中国的思想文化体系不应当排斥民主、平等、自由与法治的价值与理念。中国的仁、义、礼、信与西方的自由、平等与民主是完全相匹配的。如果中国文化不与时俱进,只停留在传统的层面抱残守缺,则不太可能像英国、美国思想价值体系那样在全球发挥巨大的影响。过分强调中国价值与文化的独特性,而忽视或排斥西方文化的优良元素,中国经济社会发展有可能重新走弯路,错失历史性的赶超与崛起机会,难以转型为一个真正意义上的现代国家。

归根结底，经济的繁荣与效率，人民的富裕与幸福，是中国成为21世纪全球领袖的前提与必要条件。如果没有经济的繁荣，一个特定的思想与价值体系，无论多么独特，其影响与吸引力将大打折扣。所以，中国必须专注于发展经济，克服一切阻碍经济可持续发展的制度瓶颈，建立基于法治与自由的完善的市场经济体系，并注重环境保护、食品安全、创新能力、消灭贫困，进一步提升人民的生活水平与福祉，在人均GDP水平、人口教育程度、预期寿命等一系列人类发展指标上全球领先，成为真正的经济与社会发达的国家。一个成功的中国，人民感到安全、快乐与满足的中国，必然可以成为全世界的榜样，将为世界其他国家，特别是发展中国家所学习和仿效，自然将在21世纪成为一个备受尊敬的全球领袖。

本文原载于清华大学《中国与世界观察》2011年第3/4期。

转变政府职能

政府的主要作用是提供公共品

一个像中国这样的低收入国家应当采用何种经济模式从而摆脱贫困走向富强？这是经济学家们一直孜孜以求的一个最根本命题。亚当·斯密指出市场自由竞争是创造国民财富的源泉。卡尔·马克思亲眼看到并肯定了资本主义所带来的生产力的惊人提高，激进的知识分子和革命者却寄望于一种全然不同的经济模式，即由国家集中和控制资源来主导经济发展。自苏联创立了第一个中央计划经济制度后，包括东欧和中国在内的诸多国家纷纷建立了类似的制度。

但是，第二次世界大战后美国的增长与繁荣，西欧经济的强劲复苏，日本的崛起和东亚"四小龙"的经济起飞，与苏联、东欧经济的停滞和缺乏活力形成了显著反差，使人们不得不重新反思计划经济的合理性。东欧一些国家曾试图进行局部调整改革，以弥补计划制度的明显缺陷。只有当邓小平在中国启动市场化经济改革和开放后，中央计划模式才在全世界开始走下坡路。

不同经济模式决定了政府不同的职能。在计划经济制度下，政府是经济活动的主体，而企业和家庭扮演被动从属的角色，市场力量被行政力量所压抑。从投资、生产、就业到消费、储蓄，政府的主导性影响无所不在。从价格、工资到利率、汇率，政府无不加以管制。政府五年计划与年度计划中，宏观微观、条条块块、各行各业、各省各市皆有详尽的投资和生产数量指标，以及对人、财、物的行政统筹分配。

计划经济制度是彻头彻尾的"乌托邦"。事实上，最聪明的政府也无法准确预测生产技术和消费者品位的复杂变化,无法控制经济系统的各种不确定性。貌似科学客观的计划,其实完全是行政官僚主观意志的产物。用亲身参与过多次"五年计划"制订的前国家计委副主任廖季立的话来说,所谓科学的计划实际上是"拍脑袋"拍出来的。中国计划体制时期的一个主要弊端,就是政府无所不做,无所不管,功能不清,角色混淆。结果,政府不该管的事偏要管,该管的事情却基本上都没管好。

中国经济体制改革的基本目标是摆脱计划经济束缚,建立高效率配置资源的竞争市场机制。改革的核心是转变政府职能,从而使市场功能得以充分发挥。在市场经济中,企业和家庭是经济活动的主体,自由竞争是推动经济发展的主要动力。各主体依照市场信号分散、自主地作出关于投资、生产和消费的决策。政府的新角色是为企业和市场提供必需的高质量、高效率及低成本的公共服务。

具体而言,政府通过立法与公正司法保障私人财产,包括知识产权;保持宏观经济和金融体系稳定;监督执行商业合同,仲裁商业纠纷;倡导市场竞争,防止垄断;维持社会治安、公共秩序和国防;普及基本教育;提供预防性医疗保健服务;提供基本社会保障、环境保护,以及公共基础设施建设。

概而论之,凡是私人部门和市场能做好的,政府就不应插手干预;只有在市场失效的情形下,私人企业做不好的,政府才要去做。政府和私人部门各司其职,各负其责,从而创造持久的繁荣和不断增加的国民福利。

本文原载于《财经》2005年10月。

政府介入市场应循"大拇指法则"

中国经济渐渐冲出了传统计划经济体制的樊篱,市场力量不断壮大,社会主义市场经济模式初显雏形。但改革大业并没有完全大功告成,中国依然是一个矛盾交织的复杂转轨经济体,无形的市场力量与计划制度下行政配置资源的"看得见的(重)手"同时并存,互为制约。

过去四分之一世纪的经验清晰地表明,中国经济所取得的几乎每一个成就都是市场化改革的结果;而几乎每一个至今依然困扰我们的重大棘手问题,皆可追溯为计划经济时代残存的体制性障碍。

中国正面临一个重要的问题,即政府职能如何作根本性调整,政府角色怎样重新定位。显然,对于政府以行政指令性手段配置经济资源的职能与权力应严格限制,直至最终取消。市场经济中,企业与家庭,即私营部门,应是投资、生产、销售、储蓄和消费等经济活动的主体,独立自主地作出与自身相关的经济决策,政府不能任意干涉,但这并不意味着政府只能扮演被动消极的角色。

恰恰相反,政府必须承担许多重要职能。关键在于如何明确界定,从而使得政府和市场各司其职、各履其责。经济理论和成熟市场经济国家的经验提供了一个"大拇指法则":凡是私营部门和市场能做好的事情,政府原则上不应插手;只有市场自身做不好的,政府才应考虑适当介入。但在中国的现实中,政府不该管的事它偏管,政府本来该管的事它却完全忽视或没有管好。

简单而论，只有在特定条件下，比如，当存在不完全竞争、公共品、外部效应、道德风险、信息不对称等"市场失效"时，政府的干预才是必需的，也可能有效地改善资源配置效率。按照这一原则，政府应关注法治、保障财产权利、维护公平竞争，以及提供基本教育、环保、国防与外交等公共品及服务。如果政府揽责过多甚至越俎代庖，即使本着良好愿望，也往往产生"政府失效"，导致资源配置效率低下，阻碍经济发展和国民福利的提高，社会公平也往往成为政府难以兑现的廉价承诺。

由于生产技术和消费者品位的变化，以及信息不完备等因素，自由市场经济在总量上（如产出、就业、物价水平等）会呈现固有的周期性波动。如果波幅过大，对市场资源配置效率和社会福利将会产生严重的负面影响。因此，在市场经济中，政府有一核心职能，即保持宏观经济稳定。本质上，稳定物价可视为"公共品"，政府是提供这一公共品的理想之选。没有人可以怀疑中国政府担负宏观调控职责的合理性和必要性。

但要注意，政府行使这一职能时，应主要通过审慎财政预算政策和独立中央银行制度来实现其目标，而不能继续沿袭计划经济时代的行政手段。因为行政方式往往矫枉过正，压抑了市场功能，会产生适得其反的后果。

此外，不应把宏观经济稳定与结构调整（如"三农"问题、地区差异问题等）和产业政策（钢铁业也罢，汽车工业也罢，房地产业也罢）混为一谈。否则，多重目标的设立和政策工具的滥用会使宏观调控的成效大打折扣，并模糊政府的功能与定位，妨碍中国向市场经济制度过渡的历史性进程。

本文原载于《财经》2006年2月。

均贫富不如均机会

——怎样看待收入不平等？

中国的收入差距问题已经引起了很大的关注。中国的收入基尼系数为0.5，堪与巴西、俄罗斯或者美国等收入严重不均的国家相比。一些学者视其为制约中国内需尤其是私人消费成长的一个主要因素，还有一些专家警告日益扩大的贫富差距将造成社会与政治的不稳定。中国政府自然也对此问题忧心忡忡，国家"十二五"发展规划等文件都提出把缩小收入差距作为一个重要政策目标。

中国当前面临的收入差距问题有着计划经济时代"极端平均主义"的历史背景。收入分配的"大锅饭"制度，导致"干多干少一个样"、"干好干坏一个样"，严重挫伤了中国人民的劳动积极性，导致了中国的极端贫困问题，人均国内收入每年不到200美元，相当多的人口特别是农村人口处于绝对贫困，为了温饱而挣扎。

邓小平英明地实行改革开放，打破了"大锅饭"制度，"让一部分人先富起来"，极大地调动了人们的劳动积极性，尤其是解放了中国人长期被压抑的创业精神，大大刺激了私人经济的蓬勃发展。从此，中国成为全球经济奇迹。中国人民的收入与生活水平有了显著的提高。

《福布斯》全球富豪排行榜上中国富豪数量排第二名，仅次于美国。笔者的家乡湖南也是毛泽东和许多革命先驱的故乡，现在出了一个梁稳根——三一重工的创办人，成为中国首富。虽不如中国新富豪身家排行榜那样引人瞩目，但一个更加广泛、更加深刻，也是更加积极的变化，是过去三十余年中国绝对贫困人口的持续与大规模的减少。世界银行估计至少有5

亿人口摆脱了绝对贫困，这在人类历史上是史无前例的成就。

但是，中国的收入差距在改革开放时期也在迅速扩大，成为广为关注的问题。

收入差距的增加有许多复杂原因。

首先必须承认，一定的收入差距是不可避免的。在一个单元同质的文化与社会里，如中国、日本、韩国等，人的能力、天资与勤奋程度本有差异，所以结果也有不同。在美国这样一个多元化的移民社会，人们之间的差异与最终收入的差距就更是不可避免的了。无论如何，即使天赋与努力程度相当，因为运气各有好坏，最后的成就仍有差异。在一个完全平均主义的社会中，最勤奋与最聪明、最具有创造力的人缺少积极性，社会与经济就没有活力，不能进步。在一个市场经济体系中，收入差距的存在以及在一定发展时期内的拉大，不但是正常的，而且是必要的。

值得正视的是，中国大陆收入差距增加还有深层的体制与政策因素。比如，土地产权制度迟迟未能给中国大陆社会收入最底层的农村人口最起码的"原始资产"，加之土地征收环节中对农民权益的肆意侵犯，是造成收入差距扩大的一个重要原因。中国台湾地区经济起飞时期收入差距并没有显著增加，其中很重要的原因就是国民党政府到台后痛定思痛，基本上在没有实行"打土豪分田地"的激进政策下，实行了成功的土地改革，使台湾农村人口因拥有土地而在快速工业化、城市化的过程中得益，从而奠定了台湾中产阶级的基础。

而在中国大陆的城市化过程中，农民工长期受到种种歧视，被排除在子女升学、医保、养老等政府提供的社会服务体系之外。加之日益严重的侵权、腐败、裙带关系等问题，使民众怨声载道。所以，我们目前的收入差距问题，不单纯是市场经济体系中的"自然差距"问题，而是反映了社会不公正的深层次问题。

在很大程度上，收入差距本身并非问题，至少非问题的本质。而两极分化，即富人越富、穷人越穷，才是一个真正严重的经济、社会与政治问题。历史上不论是在中国，还是在其他国家发生过的农民起义与革命，都是因为社会不公正——贵族或政府特权阶层牢牢地把持住了机会之门，其他阶层特别是普通工人、农民面临着歧视与不公正的待遇，无论他们如何奋斗，永远摆脱不了贫困与受欺压的命运。那么，他们的愤懑与绝望有一天可能会像火山般爆发，成为社会动荡与革命的起因。中国当前的"仇官仇富"现象，本质上未必与收入差距有着直接的因果关联。它在更大的程度上反映了滥用权力、腐败与社会不公正问题。

消灭贫困，培育中产阶级，是中国的发展方向。中国总会有1%或者更低比例的人拥有很多财富，他们的收入水平与最低收入人口之间的差距可能会继续扩大。但只要穷人数目越来越少、中产阶级越来越多，中国就可以有一些特富、超富的人。

李嘉诚离开故乡汕头刚到香港时，身无分文，是一个地地道道的穷光蛋。但是，他聪明、勤奋、有生意眼光，先从制塑料花小本买卖起家，再涉足房地产，然后是港口、电力、超市，再到通信，事业越做越大，财富越滚越多，身家达数百亿美元，变成了亚洲首富。他被香港人誉为"李超人"。李嘉诚白手起家的故事是从衣衫褴褛到腰缠万贯的经典故事。香港的自由市场经济制度给了他一个白手起家创业的机会。今天他的财富与旺角以收破烂为生的人相比简直是天壤之别。但是，大家知道，李嘉诚也曾是一个身无分文的华人，而不是英国总督的表亲。他的商业成就与财富，不是依父荫，不是仗特权，也非靠贿赂。因此，香港的普通百姓心里自然很"服"他、羡慕他，甚至尊敬他，内心期望有朝一日也可以成为一个"小超人"。

与其关注"收入不均"问题，我们更要正视"机会不均"的问题，即经济、社会与政治制度的死板僵化导致人口缺少垂直流动性。机会不均，比起收入差距是严重得多的社会不公正问题，对社会的和谐与稳定将造成真正严重的威胁。

单纯增加对富人课税，"劫富济贫"，可能很合一般人的胃口，但将是彻头彻尾地误入改革前的歧途，将严重挫伤储蓄、投资与财富创造的积极性，拖累就业成长，并影响中长期税收，最终还是害了穷人。为了保障社会公正，中国必须做的有两点：一是下决心普及义务教育，提供基本医疗保障，增加贫困救济与转移支出，加强失业与养老保险等社会安全网；二是保障机会均等，革除腐败，减少垄断，建设一个真正透明、自由与公平竞争的游戏场，通过鼓励创业、创新来创造更多就业、更多财富，从而实现更多税收与社会保障。

如果中国实现了机会均等，收入差距何足惧矣！

本文原载于财新《新世纪》2011年11月。

新一轮财政改革须提上议事日程

就在中国俨然以慷慨姿态表示协助欧元区国家渡过债务危机的时候，人们却把注意力投向了中国地方融资平台的泛滥及其后果。自从20世纪90年代初以来，中国的财政问题从没有引起过如此广泛的担忧。不管显得多么耸人听闻，经济学家、国内外投资者和公众已经开始在问，中国会发生债务危机吗？

日本告诉我们，没有一个国家可以完全和永远与财政危机无缘。财政的持续稳健需要合理的财政制度与审慎的财政政策。中国近年来地方融资平台的大量兴起及其前所未知的十几万亿元巨额举债规模已经为"审慎"打上了问号。而自从20世纪90年代初所完成的重大财税改革，保证了其后国家财政收入每年以甚至高于名义GDP的速度增长以后，财政所过的好日子意味着深化体制改革失去了政治上的动力。

但是，中国的财政体系无论在税收、支出结构，还是在赤字融资与国债管理方面都存在许多缺陷。比如，个税最高边际税率与增值税税率过高，高营业税的继续存在，国税与地税税种如何合理划分，中国财政在医疗、教育与养老等方面的社会性支出严重不足，各级政府预算编制的严谨化与制衡监督机制是否到位和有效，国债市场"无风险"收益率曲线的缺失，等等。

目前众所关注的地方融资平台问题在中国的现行财政体制下，其实是不可避免的。它只是反映了中国深层财政体制问题的一个侧面而已。三十余年的渐进改革，并没有对政府与市场的边界确定、对政府的角色定位与职能转变,提供最后的与合理的答案。总体上,政府在中国经济和社会中的"法定"作用远远超过了世界上其他任何一个政府。但是,无所不包、无所不在的政府功能并没有合理的财政体系支撑。

在中国凡事中央政府说了算的"大一统"政体下,政府间财政关系本质上还是一笔糊涂账。20世纪90年代的财政改革曾试图把此理顺,但所取得的成果只是阶段性的。一方面,为了政治上的需要政府已经作出且继续作出承担许多经济和社会义务的承诺,并提出了一系列具体的政策目标,比如普及九年制义务教育、保障性住房建设、控污减排,等等。另一方面,在政府年度与中长期财政计划中对许多承诺并没有相应的预算安排,人为地留了许多缺口。其中相当大比例的财政支出责任推给了地方政府。但是,地方政府的有限自有税源和中央财政转移支付的不足,往往使得地方政府,特别是经济欠发达的中西部地区的政府,难以兑现在多方面的承诺。这就是为什么从中华人民共和国成立以来就提出的九年制义务教育目标迄今未能实现的原因所在。

因此,地方政府要么"违约",即违背了政府的社会契约,在教育、卫生、养老等领域严重欠账,要么必须挖空心思广辟财源,从而房地产成为地方财政收入的重头戏,无怪乎过去十年间中国三度实施的房地产调控都是无功而返。与此同时,地方成立了名目繁多的投资平台,把本应纳入政府预算的地方基础设施投资项目放在预算外,通过窗口公司融资安排。既然《预算法》完全排除了地方财政赤字的合法性,那么通过平台进行债务性融资来弥补"隐形赤字"就成为中国地方财政的普遍模式。

由此可见,地方融资平台在中国现行财政体制下有其必然性与合理性。但是,地方融资平台的急剧蔓延,使得中国的公共财政更不透明,政府支出更加缺乏问责制。大量政府投资项目上马没有相应的监督与制衡,除了滋生腐败与低效率问题,还将显著增加地方财政过度杠杆化与负债率过高的风险。事实上,如果按国际通用口径计入地方政府举债,中国政府债务余额占GDP的比重将上升到70%,已经超过警戒线水平。

如果对于不断积累扩大的财政问题迟迟按兵不动,那么财政体制的稳健性将不断减弱,投资者和公众的信心将会下降,威胁经济的持续增长并动摇中国社会与政治稳定的基础。自20世纪90年代卓有成效的财税体制改革以来，又经过了二十年的快速发展，中国的社会与经济结构和国际环境都已经发生了深刻的变化。启动新一轮的财政体制改革已有必要，而且条件已经具备，中国不应错过改革的有利时机。

本文原载于财新《新世纪》2011年7月。

富人移民潮说明了什么?

如果你生活在世界上成长最快、最有朝气、最有望成为21世纪全球领袖的国家里,而且,你已经非常富有,那么你一定感到幸运、安心、满足,并且牢牢地依恋着这个国家吧?

然后最近一些关于中国富人阶层的调研报告,却就此问题得出了一个令人既惊讶又沮丧的结论。中国银行和胡润联合发布的《2011年中国私人财富管理白皮书》显示,在中国高净值人群(定义为可投资资产在1 000万元以上的人口)中,14%的人已经悄悄移民外国。而且,另外46%的富人正在计划或者办理移民手续的过程中。等到后者完成移民手续后,那么每五个有钱的中国人中将有三个是外国国籍。

中国超级富人中的移民比例甚至更高。招商银行和贝恩公司的报告发现,在2万名可投资资产超过1亿元的中国富人中,27%的人已经移民,另外47%的人正在考虑移民。74%的富人向外移民的比例,真是一个惊人的世界纪录,恐怕连俄罗斯或者动荡不安的中东小国也望尘莫及。

根据招商银行与贝恩公司这个报告的估计,中国的所有富人(定义为可投资资产在1 000万元以上的人口,口径与中国银行相同)已经在海外累计投资了36万亿元人民币(折合5 700亿美元)。在人民币资本账户尚未开放、政府仍然维持严格外汇与资本管制的情况下,居然有如此巨额的私人资本流向海外,又是一个令人瞠目结舌的事实。

比这些数字更需要引起关注与深思的是中国富人大规模移民潮背后的原因。经济学实证研究表明,国际移民的主要驱动力是国与国之间的收入水平差距。但是,中国富人的收入和财产已经超过了移民目的地国家的人均国民收入与财富水平,因此,经济收入并非他们移民海外的主导力量。专业机构调研与一般观察表明,驱使中国富人移民的主要因素包括:

1. 法律风险

经过三十余年的市场经济体制改革,中国不仅经历了持续的、空前的经济繁荣,社会政治秩序比起改革之前特别是"文化大革命"时期也有显著改善,总体而言,变得更加稳定、安全和自由。私人经济与私人企业家的社会政治地位也得到了显著的提高。但是,中国的法律体系仍不完善,对私人财产的保护还较薄弱,政治与政策风险依然存在。司法的不独立,加上官员的腐败,令中国的富人产生了较强的不安全感。这是中国富人移民的一个重要原因。

2. 高税负

中国内地的个人所得税最高边际税率为45%,是国际上最高的个人所得税税率之一,不仅远高于中国香港、新加坡,也高于美国、加拿大等最受中国富人青睐的移民国家。虽然在中国内地也可避税,但对于不少富人而言,并非可靠之计。移民到低赋税率的国家,是远为安全长久的安排。

3. 子女教育

中国人的传统价值观重视子女教育,但越来越多的人认识到,中国现在的教育体系过于死板僵化,重考试唯分数,忽视了学生创造能力与全面素质的培养。美英的一流私立寄宿学校与高等学府的教育模式,对于中国的富人阶层具有强大吸引力。为了让子女能够享受到真正一流的教育,是中国富人移民的一个重要动机。

4. 医疗体系

中国的公立医疗体系与公立教育体系类似,弊端百出。如果中国低收入人群抱怨"求医难、看病贵"的话,中国高净值人群则是不满意现有医疗服务的质量与可靠性。

5. 食品安全

毒奶粉、地沟油等,这些年连连爆发的食品安全事件,让人触目惊心。高净值人群移民海外也是为了吃得更放心。

6. 环境品质

中国高速成长背后日益恶化的环境问题——尤其是空气污染与水污染——已经构成了对于人民生命健康与生活质量的严重威胁。相当大比例的中国富人移民，是因为他们再也无法忍受自己国家的环境品质。

这些导致中国有钱人纷纷移民海外的因素，都与中国的制度与社会环境有关，可以说在较大程度上说明在中国的经济规模等硬实力日益壮大的同时，中国的软实力发展还存在显著差距。

上述报告还显示，北美是中国内地富人移民的首选之地。选择美国与加拿大的富人占了中国富人移民总数的77%，其余是英国、澳大利亚、新加坡与中国香港等。为什么中国知识精英近年来对之口诛笔伐、认为已经日落西山的美国，不仅是欧债危机中全球资本的避风港，而且还可以继续吸引成千上万的全球"寻梦者"，无论是来自发展中国家身无分文的穷学生，还是中国腰缠万贯的新富豪？为什么比尔·盖茨、沃伦·巴菲特这些美国的超级富翁不想移民外国？看来，美国不仅是创造财富的天堂，而且是保护私人财富的乐土。

移民，是中国人的基本权力，对于富人也不例外。政府不应对之硬行禁止，他人对此也不必非难指责。但是，中国异常的富人移民潮，就像北大、清华的毕业生大规模滞留海外所产生的"智力外流"一样，对于中国未来的发展，却不是什么好征兆。

中国富人中虽也有贪官污吏，或通过非正当方式取得不义之财者，但他们中的多数是通过勤奋创业、正当经商而致富的。这些人是中国经济活力的重要来源。他们的创业才华、经验与资本仍然是中国未来发展的宝贵资源。如果中国的富人不必大规模通过投资移民海外，而是继续选择在生于斯、长于斯、成于斯的祖国投资、创业，为低收入人口提供就业机会，为政府改善公共服务而提供税收，或者从事慈善事业，那么，中国就有望消灭贫困，维持经济的高速增长，进一步提高人民的生活水平。

当然，由于语言、文化、生活习惯等因素，这些富有的移民者未必长期在国外居住，事实上移民者中有不少人选择继续留在国内经商。但是，一个不容忽略的惨痛事实是，他们至少需要随身携带一本外国护照，需要一张外国政府签发的"护身符"，需要一项从中国人寿或者中国平安这样的商业保险公司买不到的特殊人身"保险"。

在中国迅速崛起令全球刮目相看、称羡不已的时候,中国自己最成功的富人群体却如汹涌的潮水般一波波地移民海外,的确是一个值得深思的奇怪现象。

人力资本,是 21 世纪全球竞争力的主要决定因素,是一个国家科技创新、经济持续发展的根本动力。在全球化的时代,人力资本就像金融资本一样,都可以"用脚投票",具有跨境流动性。许多发达的国家或地区,包括英国、澳大利亚、加拿大、中国香港、新加坡,甚至美国,都制定了一套吸引高端国际人才、吸引投资移民的特殊政策与机制。对于中国这样一个人均 GDP 还排在世界第 100 位以后的发展中国家,人力资本尤其宝贵,需要得到尊重、得到珍惜。如何逆转中国富人的海外移民潮,打造一个安全、可靠、透明,具有国际竞争力的投资、营商与居住生活环境,把中国的聪明人与有钱人留下来,是为政者必须关注的一个重要课题。

本文原载于《新财富》2011 年。

中国需要什么样的市场经济？

通过三十余年的经济体制改革，中国已经建立了一个初级的市场经济，成绩有目共睹。但是，就在我们试图努力说服美欧主要贸易伙伴接受并承认中国市场经济地位的时候，自知之明告诉我们，中国的市场经济依然是幼嫩的、脆弱的、不完善的。资源浪费、效率低下、竞争力不足、增长的不可持续性，以及近年来备受关注的收入分配差距扩大等问题，都说明了中国市场经济的不完善。

尽管市场经济制度并非完美无缺，但它相对于计划经济或者任何一种其他经济模式有着巨大的优越性。连马克思也惊叹，资本主义在其一两百年中所创造的财富超过了所有之前人类历史的总和。

但是，资本主义在不同的国家或历史时期表现为不同的形态。一种主要形态，也是为亚当·斯密和约瑟夫·熊彼特所推崇的，就是创业资本主义（entrepreneurial capitalism），以私有产权、自由竞争、优胜劣汰、"创造性的破坏"为典型标志。但资本主义的另一种形态，就是曾经或继续流行于拉美、东南亚国家与俄罗斯的国家资本主义（state capitalism）。一些学者如吴敬琏先生忧心忡忡地指出，中国目前权贵资本主义越来越严重。

权贵资本主义的实质就是国家资本主义，或者更准确地说，是官僚资本主义。毕竟，国家只是一个抽象的概念，其具体表现与运作依赖一个庞大的拥有巨大权力的官僚体系。官僚资本主义通过政府过度的政治和行政权力，从事以盈利而非以社会价值为目的的经济活动。它通过行政垄断、特殊法规、监管政策等，让国有企业优先享占稀缺资源，比如国土、能源等，获得电信、电力、电视网络、航空、铁路、金融等行业的特许经营权,享有国家监管与产业政策的倾斜支持,享有低息的银行信贷,以及资本市场融资的优先权,等等。

官僚资本主义通过裙带关系,优惠特定的企业、机构与个人,尤其是子女、亲属、前同僚部下等,实行官商勾结、暗箱操作、内幕交易,侵占其他市场参与者的合法权益,增加了私人投资与营商的风险与成本,践踏了自由竞争的市场经济核心原则,造成了一个不公平、高度不确定的投资环境。

官僚资本主义与创业资本主义有着显著差别。前者主要通过垄断与寻租,并没有为社会新增财富,所从事的只不过是财富往往随意的、不合理的转移与再分配。在官僚资本主义下,非常类似于中央计划经济制度,行政权力主导社会稀缺资源的分配,市场准入受到限制,竞争受到压抑,市场经济的固有优越性得不到发挥与释放,因此官僚资本主义往往是低效率的。

拉美、东南亚国家与俄罗斯和中国近年来的经验还表明,官僚资本主义是滋生腐败的温床。由于政治与行政权力的高度集中,权力使用的高度不透明,缺乏适当的制衡与问责,往往导致腐败盛行,在国有企业与民营企业、有特殊政府关系人脉与无关系的市场参与者之间造成了极不公平的游戏场。

与此不同,创业资本主义保障企业在一个公平透明的法规与政策环境下自由竞争、优胜劣汰,从而使得资源配置的效率最大化。在创业资本主义下,政府的主要功能与职责是提供公正司法、税收、国防、监管等社会公共服务,而非直接参与或肆意地干预经济活动。在创业资本主义下,国有企业根本就没有存在的合理理由。几乎毫无例外,在主要行业私人企业都可以更好地胜任国有企业的工作。私人企业部门总体上更有经营效率,能够创造更多的就业机会、更高的利润与资本回报率,以及更多的税收收入。

自由竞争的创业资本主义制约了政府官僚体系的滥用特权,公平透明的环境大大压缩了滋生腐败的空间。它虽不能总是确保收入分配意义上的公平,但至少是高效率的,确保社会稀缺资源得到最合理的配置与使用,净增添了国民财富,从而为改善社会保障体系、减少收入分配差距提供了最佳的保障。

就中长期而言,创业资本主义相对于官僚资本主义的最大优势就是它巨大的创业与创新能力。官僚资本主义下政府权力的过度与集中、腐败的盛行与竞争的不足,严重压抑了人们创业与创新的积极性,阻碍了技术进步、产业结构调整与经济的动态转型。而以美国为代表的创业型资本主义是创业与创新的乐土。"江山代有才人出,各领风骚数十年"。约翰·洛克菲勒、安德鲁·卡耐基、J.P.摩根、亨利·福特、萨姆·沃尔玛、沃伦·巴菲特、比尔·盖茨、史蒂芬·乔布斯、马克·扎克伯格,等等,这些创业者,不靠政府庇荫、官僚特权、裙带关系,而是白手起家,单凭个人的聪明才智,勤奋敬业,创立了世界一流的企业,为社会创造了新的与巨大的财富。

官僚资本主义在一段时期也可以享有经济繁荣,但是低效率与不公平竞争最终导致经济逐渐丧失活力,走向停滞,并酿发社会与政治危机。资源丰富的拉美国家在20世纪下半叶陷入了所谓"中等收入陷阱"与债务危机,与其所实行的官僚资本主义有紧密联系。创业资本主义发挥了自由市场经济的真正优越性,具有巨大的能量、灵活性与自我调整能力,能够充分调动与激发企业家的积极性与创业热情,引导资源最合理的配置与利用,刺激创新与技术进步,推动生产率的提高、财富的扩张与经济的可持续增长。

中国人均GDP刚过5 000美元,经济追赶潜力依然巨大。但是,近年来体制改革的滞后与停顿,已经开始制约中国经济的发展,并造成了机会与收入不均的严重社会问题。为了保证经济社会可持续的发展,中国必须警惕官僚资本主义,培育发展创业型的资本主义。

本文原载于财新《新世纪》2012年2月。

制度改革:以邻为镜

不可等闲视印度

印度在经济改革上比中国晚了十余年。曾与中国颇类似,印度自独立后,尤其是在尼赫鲁政府及英迪拉·甘地政府时期,基本上实行的是政府主导的苏联式计划经济制度。直到1991年印度爆发了严重的国际收支危机,急需国际金融援助,在国际货币基金组织的压力下,才终于改弦易辙,摒弃计划经济模式,逐渐走向市场化。当年主导印度改革的关键人物就是新近当选的国大党总理曼莫汉·辛格。

这位牛津大学毕业、温文尔雅的经济学家在危机后临危受命,出任财政部长,正式开启了改革之旅,成为印度独立后宣扬与推行自由市场政策的第一人。辛格在强大的阻力面前,冷静而坚定地推行私有化,放松政府管制,削减关税,引进外国直接投资,开放国内股票市场,并使卢比在经常账户下实现了自由兑换。

这些常规的市场化经济政策不仅使印度摆脱了当时深重的金融危机,而且创造了有利于经济增长的新环境。继中国奇迹后,亚洲又出了一个印度奇迹。

从独立到20世纪80年代末,印度的GDP增长率一直徘徊在2%—3%之间,是世界上增长最缓慢的国家之一。1965—1980年间,全世界只有六个发展中国家和四个发达国家比印度的增长速度更慢。这甚至导致经济学中出现了一个新术语,叫"印度式增长",成了低增长的代名词。但1991年改革以来,印度的GDP增长率大幅上扬,年均为6.5%,近年来更是达到8%以上,直逼中国的高增长纪录。

印度增长势头很猛，但其中长期的发展前景取决于进一步的市场改革。印度最近的大选产生了一个包括左派党在内的联合政府，送出了一些放慢甚至停止改革的信号，在政策走向上造成了不确定性；孟买股票指数急剧下挫，给金融市场造成了信心上的冲击。但最终由印度改革之父辛格出任联合政府总理，而他在20世纪90年代改革的盟友、哈佛大学培养的切达巴拉姆任财长，可以说从核心人事安排上保障了改革路线的延续。

作为国大党的资深成员，辛格对下层贫民有深切关心，但作为一个经济学家，他的理念是只有发展经济，才能真正在印度消灭贫穷。因此，印度的当务之急是扫除或减少那些制约经济长远发展的障碍。

第一，普及义务教育。印度独立后不久，即在1950年，印度政府制定了一个目标，在10年内为全印度所有14岁以下儿童提供免费义务教育。但是这个目标到今天也没有实现。印度成年人中40%是文盲，远高于中国的成人未识字率(15%)。而今，辛格总理计划在任期内大幅提高教育投资，政府教育在GDP中的比重将由目前的不足4%提高至6%以上。

第二，改善基础设施。印度的固定投资率为23%，远低于中国的38%，因而在许多基础设施领域(如交通、电力等)存在严重瓶颈，令外国投资者叫苦不迭。以电信为例，印度虽有全球驰名的软件产业，但整体通信基础设施落后，固网宽带覆盖率低，移动电话仅有区区3 000万部，远不及中国3亿部手机持有量。

第三，扭转政府财政。教育也罢，基础设施也罢，除了动员私营部门(包括外资)参与，还有赖于大量公共投资。但印度政府财政状况持续恶化，赤字高达GDP的10%。每年政府预算中，一半用于支付利息，四分之一用作军费，五分之一是五花八门的补贴，此外所剩无几，难以满足教育与公共卫生部门必需的支出。财政改革是印度面临的严峻挑战。

那么印度的优势何在呢？

在一个宗教、种姓与语言林立，穷人与文盲充斥的国度里，印度能够建立起一个成熟、稳定的民主政体，堪称奇迹。不管宗教、族群与社会矛盾如何尖锐，印度还从来没有发生过军事政变或内战，政治权力通过多党竞选的方式和平、顺利地转移交替。这种政治上的稳定性降低了投资印度的"政治风险"，为经济长远增长提供了必要条件。

印度的法治与媒体自由,也为大多数发展中国家所望尘莫及。国民中的英语普及程度在今天的全球化时代也为印度提供了一个竞争优势。印度的知识创造型产业,尤其是软件产业已处于全球领先水平。此外,与中国相比,印度的私人企业发展得较好,私人部门(包括银行)平均而言比中国企业更善于经营管理、更加规范和有效率。

在近二十年的经济发展角逐中,中国改革开放比印度早了十余年,因而在国际贸易中,吸引外资与GDP增长率上都比印度高出一筹。但正因为中国令人瞩目的成就,印度精英阶层对中国高度关注,赶超中国成了印度举国上下的目标。

以印度的"软件"优势,如法治、私人企业与金融部门的质量,印度目前在"硬件"(基础设施与制造业)方面的一些缺陷其实并不难克服。印度已经悄然崛起,中国不能盲目自大。

本文原载于《财经》2005年。

尤科斯事件冲击波

2004年全球经济复苏与增长势头很足,但面临三个风险因素:美国升息、中国经济放缓与石油价格波动。自美联储首度调高联邦基金利率25个基点和中国宏观调控初见成效之后,国际金融市场和投资者对此的反应都相对平和。笼罩世界经济的阴影就剩下油价了。

全球经济复苏刺激了石油需求,尤其是美国与中国这两个最大消费国对石油的胃口与日俱增,形成了国际原油价格上涨的压力。由于在新经济时代对石油这样的传统产业投资严重不足,全球石油产出能力目前已近饱和,供应瓶颈制约了对新增需求的满足,从而推动油价节节上升。而在伊拉克动荡和恐怖主义威胁之外,俄罗斯的尤科斯事件愈演愈烈,成了国际原油市场的新震源。

2003年10月,俄罗斯当局以逃税与诈骗罪名拘捕了尤科斯石油公司创办人兼大股东霍多尔科夫斯基,直接来自克里姆林宫的惩罚之手已将尤科斯推向倒闭边缘。俄罗斯是全球第二大石油输出国,仅次于沙特阿拉伯,而尤科斯是俄罗斯最大的石油企业,占该国石油总产量的20%,超出了欧佩克组织排位第八的成员国利比亚的产油量。尤科斯终局在即,国际原油市场价格波动加剧,纽约期货市场每桶油价飙升到43美元,创21年来的最高水平。计量经济模拟分析显示,油价每涨10%,全球GDP增长率将下降0.2%,美国公司利润下降5%,而以CPI计算的全球通胀率将上升0.8%。

尤科斯危机产生的冲击波影响了全球石油市场与世界经济景气,正在痛苦转轨中的俄罗斯经济更是首当其冲,该事件让世人窥视了俄罗斯的畸形现状并预示了它不确定的未来。

叶利钦时代的闪电式私有化没有造就一个透明的、有效率的市场经济，但导致了一个财富与收入分配严重扭曲的社会。莫斯科的市容与西方大都市相差甚远，但莫斯科亿万富翁的人数却和纽约、伦敦一样多，俄罗斯的病态可见一斑。

经历了近十年的负增长与残酷的"原始积累"后，俄罗斯经济倒是有了起色，在大量倒闭的国营企业的废墟中冒出了一些私营经济的绿芽。企业的运作逐渐规范，而尤科斯是企业改革的领头羊。尤科斯迅速成长为俄罗斯最大的石油公司，也是全俄罗斯最透明、最专业化与国际化的公司，而作为俄罗斯首富的前董事长霍多尔科夫斯基则因其成功与财富而名声大噪。

不想乐极生悲。霍氏和他一手创办的尤科斯走向了厄运，其正式罪名是逃税与诈骗。霍氏肯定少不了他的原罪。他既不是他自称的天使，也非普京政权所指控的魔鬼。和霍氏一样不干不净成为暴富的寡头比比皆是，为何独他身陷囹圄，而余者大多逍遥法外？原来此公过于张狂，涉足政治，犯了大忌，于是成了普京政府捕杀的"出头鸟"。

本来，除掉一个不驯服的石油寡头，对于出身克格勃的普京总统可以说是不费吹灰之力。但雄心勃勃的普京决心把俄罗斯建设成为一个与欧美并驾齐驱的现代民主文明国家，所以启动了一个烦琐耗时的司法程序。正是这一过程暴露了俄罗斯作为一个转型国家在制度上的先天缺陷。普京想向世界展示俄罗斯的崭新法制，但恰恰加深了世人对俄罗斯司法独立性、公正性与保护私有财产的怀疑。

如果这一戏剧性过程的最后是霍氏依法服刑，仇富、妒富的俄罗斯公众齐声喝彩，俄罗斯财政部追回税款，而尤科斯作为一个企业仍能继续生存发展，那么它将是一个近乎完美的结局。但目前看来更有可能的结尾是悲剧式的：尤科斯彻底完蛋，国际原油价格进一步飙涨，而霍氏、尤科斯的股东、俄罗斯政府、俄罗斯普通公民都是输家。普京总统也不例外。

尤科斯事件大大增加了俄罗斯的政治风险，动摇了国际投资者的信心，数十亿美元的外资闻风而逃，一个最成功也最有希望跻身世界级公司行列的俄罗斯企业被摧毁了，这对作为俄罗斯命脉的能源工业是一记重创，难免伤及俄罗斯经济元气。俄罗斯政府虽可能通过拍卖尤科斯资产而捞回几十亿美元的欠税,但数百亿美元的社会财富顿时灰飞烟灭,俄国的老百姓将为莫斯科的强人政治付出更大的经济代价。

就目前来说,尽管存在尤科斯事件的负面冲击,但由于国际原油价格暴涨,俄罗斯仍可依赖源源不断的石油美元维系一时繁荣。但就根本而言,俄罗斯经济太依赖其石油与天然气资源,经济结构畸形;转型尚未完成,法制尚未健全,自由市场机制尚十分薄弱,其银行体系尤其不堪一击;一旦国际市场原油价格走势逆转,油价持续下跌,俄罗斯经济的增长引擎将面临哑然熄火的危险。

本文原载于《财经》2004 年 8 月。

"两房"教训

美国政府对于"两房"的接管行动,应该作为金融悲剧成为警示其他国家的负面教训。

美国金融危机历时一年有余,一波未平,一波又起,而2008年9月8日,危机进入了一个惊心动魄的新高潮。这一天,美国财长亨利·保尔森面色凝重地宣布,美国政府将正式接管两艘正徐徐下沉的金融"泰坦尼克号"——房利美与房地美(以下简称"两房")。

保尔森的这一决定,为世界经济史增添了历来最大的政府金融援救案例之一。这一年来,美国房市危机与金融危机相互交织,形成了一个越演越烈的恶性循环。美国房市的大跌使"两房"首当其冲,陷入了金融风暴的最中心,其资产不断减值缩水,亏损日益增加,资本急剧下降,投资者的信心几已丧失殆尽。"两房"在山穷水尽之际,除了被政府强行接管,已别无他途。

美国的民主政体与开放社会对重大经济金融问题历来众说纷纭。但是,对于处置"两房"的紧急方案,美国朝野的反应却展现了罕见的共识。从两党总统候选人到国会参众两院,从主流经济学界到媒体,皆给予了相当大的认可与支持。连一有空就会撰文抨击布什政府的经济学家克鲁格曼也称政府接管"两房"是"正确的决定"。

美国政府对"两房"问题的果决处置,保尔森称之为接管(conservatorship),至少就短期而言,对于稳定当前金融市场急剧动荡不安的局势,提升全球投资者信心会在一定程度上产生积极的和有益的影响。但是,对于不同的"利益相关者",这一决定却有着截然不同的影响。

第一,美国政府接管"两房"使其债券持有人彻底吃了一颗定心丸。国际投资者包括外国中央银行机构持有机构债的60%,其中中国与日本在2007年年底分别持有3 760亿美元和2 280亿美元,分别为第一大和第二大"两房"机构债持有人。出于对"两房"的财务问题的担心,国际投资者从7月起共减持了170亿美元的机构债,显示债券持有人的信心已经动摇。作为一个有巨额经常账户逆差的国家,美国国内储蓄严重不足,依赖外国资本流入。所以保尔森必须采取一切必需的措施来维持国际投资者对于美国主权信用与美元资产的信心。

在美国政府正式接管"两房"后的几天里,"两房"机构债与美国国债间的利差急剧缩小。那些准确判断了美国政府最终行动的投资者,比如PIM-CO,在此之前并没有在混乱不安的市场气氛中惊慌抛售,反而增持了"两房"机构债,因此成为大赢家。

然而,对于"两房"的现有私人股东,美国政府的行动犹如晴天霹雳,他们手中持有的股票顿时变得分文不值。不只是"两房"的普通股股东,就是它们优先股的持有人也未能逃脱厄运。

第二,对于美国住房信贷市场而言,政府接管"两房"很快使得住房按揭贷款利率降低了50个基点,从而使得房价可承受能力改善了3%。按照财政部的计划,从现在起至2009年年底,两房资产年增长10%,即提供约5 000亿美元的年度内新增住房按揭贷款。虽然新增贷款额并不会显著上升,但政府的措施至少能保证美国住房融资市场维持现有的流动性水平。

第三,对于饱受重创的银行机构而言,美国政府对于"两房"的处置减少了其未实现的机构债损失,全行业的净资产相应增加3%。因此,"两房"处置行动暂时性地、轻微地缓和了银行资产减记与新资本募集的负担。但是,银行业所面临的根本性困难并没有消除。由于财政部在接管"两房"时对优先股持有人的严厉惩罚,一些高度依赖优先股作为融资渠道的区域性银行未来补充资本金的难度将会更大。

第四,对于美国股市而言,政府接管"两房"消除了一个悬在头上的金融定时炸弹,股市以金融股为龙头短期内出现强力反弹。但是,未来股市仍然面临极大的不确定性。住房市场价格的继续下调,信用的紧缩,失业率的攀升,使得包括金融业在内的企业盈利预期变得更为暗淡。而雷曼兄弟、华盛顿互助银行(Washington Mutual)、美国国际(AIG)等机构日益恶化的财务问题甚至可能完全抵消政府果断处置"两房"为股市所带来的短期舒解。

第五,对于美国政府而言,接管"两房"的财政成本非同小数,仅直接成本就有2 000亿美元。2008年美国周期性调整后的财政赤字估计将达GDP的5.4%的高位,联邦政府将承担额外的"两房"债务余额5.4万亿美元,占GDP的40%,因此美国国债负担将相应大幅增加。但是,接管"两房"本身并不会显著增加美国的结构性财政赤字,联邦政府账面上的债务率上升主要是因为已将原来非正式的隐含担保债务转为正式的公开债务,提高了透明度与确定性,但并没有实质性地增加财政的固有风险,从而不至于对美国主权债信评级、美国长期国债利率和美元汇率有太大的影响。

第六,对于美国的住房市场而言,较可靠的研究分析预测美国住房价格水平从2007年的峰值到低谷将回落25%—30%。现在房价业已下降了18%,但还剩余10%左右的下调空间。只有当房价完成这样幅度的"矫正"后,美国住房可负担力才能回到房地产泡沫发生之前的水平。政府接管"两房"并不能扭转基本面的根本变化趋势或消除市场的强大调整压力。但是,该行动最大的效果是防止住房价格"超调",即信用紧缩与过度脆弱的信心导致房屋价格跌到合理的"均衡水平"之下,从而给金融市场和美国经济带来更严重的打击。

总之,美国政府对"两房"命运的强势干预是不可避免的,在短期内对于稳定美国金融与住房市场也有一定的积极效果。但是,单凭对"两房"的处置,并不能从根本上化解美国正在痛苦经历的深重的住房危机与金融危机。这一干预行动顶多只是为危机的缓解提供了一个必要条件,而非充分条件。危机究竟何时平息,取决于房价何时见底,取决于金融机构消化不良资产和补充资本金的实质性进展,取决于失业率、通胀、消费支出等宏观经济变量。

那么,"两房"机构被政府接管后的终局如何?在完成美国财政部为其规定的未来两年过渡期的使命后,它们的前程取决于下届政府和美国国会的政治决定。要么是彻底私有化,要么是被分拆或显著收缩,要么是最终被关闭。

一个比较合适的方案是,把目前"两房"的营利性房贷业务彻底私有化,但政府可保留一个以非营利的、专司为低收入家庭提供可负担房屋按揭贷款的小型纯国有金融机构,实现公共政策目标。如果民主党总统候选人奥巴马获胜当选,他极有可能采纳此方案。所以,美国今天对于"两房"所采取的激烈行动,可能成为美国未来住房融资体系彻底改革的前奏。不管如何,"两房"机构的未来不可能是它们过去的简单延续。美国的"两房"机构将不再是人们今天所熟悉的所谓"政府支持的企业"(government sponsored enterprises,GSEs)。

美国常常自我标榜——也往往被世人所承认——是世界上最奉行自由市场哲学的国家。但美国政府这次接管"两房"机构,构成了全球最新与最大的金融干预事件。尤其不可思议的是,这样罕见的行动竟是由一个保守的共和党政府所采取,由一位大半生涯在华尔街度过、备受尊敬的财长所策划。美国政府采取这样的干预行动是形势所迫,无可奈何也。

其实,"两房"的历史背景与性质早就为今天美国政府不得不采取的行动埋下了种子。在其作为"政府支持的企业"这样一个模棱两可的角色界定下,"两房"历来享受了几乎与美国主权债券同样低的融资成本,从而客观上刺激了"两房"机构漠视风险肆无忌惮地扩张业务,资产负债平衡表急剧膨胀,成为占据美国住房与金融体系中心位置的两家超级住房融资机构。"两房"的巨大业务量扭曲了美国住房融资市场的风险定价,客观上助长了美国住房价格近年来的扶摇攀升和房地产泡沫的产生。这种政府隐含担保所造成的"道德危害"是酝酿这次美国房地产危机与金融危机的重要原因之一。

"两房"是名副其实的"太大而不能倒"的金融机构。它们直接持有或担保了5.4万亿美元的巨额住房按揭债券,几乎占全部住房按揭贷款的一半。而在次贷危机爆发后,随着其他银行萎缩房贷业务,"两房"的作用更是进一步迅速膨胀。在保尔森宣布"国有化"之前,"两房"所提供的信贷已经达到了美国全部新增住房按揭贷款的四分之三!

"两房"债券为国际投资者广泛持有,因此"两房"在美国债券与整体信用市场中举足轻重,其业务与财务的稳健对于深受重创的美国房地产与信贷体系,乃至全球经济与金融市场有着重大的影响。如果"两房"倒闭,会严重打击业已脆弱不堪的美国房市和千疮百孔的金融体系,其冲击波与杀伤力将远远超出半年前贝尔斯登倒闭所造成的影响。因此,对于美国政府来说,袖手旁观听任"两房"倒闭,从来就不曾是一个现实的政策选择。

为了防止政府动用纳税人资金挽救濒临倒闭的金融机构造成新的"道德风险",美国政府在处理"两房"问题时,立刻把现有管理班子解职更换,同时施加极端苛刻的注资条款,事实上使得"两房"现有股东的权益极度摊薄,不仅普通股权益顿时几乎化为乌有,连优先股的价值也所剩无几。此前美国政府在"救赎"贝尔斯登的方案中也遵循了相同的原则。美国政府采取的干预行动体现了公共利益与纳税人利益至高无上、债权人其次的方针。至于股东与管理层,不但不能指望从政府"救援"中捞到什么好处,而且往往成为危机祭坛上最大的"牺牲品"。

值得注意的是,就在美国政府接管"两房"后,中国国内要求政府如法炮制干预股市与房市的呼声不断高涨。但是,中国的股民与房地产开发商在游说政府"救市"时,应切记贝尔斯登和"两房"的股东与管理层在获得政府"救援"后的不幸遭遇。

无论如何,政府对私人企业的紧急救援应是下策,是不得已的最后招数。个别企业因经营不善、风险管理薄弱所造成的问题,只要无碍大局,应通过市场经济制度中固有的竞争淘汰机制和破产司法程序来处置,政府一般不应轻易干预。只有当金融机构的倒闭可能酿发系统性风险时,政府才有理由对之"救援"。系统性风险,是政府干预的必要前提。

必须特别引起关注的,是"政企不分"从长远而言可能造成的危害。美国"两房"危机就是"政企不分"的一个直接后果。房利美是在美国大萧条后住房业持续不景气的时代背景下,由推行新政的罗斯福总统于1938年所创立的。应该说,为百姓提供廉价住房融资,普及国民住房拥有率,是一个合理的政策目标。

作为纯政府的住房融资机构,房利美曾扮演了一个非常重要的角色。在大萧条打击下信心低迷、住房融资紧缩的特殊时期,房利美在美国住房融资市场的稳定和经济的复苏中起到了积极的作用。但是,在和平繁荣时代,比如自20世纪70年代起,尽管"两房"业已成为私人股份企业,美国国会却仍然视其为"政府支持的企业",联邦政府继续为之债务提供隐含担保。结果,"两房"不断冒进扩张,资产负债平衡表急剧增加,其直接持有和担保的按揭贷款和以按揭贷款做抵押的证券由1990年的7 400亿美元爆炸式增长到2007年年底的4.9万亿美元。美国政府对"两房"机构的错误定位和不当"干预",是造成"利润私有化、风险社会化"道德危害的根源所在。

中国虽然在这次信贷危机中受影响最小,还是可以引以为戒,从美国的"两房"问题中汲取有益的教训。既然美国这样一个成熟的市场经济体居然在住房融资领域犯了"政企不分"的错误,尝够了道德风险的苦头,中国作为一个转轨经济体,就有可能面临更大的"政企不分"和"道德风险"的可能。

中国的大型国有金融机构在近几年间经过大规模政府注资、不良资产划拨和股票上市,面貌焕然一新,取得了巨大的进步。但是应该认识到,中国金融机构的某些体制性缺陷依然如故。国有控股的格局客观上带来了各种形式的超股东权利的行政干预,包括高管与董事任免制度、薪酬激励机制,等等。换言之,"政企不分"的现象在中国金融体系中依然存在。在有些机构——如国家开发银行与中国农业银行——的改制重组方案中,还同时确立了商业化经营和与之相冲突的公共政策目标,比如兼顾风险效益和支持"三农",显然抱有鱼和熊掌兼得的不切实际的期望。

中国的金融机构是否能够解决美国"两房"未能解决的股东价值与政府行政意志之间的矛盾与冲突?如果中国的国有控股金融机构出现了重大问题,究竟应向谁问责?董事会?党委?还是政府行政主管机关抑或组织部门?作为监管者的政府与作为控股股东的政府之间的关系应如何厘清?谁来最终担保金融机构的信用?一旦宏观经济周期逆转,金融机构经营与财务状况恶化,可以设想,目前这种含糊不清的政企边界将会引发类似于美国"两房"的窘境,但在中国,目前尚未足够重视一系列潜在问题。

有讽刺意味的是,美国的"两房"模式或所谓"政府支持的企业"模式,曾一度被奉为政府干预与自由市场取得调和的成功案例。但是,最新的"两房危机"应当拉响了警钟,促使人们重新检讨政府在现代市场经济中的合适角色。在竞争的市场机制中,政府税收政策、公共支出(包括转移支付)政策、货币政策与行业监管法规——具体就金融业而言,最重要的是建立包括最低风险资本金要求与风险管理评估在内的完整的审慎监管体系——为最经典往往可能也是最有效的经济干预方式。而国有制,或政府长期直接控股,或对企业负债提供隐含担保,将或迟或早无不以不幸结局告终,被历史一再证明是最糟糕的政府干预形式。

美国政府对于"两房"的接管行动,不但不应该被视为一个值得盲目仿效的先例,而且应该作为一个不幸的金融悲剧,成为警示其他国家的负面教训。

本文原载于《财经》2008年9月。

什么是全球金融危机的真正起因？

以美国次按房贷为导火索的全球金融危机，从其波及范围之广、蔓延时间之长、破坏力之大等诸方面衡量，是自20世纪上半叶大萧条以来最严重的一次金融危机，堪称百年一遇的金融危机。

也正因为如此，人们对于这次危机的成因众说纷纭，争论不休。有人把危机主因归结为监管过松，有人视金融创新——尤其是证券化与信用衍生工具的普及——为危机的元凶，有人说杠杆率过高，有人认为金融机构风险管理薄弱，有人抨击评级机构失职，有人指责会计制度的缺陷，还有人批评美国政府对于危机处置的失误——集中表现在雷曼兄弟问题的处理上——加剧了危机。而且，就像历史上每次危机爆发后所发生的那样，人们还情绪化地从道德价值角度出发寻找原因，比如曾把亚洲金融危机归结为官商勾结的裙带资本主义（crony capitalism）的后果，所以也有人把这次全球金融危机的原因简单归结为华尔街的贪婪。更有评论家视此次危机为西方自由市场哲学理念乃至整个资本主义经济制度的失败。

毋庸置疑，鉴于这次危机的严重性，它的成因一定是错综复杂的。事实上，上述多种以及其他尚未列举的因素，在不同的时点、层面与程度上，都有可能对于危机的起源、蔓延与深化发挥了一定的作用。但是，应该指出，上述许多现象其实早已有之。比如，人性的贪婪，亘古未变；美国的监管制度长期以其严格和有效被视为各国学习仿效的目标；美国金融机构的风险管理在长时期也被认为是世界领先的，聘用了最聪明的"火箭科学家"，运用最复杂的数学与统计模型与最先进的 IT 技术，在大部分时期似乎也运作得非常有效，并无明显的缺陷。况且，连一些被公认为全球最保守、稳健风险管理能力最强的金融机构，如汇丰、J. P. 摩根、高盛等在这次危机中也受到了巨大压力，意味着有任何单一金融机构自身难以驾驭的系统性外部力量在起作用。金融创新长期以来也是美国金融体系的一个显著优势，表现为金融产品、金融服务与金融技术不断翻新，一方面更好地满足了企业与消费者多样化的金融服务需求，另一方面促进了银行及非银行金融机构的业务与收入多元化，提高了金融市场的效率。就拿这次危机爆发后令千夫所指的房贷证券化来说，至少在 20 世纪 70 年代就出现了，已经安然无恙地运作了 40 年，为何突然间就成了酿发一场空前金融危机的祸首呢？

依中国人的哲学思维，任何一件事物都有主因与次因之分。房贷证券化、信用衍生品的泛滥、高杠杆率、按市计价的会计准则等，虽然可以帮助解释这次危机的传播与深化过程，但并不能解释危机的根源。从理性与实证的角度客观考究事情的来龙去脉，透过诸多现象看本质，我们可以发现，宏观经济失衡和信用过度膨胀所产生的美国房地产泡沫才是触发这次全球金融危机的真正的和主要的原因。

让我们首先简要回顾一下金融危机爆发前的美国宏观经济局面。从罗纳德·里根总统时期起，尤其在比尔·克林顿政府期间，美国经济受到公司重组所带来的效率改善、工会势力的衰落、信息科技尤其是互联网技术的普及、审慎货币财政政策，以及经济全球化力量的推动，经历了历史上最长的连续的经济繁荣，表现为高增长低通胀，与 20 世纪 70 年代困扰美国和西方经济的滞胀——低增长与高通胀并存——形成鲜明对照。在此期间所发生的大大小小的金融冲击波，包括 80 年代的拉美债危机，1987 年的美国股市大崩盘，1994 年的墨西哥比索危机，1997—1998 年的亚洲金融危机，1998 年的俄罗斯债务危机及美国一家著名对冲基金——长期资本管理公司——的倒闭，1999 年的土耳其、阿根廷与巴西的汇率危机，等等，都未对美国的金融市场与宏观经济产生任何显著的和持久的影响。美国经济与金融系统展现了强大的韧性与活力。

只有科技的变化似乎为美国经济造成了更大的不确定性。"千年虫"（Y2K）曾一度让市场惶恐不安，但最终证明是杞人忧天。然而，2000 年 3 月

10日,代表美国科技产业股的纳斯达克(NASADQ)股市在攀升到5 049点的历史高位后,发生了大崩盘,不到一年的时间跌幅过半。之后,美国的一些电信和互联网公司纷纷倒闭,引起了市场的恐慌。自此,以资讯科技为代表的公司固定投资急剧萎缩,又加之近8万亿美元股市财富消失所产生的潜在"负财富效应",为美国经济增长蒙上了衰退的阴影。

2001年的"9·11"恐怖主义事件以美国经济的心脏——华尔街——为直接袭击目标,对金融市场的信心造成了新的打击,使高科技泡沫破灭后不景气的美国经济雪上加霜。在此大背景下,以格林斯潘为首的美联储开始大幅减息,放松银根,一口气降息11次,美国基准利率从6.5%连续下调,降至1%——历史上的最低点。极度宽松的货币政策,导致美国广义货币供应迅猛增加,信用急剧膨胀。美国信用余额在2001—2007年间几乎增加了一倍,而债务总额/国民生产总值比率由50%扶摇速升到350%。

这段时期的宽松货币和信用政策并没有如美联储希望的那样对美国公司部门的疲软固定投资产生刺激,但对美国家庭部门的消费却起到了"火上浇油"的效果。汽车贷款、信用卡贷款、学生贷款等迅速增加,但增加最迅猛的是房地产类贷款,包括住房和商业地产贷款。仅在2001—2003年间,新增房贷有17万亿美元之巨,房贷余额就由2001年年末的22万亿美元上升至2003年年末的39万亿美元。与此同时,随着次级房贷——面向低收入或信用等级差的家庭的住房贷款——的爆炸性增长,新增房贷质量急剧下降。次按房贷机构普遍地在房贷合同中设有零首付、初期超低利率,甚至零利率等特别优惠条款,从而使得许多本来不符合放贷条件的借款人获得贷款。次级房贷在总住房贷款中的比重由2002年的9.7%快速上升到了2006年的34%。这一时期美国的宽松银根和信用膨胀虽然没有像人们所担心的那样造成消费物价通胀的后果,但是对于资产价格却产生了重大的根本性影响,最终酿成了美国房地产的巨大泡沫。

历史上,美国的房价水平与GDP的增长、家庭可支配收入和人口增长变量等基本面维持了一个较稳定的关系。但是,从2001年起,随着信用膨胀越演越烈,美国的房价/收入比开始背离历史趋势线,显著上升。美国房价/收入比在较长的时期保持在2以下的水平,比如1987—2000年间平均为1.7。但是从2001年开始,房价/收入比迅速上升,在2006年达到了4.5

的历史高位。随着房价与美国家庭的收入水平日益脱节,美国家庭的购房能力不断下降。但因为同时期创历史纪录的低利率水平、房贷信用的不断膨胀,尤其是次按房贷的普及和泛滥,越来越多的美国低收入家庭也能比较容易地获得房贷,包括零首付和零利率的按揭贷款,从而也首次跻身购房者的行列。这种信用刺激下的购房需求,抬高了房价,而房价的不断上升,又进一步诱惑了其他人举债购房,以至于人们普遍地产生了"房价只涨不跌"的幻觉。从普通消费者到参与原始房贷放款和分销的银行、从事房贷证券化的金融机构、信用评级机构,以及持有房贷担保证券的投资者都接受了美国房市将久盛不衰的神话。尽管一些敏锐的经济学家开始发出"房市泡沫"的警告,但大多数人置若罔闻。尤令人奇怪的是,以保守稳重著称、执掌美国货币政策大权的美联储主席格林斯潘也接受了房市不同于股市的流行观点,居然排除了房市泡沫的可能性。为了对美联储长时期的低息政策作辩护,格林斯潘甚至声称货币政策只应关注和力图防止物价通胀。如果出现了资产价格通胀,货币当局只能被动地等待资产泡沫自行破灭以后再去收拾残局,减轻其对经济系统的负面后果。

可叹的是,无论人们对于房价走向抱有如何坚定的乐观预期,美国的房市还是盛极而衰,到了 2006 年年底 2007 年年初转升为跌,长达六年的房价高涨牛市突然逆转。2007 年 2 月,曾收购了美国家庭消费融资公司的汇丰银行率先发出次按房贷的预警。房市基本面的急剧恶化、房价的下跌,导致次级房贷违约率攀升,各类房贷支持证券包括 CDO 和 CDO 平方等价格缩水,从而使得从事次级房贷或次级房贷支持证券发行销售、交易与投资的各类金融机构蒙受巨大资产减记和损失,并被迫急剧收缩信贷。于是,一场以次级房贷为导火索的信用危机终于爆发了。以后所发生的一切,皆成了众所周知的历史。

随着危机的蔓延加剧、市场信心的崩溃、信用和流动性的干枯,金融业的经营环境不断恶化、日趋险峻。美国次贷问题所触发的金融危机,就像汪洋大海上发生的一场罕见的"完美风暴"。各类金融机构就如同在大海中航行的船舶,船舶本来大小各异,坚固程度不同,船长和水手团队的技术素质、航海经验、应变能力等也有千差万别。在大风暴中,规模较小而能力又较弱的船只,例如北岩银行、Indymac、贝尔斯登等不堪一击最先翻船;大而不坚的船只,如房利美、房地美、AIG、苏格兰皇家银行等只能靠政府紧急营救,否则就注定成为下沉的泰坦尼克号;最坚固的船只也受到了惊涛骇浪的严峻挑战,必须依靠不凡的经验、智慧与毅力,顽强搏斗,再加上好运气,才能战胜风暴,化险为夷。这次金融危机就如同海上的大风暴,冲击了所有的金融机构,几乎无一例外。

在美国住房融资体系下,绝大部分住房贷款,包括次级房贷,并没有停留在原贷款机构的平衡表上,而是通过证券化,被打包切割成具有不同风险、现金流与信用等级属性的可交易的房贷担保证券,在全球资本市场上广泛发售分销,最终被世界各地,尤其是美国与欧洲的商业银行、投资银行、保险公司、共同基金、对冲基金等多类金融机构持有。因此,住房贷款包括次级房贷的证券化,的确使源于美国次级房贷的问题,在全球金融市场上广为传播,形成了比传统金融风暴更广泛和更强大的冲击波。但是,证券化只能解释危机的传递与蔓延,却并不是危机本身的主要起因。

同样,如果美国金融监管当局对于从事次级房贷业务的商业银行、中介机构的房贷标准与尽职调查质量有更为严格的监管,信用评级机构对于证券化的房贷担保证券和结构化产品有更为严谨可靠的评级,各类金融机构的杠杆率不至于太高,表外SIV资产规模不至于如此庞大,市场参与者包括投资者的风险管理更为完善有效,信用违约掉期等信用衍生产品没有那么充斥于市,那么我们也可以断定,次级房贷问题所触发的金融风暴最终对全球金融系统所造成的破坏力也将不至于像我们已经看到的那样严重。

诚然,证券化、信用衍生品、风险管理、杠杆率、会计原则、高管薪酬与监管等方面固有的问题和缺陷都在这次危机中暴露无遗,需要得到正视、反省和校正。但是,如果人们只把注意力集中于这些问题,那么就完全忽略了这次危机的本质根源,对于危机的处置措施就可能流于仅治标而不治本,而且也将不能从这次危机中吸取到真正的、根本的和长久的教训。

毫无疑问,这次金融危机的根本成因属于宏观层面,而不是由某个单一或多元的局部因素或微观因素所引起的。归根结底,美国宏观经济的严重失衡和长期低利率所触发的信贷膨胀,美国(和世界范围内的)的巨大房地产泡沫,构成了这次全球金融危机的根本性和系统性的原因。从这个角度审视,这次危机并非特殊,而是与日本20世纪90年代所经历的金融危机,甚至与1997—1998年的亚洲金融危机有共通之处。它们尽管在传播机制、波及范围与影响程度上有较大差异,但在危机机理上其实非常地类似:泡沫的形成酝酿了危机,而泡沫的最终破灭触发了危机。

经济理论和历史经验证明,普遍性的房地产泡沫是在广义信用膨胀的基础上产生的。伴随这次金融危机的种种可悲可叹的现象和行为表现也与信用膨胀这一根本因素密不可分。商业银行放贷标准普遍松弛,给不符合贷款条件的低收入家庭提供房贷,就是因为信用供应过度。2001年以来的宽松货币政策和信用膨胀,也是过去五六年中的全球私募股权基金"杠杆收购"热(LBO boom)的重要宏观环境。综合银行、投资银行、私募股权基金、对冲基金等金融机构使用高杠杆率,就是因为低利率所造成的信用成本过低。2001年后全球信用衍生品交易量的爆炸性成长也是因为低利率刺激所致。这次危机所暴露的金融机构流动性风险管理与交易对手风险管理不善,也应归结为信用膨胀的一个直接后果。金融机构的许多资产可以在信用市场轻而易举地融资,而无需表内存款负债支持,才会有花旗集团那样巨额表外SIV资产的出现。贝尔斯登的MBS对冲基金或雷曼兄弟的巨额商业地产组合在危机前都未曾经历过流动性问题,因为公开市场的信用供给一直充裕,债务融资便宜便捷且极其可靠,流动性风险甚至交易对手的风险管理也就自然可有可无。不管人们今天如何事后孔明,客观上金融机构不可能专注于长时期并不构成主要风险的所谓"流动性风险",更不会花费过多资源来预防"百年一遇"或"百年不遇"的低概率事件。

通过分析追寻这次全球金融危机的成因机理,人们可以吸取一系列深刻的教训。对于中国这样一个高速发展的新兴市场,三个教训尤为重要:

其一,谨防泡沫。一国经济经历较长时期的持续繁荣时,往往容易滋生资产泡沫,包括股市和房市的泡沫。过度宽松的宏观经济政策,尤其是货币政策,最有可能刺激严重泡沫的形成。如果泡沫出现了,它也注定会破灭,只是不知何时或以何种形式破灭。泡沫持续时间越长、程度越严重、波及面越广,那么泡沫最终破灭后对于金融系统和宏观经济的危害也将越大。

其二,居安思危。持久的繁荣往往使得金融机构、企业、投资者、监管机构、货币当局和政府决策层等变得盲目乐观,从而风险管理的文化日趋松弛。第二次世界大战后日本从废墟中奇迹般地崛起,到了20世纪80年代,当日本皇宫的地价超过了整个加利福尼亚州的地产价值时,"日本特殊论"、"日本敢说不"的自信乐观和趾高气扬变得一发不可收拾。其后果是日本经济失落的十年,迄今日本还未能恢复元气。从2001年起,美国人相信房价只涨不落。全球领先的美国银行业,甚至全球领先的美国央行,对于风险管理的意识开始淡漠了。在当前西方金融体系遭遇重创之际,我们也要特别警惕"中国特殊论"、"中国的房价或股市只涨不落"或"中国的金融体系最稳健"之类的观点。夜郎自大,盲目自信,将会是不幸的开始。

其三,关注宏观。宏观经济不稳定因素最有可能酿发系统性的金融危机。金融机构各自的风险管理固然重要,流动性、资本金、杠杆率等微观因素固然重要,宏观经济对于金融体系的影响最为重要。归根结底,金融体系的整体稳定性离不开健康平衡的宏观经济基本面所支撑。

本文原载于《南方周末》2009年2月。

奥巴马与美国梦

一年前在衣阿华州的一次竞选聚会上,奥巴马激情洋溢地说:"希望,使我所见到的……希望,使我所听到的……希望,曾鼓舞殖民地的人们起来奋勇反抗大英帝国来争取自由……"。这个星期二,虔信和热爱希望之光的奥巴马,将成为233年来第一位非洲裔的美利坚合众国总统。

奥巴马,一位已经改变且将继续改变美国历史进程的人物,不只是用希望照亮了他卑微的、平凡的人生之旅,而且,他为美国人民——不管是黑人、白人还是男人和女人,不管是退休者还是儿童——重新点燃了希望之光。

过去两年中,美国经历了一次深重的金融危机。媒体用尽了"华尔街的崩溃!"、"美国经济大衰退!"和"美国资本主义制度的瓦解!"这类悲观的大标题。一些中国同胞断言美国从此日暮途穷、雄风不再,中国可以取美国而代之,而人民币也将取代美元成为国际储备货币,等等。

的确,这次始于美国次级房贷债的全球金融危机,大大冲击了美国在世界经济与金融体系中长期独享的霸主尊荣地位。美国通往金融稳定和经济复苏的道路,将充满重重的困难和挑战。但是,奥巴马的当选,应当使人们重新思考,目前到处弥漫的对于美国的悲观情绪,是否可能有些过度?

相对于中国这样的文明古国,美国还只是一个年轻的国家。美国的历史并非一帆风顺,也曾历经重重挫折——残酷的南北战争,深重的大萧条,两次世界大战,种族的隔离与冲突,越战的泥潭,持续多年的滞胀,日本的强大经济竞争,等等。但是,回顾历史,人们——甚至不少美国人——开始丧失对于美国的信心时,美国总是能够奇迹般地反弹、复苏,展现了非凡的活力。

奥巴马的故事,就是一个典型的美国故事。奥巴马的父亲来自非洲穷国肯尼亚。从小家庭拮据,靠外祖母拉扯大,依靠"食品救济券"(food stamp)为生。作为一个黑肤色移民的儿子,他的前程可谓渺茫。

但是,尽管出身卑微、家境贫穷,奥巴马仍靠其天资和勤奋,上了常青藤大学,并成为《哈佛法学评论》历史上的首位黑人编辑。他以后在林肯的故乡伊利诺依州做一名州议员,然后迅速成为联邦参议员。当他决定参加总统选举时,他在美国大多数地方还只是一个无名小辈。面对实力强大的竞争对手——曾当过第一夫人的资深参议员希拉里·克林顿和当过战争英雄的资深参议员约翰·麦肯恩,奥巴马获胜的机会可以说微乎其微。

1865年前,黑人在美国还是奴隶;1963年前,美国还实行着种族隔离,有色人种尤其是黑人受到政治上的、经济上的与社会上的歧视。美国开国元勋所倡导的人人拥有追求平等、自由与幸福的权利,黑人民权领袖马丁·路德·金的"我有一个梦想",可以说在这次美国总统大选中得到了真正的和具体的实现。

因此,奥巴马的脱颖而出,不能不令人惊叹,不能不令人震撼。奥巴马的现象其实不是孤立的、偶然的。他的 underdog 经历酷似另一位来自伊利诺依州的人——亚伯拉罕·林肯。林肯的父亲是一个贫困的拓荒者,林肯是在小木屋里长大的,甚至都未能有机会接受正规的教育。但是,林肯的聪明、智慧、谦卑和诚实的高贵品德赢得了民众的支持,使他成为美国总统。他解放了黑奴,维护了美国的统一,成为马克思也称之为"英雄"的杰出政治领袖。

奥巴马的故事和林肯的一样,都是自我奋斗的美国故事。如果自我奋斗在政治上如此,在经济上更是如此。《福布斯》名单上最富有的美国人,大部分都是白手起家,创业成功,其中包括杨致业这样的第一代移民人士。

美国建国以来,吸引了一批批从世界各地来寻找美国梦的难民、拓荒者和野心家。其中,涌现了 J. P. 摩根、约翰·洛克菲勒、亨利·福特、山姆·沃尔玛、比尔·盖茨。还有奥巴马。

投资大师沃伦·巴菲特说,他的成功不能全归结为他的投资天才,而更要感谢上帝让他成为一个美国人。他感慨地说,如果他注定一辈子生活在孟加拉,或者是阿富汗,那么无论他天资有多聪明,也不可能取得他今天所取得的成就。

今天世界上的未开发国家,之所以长期落后和贫困,主要不是因为缺少自然资源,或者缺少资本,而是因为这些国家的社会与政治制度过于封闭和僵化,从而摧残、压抑或埋没了最优秀的人才。死板的社会结构减少了垂直的流动性。尤其是社会底层的人们,无望改善自己的境地与提升自我价值。

中国历史上有着学而优则仕的悠久传统,与美国所信奉的"唯才至上"(meritocracy)的文化颇为相似,而有别于文艺复兴前贵族世袭盛行的欧洲。但是,嫉贤妒能,任人唯亲,这又是中国与美国文化格格不入的地方。在中国的传统社会,许多优秀人才怀才不遇,报国无门,一生备受挫折。直到今天,论资排辈,任人唯亲,排斥体制内有才华的新秀,更排斥体制外有思想的精英,依然是中国非常盛行的官场文化。

美国惨遭金融危机,许多国人相信这标志着美国世界霸主地位的结束,美国经济强国的末日来临。但是,我们不要低估美国。历史表明,美国的经济和社会具有极大的弹性,它的自由市场机制拥有较强的调整能力。强大的国民经济基础,无与伦比的科技与知识资源,加上民主政治制度与法治,美国的金融体系最终一定可以恢复其正常功能和活力。美国的经济在经历一段时期的严重衰退后,也最终会重返复苏和成长的轨道,美国也一定能重新成为全球经济的一个主要引擎。

住房、汽车等,这个传统的美国梦早就已经比较普遍地实现了。就连次按房贷所触发的金融危机也并没有使这个现实逆转。但是,真正的美国梦远超出了住房和汽车,而是希望和可能性(possibility),即任何一个普通人,不管其出身如何卑微、低贱、贫穷,只要聪明、勤奋、执著,就可以梦想成真。

奥巴马的故事,不只是体现了美国梦,也体现了人类的精神。

这种敢于梦想、敢于变革、敢于冒险的精神,是美国的立国基石。这种精神使美国从1929—1933年的大萧条中复苏;这种精神使美国从珍珠港的突袭惨败中爬起,并最终领导同盟国彻底打败了纳粹德国和日本军国主义,赢得了第二次世界大战的胜利;这种精神使人类的活动从地球拓展到整个宇宙。

随着中国、印度等的崛起,美国不可能像在20世纪那样继续在21世纪主宰着世界经济与政治。但是,美国精神,即敢于梦想、探索、开拓、冒险与创新,其实不只是美国所独有,而是全人类所共享的财富,在中国人民中也有着相同而深厚的传统。正是这股力量,在中国改革开放后的三十年中,使神州巨变。毫无疑问,中国如果要赶上美国的经济实力和科技水平,就必须敢于梦想、探索、开拓、冒险与创新。最重要的是,中国必须像美国一样,在制度上和文化上保障社会的垂直流动,保障机会的真正平等,从而使最优秀、最有创造力的人才能够脱颖而出,有所成就。

一个鼓励人们敢于梦想、敢于探索、敢于有为的民族将是最有活力也是最有前途的民族。如果中国要真正成为21世纪的全球领袖,那么中华民族首先应当成为最富于梦想、希望和怀有理想主义的民族。

本文写于2009年1月20日。

千秋功罪自有评说

——保尔森《峭壁边缘》与全球金融危机的处置化解

百年一遇的2007—2009年全球金融危机波澜起伏,惊心动魄,影响深重,其复杂成因、后果、处置和教训,在国际金融、政策、学术和媒体圈中引起了广泛的探讨与激烈的争论。迄今,世界各地已出版了数十本关于这次金融危机的书,有好几本已成为畅销书,但是作者们毫无例外只是金融危机的旁观者。亨利·保尔森的新著《峭壁边缘》(*On the Brink*,中信出版社2010年版)是唯一一本真正从高层次和宏观的视角来描述金融危机的书,也是一本真正包含了第一手内幕资料的著作。

作为美国的财长、布什总统的首席国内与国际经济政策顾问、西方金融危机处置策略的主要设计者和主要执行者,可以说世界上找不出第二个比保尔森更权威的人来叙述这场危机的背景、蔓延和影响,以及解读当时一个接一个的惊心动魄的事件——从贝尔斯登到"两房",到雷曼、AIG、美林、华盛顿互助银行、美联银行,再到花旗集团和美洲银行,等等。特别是美国作为金融危机的发源地和震中,美国政府对于这场危机的应对策略、处置方式和成败得失,对于危机起初的演变,后来的蔓延,到最终的稳定化解,都起到关键性的作用。保尔森的回忆录就美国的危机处置全过程提供了最全面、最真实的解释。

出生于美国中西部一个普通淳朴家庭的保尔森,到今天还保持着一种质朴和直爽的性格。熟悉他的读者会发现,这本书不是他写的,而是他口述的,语言就像他平日讲话一样干脆直接,全然不加修饰。

在接受了东部常青藤名校达特茅斯与哈佛一流的教育后,保尔森先是在华盛顿尼克松政府担任公职,然后到高盛公司做投资银行家,晋升为这家华尔街最大私人合伙企业的合伙人,并成为高盛上市后的第一任董事长兼首席执行官。作为CEO,他曾向笔者亲述过他的三大首要任务:一是保持高盛的独立;二是维持并巩固高盛的文化;三是积极开拓中国市场。显然,他在这三个领域都硕果甚丰,高盛在他的领导下,日益强盛。当他2006年春卸任CEO去美国政府任职时,高盛在华尔街和全球投资银行业的领导地位已达巅峰。

保尔森出任财长,多数评论家的看法是为布什政府增添了一个重量级的人物;但是也有人认为,在一个似乎重国防反恐而轻经济民生的政府里,加之尚不到一届的任期,保尔森可能难有真正的建树。

然而,时势造英雄。没想到,等待他的,是一场百年一遇的金融危机,这场危机在美国全面爆发,并汹涌地席卷冲击世界各个角落。保尔森也就成为在这场空前的金融大海啸面前力挽狂澜的中心人物。不管人们怎样评价他的作用,保尔森的名字已经永远地载入了世界经济和金融的史册。

保尔森非但没有能够平淡安逸地度过政府的岁月,他当财长比当高盛的CEO还要更加忙碌、紧张,在精神和身体上承受着空前的压力及重负。如果金融危机让美国措手不及的话,那么美国人民也很幸运——危机发生后美国在任的财长曾是一位久经沙场备受人们尊敬的华尔街金融家,而美国央行(美联储)的首脑本·伯南克则可能是当今仍然在世的研究20世纪经济大萧条最权威的经济学家。难道还能找得出一个比这更理想的组合吗?

保尔森负责主导设计、协调和执行了美国处置金融危机的一系列对策。然而,在美国特殊的法律、政治和监管体系下,即使财长手中掌握的权力和资源也非常有限。在该书中,他描述了危机关口每做一个决策的复杂、每做一件事的艰难。正因为各式各样的约束、牵制和阻碍,他的某些政策设计有欠完善,行动也显得迟缓,或缺乏足够的力度。但是,毫无疑问的是,他无与伦比的专业背景、金融市场的丰富经验、雷厉风行的领导风格,以及个人信誉和人格魅力,确保了他能与美联储主席本·伯南克及纽约联储总裁蒂莫西·盖特纳亲密无间的合作,确保了他能影响美国证券交易委员会、美国住房金融监管局、联邦存款保险公司、美国银行监理署等众多联邦或州一级的监管机构并采取一致的行动,尤其重要的是确保他能忍辱负重但最终成功有效地推动了国会山美国参众两院的关键性危机立法和空前授权。

许多观察家,特别是欧洲人,把这场危机的恶化简单地归结于美国对于雷曼事件的处理,相信人们读完该书后将能更加理解和同情为什么美国当时没能挽救雷曼。无论如何,金融危机的根源来自于美国经济在多年空前繁荣盛景下,失衡加剧,信用膨胀,尤其是巨大的房地产泡沫。贝尔斯登也好,雷曼也好,AIG 也好,都只是危机的表征,而非危机的本因。然而,笔者认为,美国当局起初的确低估了危机的严重性和全局性,过久地依赖"头痛医头,脚痛医脚"的个案处理方式。尽管如此,笔者怀疑任何人即使理论上有先知先觉也未必能够带来实际结果的显著不同。

鉴于美国根深蒂固的自由市场经济传统和决策权力机制的高度分散与相互制衡,很难想象美国在危机之初就可以出台大手笔的危机综合处理方案。这在政治上几乎没有可能性。没有珍珠港的惨痛损失,罗斯福总统大概无法动员美国向日本宣战参与第二次世界大战。同样,也只有在 2008 年秋继雷曼、AIG 和美林等一系列触目惊心的震撼性事件之后,在前所未有的市场恐慌、信用冻结、流动性干枯,以及西方金融体系真正面临崩溃的危急关头,保尔森才有可能到国会山兜售他的 7 000 亿美元所谓"不良资产救助计划"(TARP)。尽管保尔森苦口婆心千呼万求,甚至在众议院女议长南希·佩罗西面前下跪,也未能避免在十万火急的情势当口众议院第一次投票时将 TARP 提案予以扼杀。而在费尽九牛二虎之力最终让 TARP 在国会勉强通过以后,保尔森著名的"三页纸"提案也照例变成了上百页的烦琐法案。事实上,只有在金融危机急剧恶化到了悬崖绝壁边缘,美国才开始逐步实施更为全面的系统性危机应对方案,包括直接注资、银行负债担保、流动性支持和资产担保等。

千秋功罪,后人自有评说。保尔森的回忆录给当代与未来的经济学家们留下了一份珍贵的内幕史料。不管保尔森主导的危机处置方式和手段有多少不完善之处(他在回忆录中直言不讳地承认他对自己的许多决策也很不满意,歉憾之情流露于字里行间),他的每一个决策与行动都是为了拯救美国和世界金融体系,为了捍卫全球投资者和普通业主对自由市场经济制度的信心。人们应当看到,保尔森在总统大选之年共和党政府强弩之末所推行的危机应对政策,后来都为奥巴马政府毫无保留地得以继承、延续、加强和贯彻。尤其重要的是,时间证明,保尔森的全套危机应对政策最终成功地控制了金融危机的猖狂肆滥,阻止了全球金融体系系统性的崩溃,避免了大萧条的重演。无论从哪个尺度衡量,这都是一项了不起的成就、了不起的功勋。

保尔森青年时代就有投身公职的理想,他的职业生涯最后也以为政府服务而终结。他在华尔街浸染几十年,但视金钱如粪土,一生热爱生态保护事业,忠于公共利益。笔者曾送过保尔森一幅描绘笔者家乡"岳阳楼"的中国国画,画上题有"先天下之忧而忧,后天下之乐而乐"。保尔森知其题意后,非常珍视,把原本挂在办公室的一幅西方文艺复兴时期的名画取下送回华盛顿国家艺术博物馆,而特意把这幅"岳阳楼"国画挂在他办公室的墙壁正中。

保尔森是美国建国以来最有中国情结的财长,对于中国拥有一份真挚的、持久的友好感情。在这本关于金融危机的回忆录中,他也情不自禁地提到了他与中国的特殊关系,记述了与中国朋友之间的相互信任和密切合作,高度评价了中国在化解、处理全球金融危机中的积极作用。他早就认识到中美关系的长远健康发展需要有大思维、高层次和新框架,因此一走马上任,就在布什总统和胡锦涛主席的支持下,设立了"中美战略经济对话机制"。这一对话机制是一个划时代的创举,为处理 21 世纪世界上最重要的双边关系提供了一个独特的和有效的制度安排。因此,除了在处置全球金融危机中扮演的关键性角色,保尔森作为美国财长的另一个重要历史性贡献就是显著地推进了中美关系的健康发展。

鉴于《峭壁边缘》一书的权威论述、丰富信息和重要参考价值,笔者热切地把它推荐给所有关注金融、经济和国际关系的读者朋友。在此笔者也向该书作者表达对一位老师、朋友和前合伙人的敬意。

本文原载于财新《新世纪》2010 年 4 月。

全球金融体系:危机、现状与未来

一、金融危机的根源

近一个世纪以来最严重的全球金融危机很自然地引发了一场关于其起因、应对措施以及今后如何避免类似灾难重演的激烈辩论。

至少在事后找出对这场危机的产生、传播和加剧发挥了独立或共同作用的因素并不难。这些影响因素包括:杠杆过高,银行资本金不足,金融机构过度依赖批发性融资,对于流动性和交易对手风险的失败管理,对外部信用评级的盲从,信用衍生品市场的不透明,证券化失控,次级按揭借贷的松散监督,能够有效解决大型金融机构有序破产的制度缺失,当然还有鼓励短期行为和过度冒险的薪酬制度上的缺陷。

为了建立一个更完善的金融系统,从而使未来出现同等规模、范围和严重程度的危机的概率大大降低,金融服务行业必须痛定思痛,认真吸取教训,下定决心实施立足长远的改革,建立充足的资本金和流动性储备,提升风险管理,并改造已经或即将失败的商业模式。唯有真正、全面的改革才可能修复西方金融体系受损的形象,让公众重拾信心。

尽管在企业和行业层面的根本性改革极为必要,不过我们从危机中得到的第一个极为重要的教训,是宏观经济的失衡、货币政策以及金融不稳定之间存在着密切的关联。大量证据表明,本次金融危机源自宏观经济层面——从本质上来说,一个延续数年的、巨大的信用泡沫,在美国、英国和其他发达国家造成了前所未有的房地产泡沫,并最终被证明不可持续。

诚然,金融机构、监管机构、投资者和消费者的一系列错误,让房地产泡沫的最终破灭变得更具破坏性。但最重要的事实是,各国央行超宽松的货币政策、过低的利率、快速的信贷扩张、资产泡沫在房地产市场的明显积聚,使得危机几乎不可避免。

因此,当前在美、英及世界其他国家出现要求加强在国家和国际层面的、针对系统性风险的宏观审慎监管体系的呼声,是非常合理的。特别是,中央银行应该放弃艾伦·格林斯潘等人长期主张的理念,即货币政策只需追求达到狭隘的通胀目标,而无需理会资产泡沫。我们从这次危机中得到的一个首要也是持久与深刻的启示是,为了保持宏观经济平稳健康发展,不应任由资产泡沫膨胀。

笔者认为,我们应该得到的第二个极为重要的教训是,自满通常会让人们意识不到即将到来的危险,从而导致低劣的风险管理。本次全球金融危机前的近四分之一世纪以来,世界经济经历了一个长期的"大缓和",以低通胀、低失业率和企业利润强劲增长为标志。柏林墙的倒塌,中国和印度作为伟大新兴经济体的崛起,美国和其他发达经济体(日本除外)安然无恙地经历了一系列重大的冲击,包括1997—1998年亚洲金融危机、2000年互联网泡沫的破灭和2001年的恐怖主义袭击,已经使人们形成这样一种观念,即在美国和英国这样的国家,房价只会上涨、无限制地上涨,而金融危机只是为日本和那些管理最混乱的新兴国家所预留的。长期的经济繁荣、稳定的宏观表现,以及兴旺的股票、固定收益、大宗商品和房产市场,降低了包括银行、非银行金融机构、监管者和投资者在内的很多市场参与者的风险防范意识。当危机突现时,那些通常被视为风险管理专家的金融中介机构,瞬间变得臃肿、松懈和一筹莫展。在长期的繁荣与稳定气象中,投资者变得无所畏惧,只受贪婪驱使;监管者变得高枕无忧,寄望于高效金融市场的自律监管和自我纠正能力。这是对于西方资本主义在全世界所向披靡所带来的胜利感的公开展示,正是这种盲目乐观情绪让金融巨头们在危机到来时仍然歌舞升平。

在笔者要总结的教训变得过多之前,应该提到的非常重要的另外一点是,综合性金融机构可以给整个金融体系的稳定带来很大的风险,这为房利美、房地美、AIG等系列事件,尤其是雷曼兄弟的破产所印证。在笔者看来,当前的金融改革还没有解决"太大而不能倒"和"太关联而不能倒"这两个棘手的问题。令人不安的是,我们所看到的,恰恰是自危机爆发以来金融服务业的进一步集中,例如摩根大通对贝尔斯登和华盛顿互助银行的收购、美联银行和富国银行的合并,以及美国银行对美林的收购。金融企业在危机之后并未瘦身,从而变得更小、更专注,反而令人吃惊地变得更庞大、更复杂。

目前看来,建立一个系统性风险监管机构以加强宏观审慎监管和监督的建议是明智的。但是,不能由此认为哪怕最专业的外部监管机构也能切实有效地监督非常庞大而多元的金融公司,这种错觉是危险的。

奇怪的是,本次危机并没有带来关于20世纪90年代废除《格拉斯-斯蒂格尔法案》后果的充分反省;正是该法案的废除,缔造了像花旗这样庞大的"金融超市"。这些大型金融控股公司同时进行着各种各样的金融活动,经常挣扎于不同的商业模式和经营理念之间,变得过于庞杂且难于管理。不同业务的混合经营,例如商业银行业务和投资银行业务的混合,为企业在不同业务部门间充分利用法规差异(比如资本管理、会计和损益确认等方面)提供了机会。这些企业内部针对法律法规的套利驱动,自然会导致风险流向监管最薄弱和资本要求最低的地方。没有集中的风险管理和定价机制,有毒资产的问题可以长期发酵,直到它们突然爆发并危及整个机构和更广泛的金融体系。

如果我们不能充分理解大型综合性金融机构所产生的系统性影响,那么全球金融体系在未来将很可能继续被"太大而不能倒"、"太关联而不能倒"的综合征所困扰。

二、现状

各国政府和中央银行于2008年9月雷曼兄弟破产引发"大恐慌"之后,采取了前所未有的干预行动。这些危机处置举措在总体上,也是在关键的问题上,已经成功地帮助全球金融体系避免了一场系统性的大崩溃。世界经济非常幸运地与又一个20世纪30年代式的大萧条擦肩而过。

2008年秋天,在迅速恶化和蔓延的危机面前,美国财长保尔森和联邦储备委员会主席本·伯南克表现出了务实的态度和避免美国与世界陷入另一次大萧条深渊的决心。虽然他们所采取的行动在当时备受争议,其效果似乎也令人担心,但毫无疑问的是,这些行动最终奏效了。

最初,政府当局在处理金融危机的时候采取就事论事各个击破的方针,就像在贝尔斯登、北岩银行、房利美和房地美的个案处理上那样。然而,在雷曼兄弟破产后,美国、英国、欧洲和其他各国政府当局和央行均采用了全面的危机应对策略,施展广泛而激进的干预手段,包括注资、资产和/或债务担保,以及流动性支持。有些时候,政府对陷入极端困境的金融机构采取了紧急收购或立即国有化的方法。

各国政府地毯式的干预,有效地筑起了一道防火墙,避免了更多境况不佳的大型金融公司倒闭。直接注资和通过银行债务担保计划开展的流动性支持,在补充与提升银行资本金和流动性状况方面起到了至关重要的作用,从而逐渐消除了人们对整个金融行业崩溃的恐慌。

自2009年第一季度末起,尤其是美国当局对具有系统重要性的金融机构进行"压力测试"后,越来越多的证据表明西方金融体系尽管尚未完全恢复,但至少已基本趋于稳定。由布什政府在2008年秋天推出的当时广受诋毁的问题资产援助计划(TARP)和其他方案,比如著名的短期资产支持证券贷款工具方案(TALF),连同由美联储和世界各国央行大量注入的流动性,帮助遏制了恐慌的蔓延,解冻了信贷市场,逐渐地恢复了更广泛金融市场的运作。值得注意的是,这一事实伴随着美国国会针对美国财政部和美联储在金融危机管理中作用的大量政治化辩论和调查而在很大程度上被忽略了。还值得注意的是,股票市场自2009年3月以来出现强劲复苏,说明投资者们开始相信,世界经济正在缓慢走向复苏。

全球金融业在经历了1.6万亿美元巨亏后,已广泛改善了资产负债状况,降低了杠杆率,增加了流动性缓冲,提高了一级资本充足率。然而,并非所有机构都摆脱了困境。中小型贷款机构仍然不断倒闭,若干家依靠政府支撑的大型综合性金融机构,特别是花旗集团、美洲银行、AIG、瑞银、苏格兰皇家银行等,仍然在为生存而努力。令人不安的是,尽管有公共私人投资计划(PPIP)及类似手段,毒性资产的处置一直进展缓慢,无法有效激活不良资产交易市场。随着房价的稳定,以及更广泛金融市场的复苏,人们可以寄望投资者比现在更愿意购买毒性资产,而背负遗留问题的银行也会变得更愿意出售。如果不迅速处置不良资产,银行体系由于负担依旧过于沉重,很难恢复正常信贷供应以支持经济复苏。日本在20世纪90年代的经验表明,不真正处理完问题资产,危机就不会真正结束。

金融类股票价格的回升和银行收入及盈利的快速改善引发了新的担忧,即银行可能会旧习不改,重蹈覆辙。这种担忧确实是有道理的。就像一句中国谚语所说的那样:"好了伤疤忘了疼"。因此,政府、监管部门和公众应保持对于推进真正金融改革的压力,拒绝容忍金融体系"照常营业"。

世界范围内,注意力已经明显从遏制危机转移到了危机后的改革上。丰富的改革议程包括:收紧资本金、杠杆、流动性和会计准则,提升对场外交易信贷衍生工具及评级机构的监管,加强监管的标准和制度,改善银行跨境监管,重建宏观审慎监管政策和机构,为大型金融机构有序破产建立解决机制,并改革金融机构薪酬政策。只有全面有力的改革才能够成功重塑全球金融体系,使其更高效、更稳定、更有弹性地抵御未来的冲击。

但是也应该警惕,一些民粹主义政客可能通过过分严厉的监管,来干扰金融市场的正常运行和金融机构的正常运作。即使是发生了金融危机这样的悲剧,也不能推翻这样一个事实——长期以来,西方金融资本主义模式在资本配置方面发挥了显著作用,为生产率的提高和经济的长期增长作出了不可磨灭的贡献。后危机时代的改革,目标是遏制金融系统的过激与过分行为,弥补其缺失,保障其健康运转,但是,压抑甚至扼杀不管短期内如何在政治上得分,在中长期一定会产生巨大的危害。因此,在加强审慎监管的同时,也要确保审慎的风险承担和对社会有益的金融创新继续作为金融资本主义的核心要素得到延续保存。显然,重蹈无惧、贪婪的覆辙显然是不可容忍的,但矫枉过正也同样应该避免。

正如中国古代贤哲所说的,每一次危机都带来新的机遇。这次金融危机也不例外。一个非常令人鼓舞的进步就是,密切的国际合作与协调的必要性得到广泛认可。在亚洲金融危机之后创建的"二十国集团",之前其锋芒总是被"七国集团"所掩盖;而如今,二十国集团在国际政策制定上所发挥的政治作用首次得到了彰显。2008年11月在华盛顿以及2009年4月在伦敦举行的两次二十国集团峰会,有效推动了应对金融危机和刺激全球经济复苏的联合行动。新兴市场经济体,尤其是"金砖四国",特别是中国,已经拥有了在二十国集团、国际货币基金组织和扩大的金融稳定委员会的话语权。这是后危机时代的一个非常积极和令人鼓舞的趋势，也是人类未来和平与繁荣的坚实保障。

特别令人欣慰的是，反对贸易保护主义已达成全球共识。尽管美国国会通过的财政刺激方案中包括一个有争议的"购买美国货"条款，其他一些国家的政策也与自由贸易原则发生了或多或少的偏差，但是从总体上看，美国、欧洲和中国这样的主要经济体避免了《斯姆特-霍利关税法案》这种致命错误的重演（该法案由美国在20世纪30年代推出，从而加剧了大萧条的后果）。这一次，各国没有施行在当时流行的破坏性的"以邻为壑"的保护主义政策。如果说全球金融危机在目前导致了全球贸易急剧下降的话，一些乐观的迹象表明，未来贸易的复原将引领并促进全球经济的复苏。

三、未来展望

西方金融体系尽管在2007—2009年金融危机期间遭受了重创，但现在已基本趋于稳定。脆弱的金融机构获得了政府帮助，并被迫逐渐作出改变，而较强的机构则安稳地渡过了危机，表现良好。无论如何，西方金融体系将依旧是世界上最有竞争力的、最具活力和最有效率的体系，并在未来相当长一段时间内继续主导全球金融市场。

然而，全球格局也同时开始发生结构性变化。作为全球经济的一个重要成员，中国正在迅速崛起。中国已不再局限于其庞大的制造能力、廉价的出口和对自然资源及大宗商品的巨大需求，而得益于快速增长的经济、极高的储蓄率、持续的经常账户盈余，以及国家主权和私人财富的大量积累，中国已日益显著地成为全球金融资本的输出者。

截至2009年6月，中国的官方外汇储备达到了惊人的2.1万亿美元。成立不久的中国主权财富基金——中国投资公司(CIC)旗下管理资产有逾2 000亿美元，在全球市场四处寻求投资机会。中国企业凭借强劲的资产负债表和创纪录的盈利，也已经越来越愿意走出去，开展跨国并购或参与绿地投资项目。现在有关中国投资配置的实际或预期的变化，动辄引起国际市场上利率、汇率、股票及商品价格的相应变化。

迄今为止，世界各国对中国的对外投资反应不一。虽然许多国家欢迎中国的投资,将其视为流动性与资本的重要来源,但是一些国家,例如法国、意大利等,仍持有怀疑的眼光和渐长的忧虑,并已采取措施,包括收紧相关的投资审查和审批制度,试图遏制甚至阻止中国对敏感的行业领域或公司进行投资。此外,中国在非洲和其他新兴市场的投资活动也遇到了资源掠夺、忽略环境保护或人权的批评。

中国作为一个新崛起的、日趋重要的资本输出大国,面临着巨大的机遇与挑战。就像2001年中国加入世界贸易组织给全球贸易体系带来巨变一样,中国顺利融入全球金融体系,也将使全球金融体系大大受益。但是,接纳一个巨大的、快速上升的贸易与金融大国的过程必定充满着不确定性、摩擦,甚至干扰。这就要求中国与贸易伙伴们和谐共处,互利共赢,防止金融保护主义成为妨碍世界经济稳定的新威胁。

本次全球金融危机让人们重新审视与关注中国在全球经济失衡中所起的作用。众多评论家认为中国庞大的经常账户盈余在一定程度上导致了所谓全球"储蓄过剩",进而刺激了发达经济体尤其是美国和英国的过度消费和大量房地产投机。笔者认为,中国的"过剩资本"回流对弥补美国等"赤字国家"的投资—储蓄缺口起到了显著作用,但是实证研究显示,中国人的节俭与美国过度的次级抵押贷款和房地产泡沫之间的因果关系还远不够明确。

无论怎样,全球金融危机和由此产生的经济衰退已导致中国出口急剧萎缩,明确预示了中国依赖出口导向型增长模式的风险。作为危机应对政策,中国政府已经大量运用财政刺激和宽松的货币政策来拉动国内需求。短期来看,中国的刺激政策已经取得了显著成效,中国带动了全球经济的复苏;不过,中国是否已经转型进入一个减少对出口的依赖、更多依赖国内消费的新模式,这依然是个巨大的问题。

可以肯定的是,抛开过去三十年给中国经济带来成功的增长模式非常不易。日本或许可以作为一个相当令人沮丧的例子。为了从出口导向转向消费驱动的增长模式,中国必须进行重大的结构性改革。比如,中国必须建立一个全面的社会保障体系,包括养老金、失业保险和医疗保险制度,帮助中国人防范风险,减少预防性储蓄并由此促进消费。此外,中国还必须深化系统性金融改革。

后一点也许最不被国内外所理解。众所周知,中国的金融体系经受住了全球金融危机的考验,几乎毫发无损。中国现在拥有世界市值前五大银行中的三家、前五大保险公司中的两家,以及多家大型证券公司。

与西方银行业大规模的减记和亏损相比,中国的银行普遍拥有强劲的资产负债表、创纪录的营收、良好的资产质量和充足的资本金。中国工商银行——目前全球市值最大的银行,同时也是最赚钱的银行——于2008年创下了160亿美元净利润的纪录。中国银行体系的流动性充足,平均贷存比仅70%。一个稳定、健康的银行体系为中国经济的迅速复苏发挥了重要作用。

如果中国的金融业表现这么好,为什么还需要彻底改革?简单地讲,中国由银行主导的金融体系不利于经济实现平衡发展。中国的银行对公业务模式主要是面向国有企业,提供几乎无限的信贷供应来支持大型国有企业的固定资产投资。反差之下,中国的中小型企业在获得信贷和资本支持上继续面对重重障碍,显著限制了这些企业业务规模与人员的扩张。同样,不发达的个人银行业务也限制了国内消费支出以更快地速度实现增长。信用卡、汽车贷款、助学贷款或其他消费信贷产品的缺乏,以及养老金和私人医疗保险的严重缺失,是导致中国高家庭储蓄率和私人消费增长迟缓的关键原因。

除了调整银行业务模式以更好地平衡企业与消费领域之外,中国也面临着改革和发展国内股票与债券市场的重大机遇。

近年来,中国仅有二十年历史的股市的规模迅速扩大。中国股市市值目前达3.6万亿美元,已经是仅次于美国的世界第二大市场。在1亿多活跃散户投资者的推动下,上海与深圳A股证券交易日交易量位居亚太前列,仅居美国之后。

当纽约和伦敦被金融危机严重拖累时,上海一直在积极迎头赶上,努力超越。中国国务院已将到2020年把上海建设为领先的国际金融中心作为一项国家战略。如果中国不断完善其法律和监管体系,完善税收制度,并开放资本账户使人民币完全可兑换,上海的美妙愿景将完全可以实现。届时,到2020年,这个曾为东亚最重要金融中心的城市将作为全球金融中心之一媲美伦敦和纽约。

总而言之,中国的崛起将对世界经济产生广泛与深远的影响。当中国行将超越日本并迅速缩小与美国的经济规模差距之时，几乎可以肯定的是，中国将在21世纪发挥重要的全球领导作用。中国将以更积极的姿态，通过在国际货币基金组织和金融稳定委员会等组织日益扩大的影响，参与全球金融体系和国际货币体系的改革。人民币也将加入美元、欧元和日元的行列，成为国际主要储备货币之一，在世界贸易和金融领域发挥更重要的作用。

本文原为英文，分三个章节刊载于 *The Future of Money*，由 Random House 于2010年在伦敦出版。

美国信用降级意味着什么?

标准普尔公司(以下简称标普)在2011年8月5日把美国联邦政府主权债信从AAA降级为AA+。这一破天荒的举措在全球金融市场掀起了轩然大波。许多评论家把这一事件视为加剧全球金融市场动荡的导火索,把债信降级视为美国国债不安全的具体例证,并进而推断美元霸主地位从此受到了不可逆转的颠覆性动摇。

美国自从西奥多·罗斯福1900年入主白宫以来,进入了长达一百余年的所谓"美国世纪",成为世界上最发达、最富强的头号经济强国,而美国政府的信用在过去整个世纪中相应成为全球信用市场的"金本位",代表着所有定息债券中最高的信誉等级。穆迪自1917年起、标普自1941年起分别开始主权债评级以来都一直给了美国国债最高的信用等级。长期以来,美国国债利率在国际金融市场上被作为"无风险收益率"的代表而广泛应用于各类风险资产的定价模型。

正因为如此,标普把美国政府债券信用降级,不可避免地引起了全球市场普遍的关注与反响。标普以奥巴马总统与国会山就债务比例上限问题剑拔弩张的惊险角力为例,认为美国政府政策无效、不稳定与不可预见,为美国中长期债务偿付能力带来了很大的不确定性。

笔者认为标普的分析理据与降级决定有其合理性。在美国联邦政府赤字增加、债务负担攀升的情势面前,美国政治精英层缺少应有的领导力来应对挑战,没能采取可信行动重振市场信心。奥巴马与国会的妥协方案不痛不痒,仅安排了十年内逐步减少约2.1万—2.4万亿美元的非经常性支出,而没有下决心推动税制改革与削减医疗社保等过度的大宗固定支出，财政不可持续性矛盾将会日益尖锐。因此，美国国债信誉的确今不如昔，已不再值AAA级，将之技术性降级理所当然。

不用说，白宫与美国财政部对标普的决定又羞又怒，但除了打肿脸充胖子，公开咬定美国永远是AAA级外，也只好接受信用被降级的现实。虽然美国财政部指出标普的估算存在2万亿美元的误差，但难能可贵的是，美国政府在标普降级前并没有对其施加不正当的政治压力，更没有秋后算账对其打击报复。可以想象，如果不是在美国这样一个法制严明、私权得到高度尊重的国家，标普这样一个私人评级机构大概很难顶得住政治压力而维持其独立的专业立场。

必须指出，标普降级虽然有损"山姆大叔"的颜面，但是，美国国债违约风险并没有因此而有任何实质性的增加。应该注意到，其他两家国际评级机构穆迪与惠誉继续维持了美国的最高信用评级。即使依据标普的新评级来看，美国国债仍然属于高等级信用工具，比如，它比中国主权债评级还高了两档。既然除了少数几个极端熊派的分析员之外，任何理性的投资者都不会因为中国主权债的违约风险而寝食不安，那么担心美国国债违约也无异于杞人忧天。中国官方社论对标普降级所作出的强烈反应显然有过度之嫌。无论如何，作为当今世界美国最大的国外债权人，公开高调唱衰手中持有最多的金融资产，似乎有欠明智。事实上，在标普宣布降级后，全球金融市场虽然经历了一段动荡不安的时期，但是美国政府债券不但没遭抛售，其价格反而走挺。美国政府十年期债券收益率甚至跌破了2%，创了四十年来的最低纪录。如此种种，充分表明了美国国债一如既往，仍然是全球投资者首选的避风港。

至于全球股市动荡，虽然与标普将美国信用降级有表面上的关联，但真正的原因来自于主要发达经济体基本面的整体性恶化。欧元区主权债务危机一波未平，一波又起，已经从希腊、爱尔兰、葡萄牙三个国家蔓延到西班牙与意大利，欧元区银行体系首当其冲，系统性金融风险加剧，严重拖累欧元区经济的复苏。就连欧洲头号经济强国德国也显现了复苏疲劳症，其真实GDP在2011年第二季度仅仅增长了0.1%。

与欧元区财政脆弱国家的情况不同，美国政府尽管被标普降级，其实并没有实质性的债务违约风险。但是，奥巴马总统与国会的折中方案意味着财政政策已经无法扮演任何短期经济刺激的角色。美国劳工市场失业率居高不下，房地产市场依然疲软，家庭部门去杠杆化进程还在继续，银行信贷没有增加，意味着美国经济复苏前景暗淡。2011年上半年美国真实GDP只增长了0.8%，低于原来的预期，更是远低于美国的潜在增长率水平。

当然，另外一个成熟经济体日本在大地震后仍然笼罩在极度不景气的阴云之中。这一切都表明发达经济体的衰退风险已经显著上升。不是标普多有能耐可以呼风唤雨，而是经济基本面的恶化，加之美国、欧盟和日本三大经济体政府政策的极度不确定性，造成了金融市场的动荡不安局面。

在一个盲人的国度里，有一只眼的人就可称王。现在，全球市场聚焦于美联储及其可能采取的下一个政策行动。面对日益增加的经济下行风险，美联储公开市场委员会决定把目前历史超低的联邦基金利率水平继续维持到2013年年中。标普对美国债信的降级将不会影响美国货币政策的操作。美联储已经表示将一如既往继续在公开市场购买美国国债和没有保留地接受国债抵押品。那么，美联储是否会出台新一轮定量宽松或者QE3？尽管本·伯南克曾许诺过QE2后不会再有新一轮的资产购买计划，但美国经济现在面临着的双重跌风险意味着实行QE3的概率明显上升。但是，最终QE3是否会出台、何时出台、规模多大，等等，取决于通胀的变化趋势。美国核心消费物价指数上升了1.8%，已与美联储2%的目标值非常接近。类似于欧盟的情形，美国货币政策面临着两难的选择。

发达国家经济景气的显著恶化与政策的高度不确定性，是全球金融市场波动不安的根本原因。大多数评论家夸大了标普对美国债信降级所造成的影响，甚至批评标普等评级机构的行为。从专业角度出发，人们可以质疑评级机构的信用风险模型及其预测分析。在美国次级房贷危机之前，评级机构曾给予许多次按债过高评级，使其独立性与专业信誉蒙受打击。相比而言，这些机构对于国际主权债务的信用评级有着更佳的纪录。历史上，信用降级对于未来债务违约风险有较强的预测能力。无论如何，独立的评级机构对于国际债市场的健康运作与发展大有裨益。但是，历史经验一再告诉我们，不要盲目接受评级机构的信用裁判。在任何时候，投资者必须自己做好独立客观的风险分析，不要把风险管理外包给第三方，包括国际信用评级机构。

本文原载于《新财富》2011年6月。

德国奇迹

德国对于凯恩斯主义财政刺激和货币扩张政策向来持有怀疑态度，奉行审慎财政和坚挺货币两大基本原则。

在过去一年波澜起伏的欧债危机中，有一个欧洲国家犹如中流砥柱般巍然屹立，在弥漫金融市场的一片恐慌气氛中，其主权债息差进一步收窄，成为欧元债券市场的安全港。这个国家还是希腊、爱尔兰、葡萄牙等危机国家的担保者和主要资金来源，也是决定欧洲货币体系能否生存的关键。这个国家当然是德国。

这个人口8000万的国家是欧洲最大的经济体、世界第四大经济及第二大出口国。德国人的勤奋、敬业与节俭，是马克斯·韦伯在《新教伦理与资本主义精神》一书中特别推崇的品质。

就宏观经济政策而言，奉行审慎财政与坚挺货币原则长期以来是德国的镇国之宝，无论哪个政党在位，都对此持有不可动摇的共识。无论在经济周期的哪个阶段，包括1973年的中东石油危机和2008年的全球金融危机，德国都基本上奉行了这两项原则。德国对于美国自2008年来所倡导的全球大规模刺激政策不以为然，并感到忧虑，认为低储蓄高消费是导致金融危机的根源，而通过赤字财政刺激需求只会导致未来新的不平衡、不稳定。尽管在财政刺激上非常谨慎，德国仍是全球经济复苏最早和最强劲的国家之一。

德国对于凯恩斯主义刺激政策的怀疑，很大程度上来自赤字财政实验所带来的后果。1989年柏林墙崩塌，德国统一。为了重振民主德国的经济，德国实行了大规模扩张性的财政政策，包括转移支付、补贴和政府公共基础设施项目，导致财政状况的急剧恶化，使得德国经济持续了十余年的不景气。

除了这一特殊历史时期对于审慎财政的偏离，德国基本上是一个财经政策上高度保守和谨慎自律的国家。尽管人口老龄化和高社会福利水平，德国今天的国债余额仅为GDP的75%，为欧盟中最低的，更远低于日本的280%。在全球危机前，英国、爱尔兰、西班牙等国信用泛滥、房地产泡沫严重，而德国的房地产价格基本上是一条水平线。

德国的清醒、理性与德意志民族的哲学思维传统或许有关。但是，20世纪上半叶火与血的惨痛经历是最主要的原因。德国在1925—1932年的财政失控与货币滥发，导致了恶性通胀，从而为纳粹上台铺平了道路。战后联邦德国首届政府实行改革，重心是审慎财政、坚挺货币，并赋予独立的德意志联邦银行唯一职责——谨防通胀从而维持德国马克币值的稳定，这为联邦德国从战败后的废墟中复苏和增长奠定了牢固基础。

第二次世界大战结束后至1999年欧元问世，德国马克一直是欧洲最强的货币，也是国际上最信得过的硬通货之一，并成为欧元的基石。而欧洲央行基本上是建立在德意志联邦银行的模式上，总部亦设在德国的法兰克福。

出口占德国GDP的三分之一。但德国的出口竞争力不是来自于廉价货币，而是德国企业的生产效率、质量、品牌与技术。当欧元大幅升值时，法国、意大利抱怨不断，德国却从未把汇率视为核心问题。德国主要关心货币稳定与否，即通胀风险的高低。坚挺的汇率有助于遏制通胀预期，德国认为这正是经济持续繁荣不可或缺的条件。在七国集团或二十国集团的峰会上，德国甚至对于美、日等国就人民币汇率问题纠缠不休颇有微词。

可不是吗？如果汇率是决定一国出口竞争力的主要因素，那么比索在历史上曾如自由落体般的贬值，阿根廷理应成为世界上最具出口竞争力的国家。同样，东南亚国家的经济，应当大大受惠于1998年亚洲金融危机后货币的大幅贬值。但事实恰恰相反。

德国奉行审慎财政与坚挺货币原则的经验，对于中国的财政政策、货币政策以及人民币汇率改革，都有重要的借鉴意义。

本文原载于财新《新世纪》2011年2月。

西方经济日本化？

自明治维新以来，日本一直努力模仿学习西方，成为亚洲最西方化也是最成功的国家。但是，1989年日本经济泡沫破灭，二十年沉疴不起。日本物价与资产价格经历了长时期的与痛苦的下降。今天，日经225指数仍然比1989年的峰值低了75%，东京与大阪的房地产价格也还不到1989年水平的一半。日本国债余额超过了GDP的200%。高负债、零利率、价格通缩与经济长期低迷成为日本后泡沫时代的典型特征。

美国、英国和欧元区的信用与房地产泡沫在2007年破灭，触发了2008年的全球金融危机。通过大规模的紧急危机处置、救援与货币财政刺激措施，以及市场自身的调整，美国、欧洲的金融体系趋于稳定，实体经济从2009年始逐渐复苏，推动全球股市强力反弹。可惜，好景不长。近期，欧洲与美国负面消息接踵而至，欧元区主权债危机在历时18个月后未能平息，而是变本加厉，并从边缘国家蔓延到了举足轻重的西班牙与意大利，直接威胁了欧盟银行体系的稳定甚至欧元的存亡。而长期代表全球主权债信用金本位的美国政府信用惨遭降级，更糟糕的是多个经济指标显示经济复苏步伐大幅放慢，美国真实GDP在2011年上半年仅增长了0.8%，而欧洲经济领头羊德国在第二季度几乎没有增长（只有可怜的0.1%）。鉴于显著恶化的经济前景，全球股票市场在一片动荡不安的气氛中持续下跌，但政府债券收益率不升反降。债务增加、经济疲软、利率走低，令不少经济学家与投资分析师惊呼，西方正在重蹈日本覆辙。

具有讽刺意味的是,美联储主席本·伯南克是最早警告日本式风险的央行家。他认为,20世纪30年代美国、欧洲的严重大萧条与21世纪日本的通缩经历,都是泡沫破灭后央行货币政策过紧的结果。2008年他大手笔推出大规模定量宽松方案,后又旋即出台备受争议的QE2,其良苦用心正是为了使美国避免陷入日本式的通缩泥沼。美联储的资产由2008年的7 000亿美元迅速膨胀,现在已经达到了3.2万亿美元的规模。在当前实体经济成长前景显著趋于恶化的形势下,美联储公开市场委员会宣布,至少在2013年年中之前,联邦基金利率将维持在0.25%的历史最低水平上。

但是,全球投资者仍是忐忑不安。奥巴马总统与国会就债务上限勉强达成的政治妥协,将导致美国短期财政紧缩高达GDP的2%,进一步制约脆弱的经济复苏。而且,债务协议并没有包含大幅削减中长期社会福利方面的支出,美国未来的财政稳健性将继续令人担忧。在财政刺激已经没有政治现实可能性的情形下,美联储除了维持低利率,以及其他一些小打小闹的动作之外,比如调整资产组合、债券展期、降低银行在美联储的准备金利息,等等,是否还有其他重招可施?换言之,QE3是否箭在弦上?

遗憾的是,美联储似乎又回到了原地,必须再度评估经济持续低迷与通胀的风险孰高孰低。最终,美联储是否决定再度购买资产创造货币,除了判断经济衰退风险外,还要把握核心CPI通胀率的变化趋势。走钢丝平衡术的难度还高出日本央行几分。

值得注意的是,在股市凄风苦雨的环境下,美国政府10年期债券收益率曾一度跌破了2%,到了1950年以来的最低位。暗淡的财政展望与标普的破天荒降级也丝毫没有影响美国国债的表现。一如既往,美国国债成为动荡市场中的避风港。

但问题恰恰出在这里。在长达二十年的经济低迷期,日本政府债券(JGB)的表现一直优于股票。日本持续的低成长、通缩与低利率导致资产配置严重偏向政府债券。即使日本政府主权债信用由AAA被连削三级到了AA−,也没有改变这一资产配置变化的趋势。

高债务、低成长、低利率与定量宽松——目前发生在美国、英国与欧元区的现象简直就是日本历史的重演。日本之所以日本化,主要原因不在于日本的消费者、企业，甚至日本的银行业，而是在于日本政府的低能和日本结构与宏观政策的无效。西方是否正在不可逆转地朝日本化的方向渐行渐近？答案就在美国与欧洲政治领导人的手中。

本文原载于财新《新世纪》2011年10月。

条条道路通罗马

古希腊、古罗马文明是欧洲文明的基石。意大利文艺复兴曾为欧洲的工业革命揭开了序幕。但是，当前发生在希腊和意大利的债务风暴正在席卷整个欧洲大陆，有可能动摇现代欧洲的基础——政治和经济的联盟与统一的货币。一年多来，欧元区主权债务危机一波未平，一波又起，先是冲击希腊，然后是爱尔兰、葡萄牙，再又回到希腊。就在欧盟绞尽脑汁探求稳定希腊危急局势的当口，金融市场又开始聚焦于意大利和西班牙——欧元区第三大与第四大经济体。

意大利的情况尤其令人担忧。希腊债务问题固然棘手，但和意大利比起来，是小巫见大巫。意大利是欧元区的最大债务国，政府债务余额约19 000亿欧元(折合为26 000亿美元)，是希腊的5倍以上。意大利债务规模在世界名列第三，仅次于美国和日本，占意大利GDP的120%。最近，意大利10年期政府债券的利息率急剧飙升，到了6%，与德国政府同类债券的利差超过了300余点，创了1999年欧元诞生以来的最高纪录。还本付息成本的急剧上升，使意大利步入了希腊式的困境。一旦意大利发生了债券违约拖欠，其冲击波的强度与波幅将远远超过希腊危机，可能引发所有欧元债券及欧元区金融资产的大规模抛售，欧元区本来有欠稳健的银行体系将可能遭遇比雷曼破产还要严重的冲击，希腊、爱尔兰、葡萄牙自然在劫难逃，西班牙与意大利的银行机构将有多家倒闭，德国与法国的银行机构可能也不堪承受其带来的巨大损失。简言之，一场系统性的金融危机将在欧元区全面爆发，欧元的末日可能真正来临。

欧元区主权债危机的根源是一些成员国经济基本面差，财政基础薄弱，政府债务规模过大，问题主要集中于南欧国家，包括希腊、葡萄牙、西班牙和意大利。这些国家在加入统一货币体系后，享受了单一货币的好处，本国狭小的债券市场融入了统一的欧元市场，流动性显著增加，融资成本不断下降。同时，他们每年还从欧盟得到了金额可观的经济援助与补贴，相当于政府间的"转移支付"，实际上是德国、荷兰、法国等北欧国家提供的财政援助。

但是，2008年全球经济衰退，欧元区经济极不景气，南欧国家财政状况迅速恶化，债务占GDP的比重开始显著攀升。以希腊为例，政府债务占GDP的比重由2009年的110％上升到了2011年上半年的160％。金融市场认识到这是不可持续的债务趋势，不再把希腊债的信用风险与德国或芬兰债混为一谈，因此希腊新的借债息差显著扩大，二级市场的债券价值不断缩水，信用违约保险成本急剧上升。

在希腊债务频频告急的形势下，希腊政府黔驴技穷，而欧盟则反应迟缓，德国等一些北欧国家政府起初甚至表现出事不关己的漠然态度，无疑增加了投资者的恐慌。于是，欧元区较弱的经济体——如爱尔兰、葡萄牙——很快陷入了希腊式的漩涡之中，难以自拔。目前，欧元主权债务危机进入了一个新的更危险的阶段。让市场惶惶不可终日的已不再是无足轻重的欧盟小国——葡萄牙、爱尔兰和希腊，而是人口与GDP规模都大了数倍的欧盟大国西班牙和意大利。

欧元是欧洲在第二次世界大战后政治与经济一体化的最重要成果。尽管欧洲一体化的设计师们设想周全，制定了《罗马条约》、《马斯特里赫特条约》，建立了欧洲央行，等等，但是欧盟却缺乏统一的财政预算，成为欧元区最重要的制度软肋。在欧元区不断蔓延的债务危机面前，国内政治考量与各自国家利益高于欧盟，布鲁塞尔显得无能为力。

欧债烈火不断蔓延，越烧越大，越烧越广，现在可以说已经威胁到了欧元这座殿堂自身的生存。如何化解这场日趋恶化的危机，是欧盟成立以来所面临的最严峻考验。要控制和扑灭这场大火，需要政治的魄力和金融的智慧，其中最关键的是如何把握"救援与改革"和"道德风险与系统性风险"的平衡取舍。

单纯从避免道德风险的角度出发，最佳的方案是任其债务违约。违约后,债务危机的成本不只是由财政稳健国家的纳税者承担,而投资者——欧洲的银行、全球养老基金、保险公司、中国的外汇管理机构等,都将被"剃头",蒙受损失。这样,债券持有人才会痛定思痛,吸取教训,更加关注信用风险。而希腊将得到惩罚,被逐出国际债券市场,或者至少其未来借债成本将大大攀升。阿根廷、墨西哥、巴西和乌干达等拉美与非洲负债国家的经验表明,债务豁免,虽免除了债务国短期的痛苦,但带来了长期的负面后果:对举债的习惯性依赖、自律与效率的缺乏和经济增长的趋势性下滑。

但是,任希腊违约,也会造成巨大的风险,严重打击投资者信心,冲击整个欧元区银行体系和全球金融市场。美国小小的次按房债触发了全球金融危机。面包房起火烧了整个罗马城。谁又能担保希腊、意大利的债务问题不会蔓延整个欧元区,动摇欧元基础,触发新一轮系统性金融危机呢?

2008年9月雷曼事件后,欧洲领导人曾猛烈抨击美国政府的危机处理方式。风水轮流转。现在是欧盟骑虎难下、进退两难的"雷曼"时刻了。

希腊这样的国家在欧盟体系中多年享受补贴与转移支付,寅吃卯粮,舒服日子过惯了。一向节俭、财政保守的德国自然不乐意不断为大手大脚的希腊或者意大利买单。如果德国、法国与北欧其他国家纳税人继续慷慨解囊,一轮轮地伸手救援,则可以暂时帮助希腊渡过难关、缓解危机,但是,频频救援会造成严重的道德风险,引起德国等财政稳健国家纳税人的强烈反感与抵触,拖累欧元区最强的经济体——德国与法国——的财政及其债信,并导致问题今后在欧元区的再度发生。

然而,如果德国与欧盟袖手旁观,任希腊违约,则爱尔兰与葡萄牙将遭遇灭顶之灾。更糟的是,分别作为欧盟第三大和第四大经济体的意大利和西班牙也将卷入烈火的中央。这样,欧元区三分之一的经济体可能发生主权债违约事件,欧元顷刻面临生存之虞,六十五年来的欧洲宏大整合计划可能付诸东流。德国总理默克尔,或者任何一位欧洲政治领导人,可能不愿看到欧元断送在自己手上。

所以,政治上和经济上更为现实的选择是一个折中方案,即通过欧盟与国际货币基金组织的联手大规模援助,为危机国家提供充足的紧急流动性,确保其公债还本付息的能力,从而稳定金融市场与投资者信心。同时,以援助计划为条件施加强大的压力,推动债务国财政与经济结构改革。具体而言,希腊等国必须实施中长期财政紧缩计划,勒紧裤带过日子,削减公共开支特别是工资、社会福利、国防等政府消费,实现预算基本盈余达到GDP的3%—6%的水平。同时,推进经济改革,特别是国有资产私营化,吸引外国投资,鼓励国内私人部门投资,重启经济增长。韩国在1997—1998年亚洲金融危机期间,接受了国际货币基金组织500亿美元的援助,但是,韩国咬牙进行了极端痛苦但深入而成功的债务重组与改革,从而较快地赢回了投资者信心,稳定了金融局势,恢复了经济增长。韩国债务重组的成功案例值得欧盟借鉴。

条条道路通罗马。全球金融市场正在拭目以待,欧盟是否能够在越演越烈的欧债危机关键当口,凝聚政治共识,果断对危机国家提供紧急流动性援助,稳定投资者信心,降低债务真实利息水平,使得危机国家有一个机会进行结构改革,达到既化解当期债务危机,又控制中长期道德风险,维系欧元区金融稳定的目标。

不管最终结果如何,目前正发生在希腊和意大利半岛的事件,将有可能第二次改写欧洲历史。不过,这一次影响欧洲的不是古希腊、古罗马灿烂的文化——建筑、雕塑、哲学、奥运、神话,等等,而是现代希腊和意大利不负责任的公共财政。

本文原载于《新财富》2011年5月。

深化金融改革

一石双鸟

——中国养老金制度改革与资本市场发展

中国的股票市场成立仅有十年时间,但是已发展到很大的规模。凭借5900亿美元的市值,中国的境内股市已经超过香港,成为仅次于日本的亚太第二大市场,令亚洲、拉美和东欧等地的所有其他新兴市场均相形见绌。

中国的养老金制度改革如果能够顺利进行,将大大促进中国资本市场未来的发展。这对中国整体经济改革具有极为重要的意义。市场化改革的目标是将经营不善的国有行业转型成为高盈利、高回报的企业。众所周知,资本市场能帮助中国比传统的中央计划体制更加高效地配置资本。但是,如果没有良好的养老金制度,国有企业的重组将难以深入,资本市场的未来发展也可能缓慢。正因为如此,中国领导人现在非常重视养老金改革,并关注其对于金融行业发展的潜在影响。

中国现有的养老金制度迫切需要改进。现行制度实际上是一种企业雇主责任制,具有现收现付、不可转移、高度分散并且覆盖不均的特征。中国13亿人口中可能有75%的人没有任何正式的养老保险覆盖。

中国面临一项迫切的任务——建立最低限度的高覆盖率的社会保障网络。中国的经济重组一个不可避免的短期后果是工厂关闭、企业破产和大量人员下岗。由于财务困难的国有企业已经难以承担医疗和养老等沉重的社会责任,传统的以企业为单位的社会福利制度必将瓦解。为了给改革提供持续的社会和政治支持,中国政府必须找到办法,帮助最弱势的群体——失业者和老年人——缓解经济困难。

同时,中国的人口年龄结构是一颗定时炸弹。中国社会60岁及60岁以上的老年人占总人口的10.4%,老龄化程度在经合组织国家中似乎并不起眼。但是,随着预期寿命的延长(男子为69岁,女子为73岁,是发展中国家中最高的),以及严格的计划生育政策,中国的人口结构将发生戏剧性的转变。预计到2030年,老年人将占中国人口的22%(见表1)。因此,中国的人均国内生产总值还远未达到西方发达国家的水平之时,就必须应对与西方国家相同的老龄化危机。

表1 老年人占人口比例现状及预测

单位:%

国家\年份	1999	2000	2010	2020	2030	2050
中国	8.9	10.2	12.0	16.0	21.9	26.1
印度	6.9	7.5	8.3	10.3	13.1	20.4
韩国	7.7	10.7	13.9	19.5	25.5	29.8
马来西亚	5.7	6.5	8.0	11.0	14.5	22.1
日本	17.3	22.7	29.0	31.4	33.0	34.4
经合组织国家(平均)	18.6	20.0	23.2	26.9	30.8	31.3

注:老年人的定义为60岁和60岁以上的人群。
资料来源:世界银行,1994年。

由于认识到了不断加剧的近期压力和巨大的长远挑战,朱镕基总理将养老金制度改革作为政府的重中之重。但是,与世界其他地方一样,养老金制度改革是具有政治敏锐性的复杂问题,在中国也引起了激烈的辩论。有人建议中国借鉴很多经合组织国家目前采用的随收随付的制度。例如,中国东北的辽宁省正在实施一个养老金改革试点项目。该试点计划要求缴纳20%的工资税(由雇主支付),在随收随付的基础上构成公共养老基金的基本支柱。个人退休金账户构成第二支柱,员工按工资的8%缴纳。

过去十年,其他省市地区也采用了公共养老金计划与个人退休金账户相结合的制度。但是,各地的计划在覆盖范围、缴费率和福利等方面差别很大。养老金制度的显著差别可能成为影响劳动力在国内流动的一个障碍。

由于国有企业和地方政府难以按随收随付的制度履行养老金义务,于是挪用个人退休金账户资金的情况屡见不鲜。无论国家或地方政府设立何种养老基金,中国严格的投资规则都影响到了这些基金的管理,并对其财务表现产生负面影响。迄今为止,养老基金只能投资于政府债券或银行存款。

中国的一些改革者和政策顾问呼吁建立资金累积、私人管理、确定缴费的养老金体系。这种体系一旦采纳,个人退休金账户将成为主要支柱,这与智利的制度和中国香港最近采用的强积金制度相似。

采用合理的养老金改革模式对于中国资本市场的成长至关重要。不同的养老金改革策略对于金融体系发展的影响差别很大。随收随付制度可能抑制国内储蓄,因而妨碍金融深化。

如果中国采用个人账户制度,则对国内的资本市场具有重大正面意义。假设员工和雇主各出资8%,都计入个人账户,我们预计累积的养老金资产将使资产与GDP的比率达到国际水平(见图1)。这些强制养老金储蓄的绝对金额将相当可观,并对金融体系的发展具有显著的正面作用。

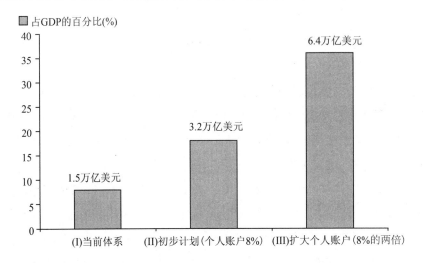

图1 2030年累计养老金资产将达6.4万亿美元

注:1999年累计养老金资产为150亿美元。
资料来源:高盛估计数。

养老金资产的增长有助于中国新兴的投资管理行业实现跨越式发展。迄今为止,中国的股票市场仍以散户投资者为主。中国有十余家封闭式基金管理公司,但由于监管不力和严重缺少专业人才,这一新兴的行业丑闻不断、声名狼藉。中国加入世界贸易组织后,将向外资开放这一行业。外国基金管理公司可以与境内机构组成合资公司,最初可占33%的股权,加入世界贸易组织三年后可提高为49%。这些合资公司将被允许在中国养老金资产管理方面发挥重要作用。

中国政府也必须考虑尽快放松过于严格的养老基金投资限制。除了政府债券、银行存款和其他新的固定收益产品以外,较高比例的资产可以投资于股票,即国内的A股和B股市场。目前,1 000多家上市公司中大多是以前的国有企业,由于严重的供求失衡,股价虚高。向养老基金立即开放这些市场在近期来说可能是冒险的举动,因为新资金的流入可能加剧泡沫,而A股和B股市场的过高估值也可能伤害养老金资产的回报。

一个自然的应对政策是增加股票供应。中国政府通过将更多公司推向资本市场来加快私有化计划。它还积极探索减持现有上市公司国有股和法人股的途径(约占总市值的60%)。最有趣的方案之一是推出指数追踪基金。与此同时,二板市场的筹备工作也在进行中,以便新兴民营公司和科技公司能够进入资本市场。二板市场可能有助于培养中国最有希望的成长型公司。

随着中国养老基金的壮大,机构投资者的数量将达到一定规模。这些养老基金可以在监控管理表现和确保管理行为符合股东利益方面发挥积极作用。因此,养老基金可能为改善中国的公司治理发挥重要作用,这符合中国国有企业的整体改革进程。

中国境内一些最大和最优秀的公司作为红筹股和H股在香港地区上市,包括中国石油、中国移动、中国联通、联想控股和中国石化。这些蓝筹股的平均质量高于境内上市的A股和H股公司,应当被纳入中国养老基金的投资组合。然而,现有的资本管制使中国境内养老基金无法投资于这些优质的境外上市公司。中国政府正在考虑通过各种方案使中国投资者——包括养老基金——能够合法地投资红筹股和H股。可能的方案之一是采取所谓逆向QFII(合格境外机构投资者),允许合格境内投资者投资香港地区上市的内地公司。从更长远看,中国将逐步允许境内基金更广泛地投资于国际证券——世界各地的债券和股票。

中国加入世界贸易组织将为资本账户开放提供重要推动力。资本账户的开放将极大地提升中国养老基金投资的国际多样化。

养老金资产的快速积累将扩大中国的寿险资产、共同基金和其他形式的储蓄,进而推动资本市场今后几十年的发展。一个流动性强、功能健全的资本市场反过来将为分散风险和提高养老金资产的投资回报率提供机遇,从而为中国不断增加的老龄人口提供保障。

总之,中国的养老金制度改革可以起到一石双鸟的作用,既促进国有产业重组,又为资本市场发展提供动力。

本文英文原文发表于《国际养老金年刊》2002年。

中国银行业改革

——刻不容缓的任务

中国已经进入经济改革的新阶段,"十六大"召开后,新一届领导人必须处理最紧迫的严峻挑战——重组摇摇欲坠的银行业。银行业总资产占到国内生产总值的190%,在中国的金融系统中发挥着主导作用。但是,政府引导的信贷分配(政策性贷款)、松弛的银行监督和计划经济时代的经营管理失误已经给银行业遗留下累累坏账,不良贷款率可能高达40%。从1997—1998年亚洲金融危机和日本长达十年的经济低迷等全球历次金融危机当中,我们可以得知,银行业的困境会带来严重的宏观经济后果。银行业陷入窘境时,货币政策也会失效,随之而来的信贷紧缩会严重影响私人消费、公司投资和外贸,打消经济增长势头,形成通缩压力。如果银行业不能正常运转,财政政策就要挑起刺激需求和增长的全副担子,导致公共预算赤字扩大,长期利率随之走高。此外,化解不良贷款和补充资本还会带来巨额财政支出,给政府预算和公共部门资产负债状况带来更加沉重的压力。

近几年,中国的经济改革取得了显著进展,国内生产总值也以前所未有的惊人速度增长,但除非迅速解决银行业的困境,否则其庞大的经济潜力恐怕并不能充分地展现出来。中国必须建立健全有效的金融体系,继续为经济腾飞提供动力。在中国宏观经济稳定长期增长所面临的诸多风险当中,最严重的威胁莫过于脆弱的银行体系。我们认为,银行业重组已经成为中国最严峻的宏观经济和结构性改革挑战。用军事术语来形容的话,摆在中国新一代领导人面前的银行业改革不啻是一场攻坚战。

迄今为止中国在银行业改革方面取得了哪些进展？中国爆发系统性银行业危机的可能性有多大？中国能否承担大规模的银行业拯救方案，快速清理巨额坏账？我们接下来将一一讨论这些问题。

1. 仍处于悬崖边缘

1997—1998年的亚洲金融危机为中国领导人敲响了警钟，提醒他们疲弱的银行系统将是中国面临的重大风险。时任总理朱镕基迅速采取对策，令快速恶化的银行业局面稳定下来，并以果断措施维持了投资者信心。1998年，政府发行2700亿元人民币特别国债，为四大国有银行充实资本。这四大银行分别是：中国工商银行、中国农业银行、中国建设银行和中国银行，其资产总计占中国整个银行体系的近70%，实为全行业的最重要支柱。次年，效仿美国为处理20世纪80年代储蓄和贷款危机遗留的大量坏账而成立的清算信托公司(Resolution Trust Corp.)，中国政府组建了四家专门机构，即华融、长城、信达和东方四家资产管理公司。1999—2000年间，这四家资产管理公司共承担了四大国有银行剥离出来的面值1.3万亿元人民币的坏账，通过收账、债转股、重组和资产出售等方式进行处理。此外，政府也采取措施停止中央和地方政府对银行贷款的干涉；还成立了三家"政策性银行"——国家开发银行、农业发展银行和进出口银行，旨在分离政策性贷款和商业性贷款；并对身为中央银行的中国人民银行进行了重组，力图消除政府对银行业的过度影响，增强中央银行的货币政策和商业银行的经营自主权。尤其是，作为当时国家的主要银行业监管机构，央行一直在努力提高监管标准和操作规范。

尽管五年来付出了以上种种努力，中国的银行体系仍然备受不良贷款偏高、盈利率偏低、贷款操作不健全、信贷环境疲软，以及屡屡发生的银行欺诈和腐败案件所揭示的中国特色治理难题的困扰。中国的银行系统虽然在逐步改善，但尚未脱离险境，银行业的脆弱也成为中国宏观经济稳定、长期增长所面临的最大威胁。

评估中国银行的财务状况一直很难，信息披露不全面、会计标准值得质疑、会计处理不一致等都是障碍。虽然有一段时间，政府正确地将银行坏账作为重点进行处理，但迄今为止，都没有可靠的坏账估测数据披露，令人难以判断坏账问题的实际规模。

主要原因恐怕可以归结为对坏账的定义。很长时间以来，中国采用一种过时的、四级贷款分类法,即正常、逾期、呆滞、损失四类。根据这种分类方法,1998年官方统计的坏账比率为26%①,当时就被私营部门的经济学家广为质疑。鉴于当时银行业的所有借款人几乎全是国有企业,它们采用自下而上的方法考察国有企业的整体低迷财务状况,由此得出的数据明确显示政府大大低估了银行坏账问题的严重程度。

绝大多数中国银行机构现在已经抛弃了这种过时的四级分类法,采用更贴近国际标准的五级分类法,对贷款质量进行更加严格的评估和监控。央行数据显示,按照新标准核算的不良贷款比率为22.3%(2002年9月)。但问题是,这五年来,不论是中央银行还是商业银行都没有持续披露按照新旧标准核算的不良贷款估测数据。四大国有商业银行截至2001年年底按照新标准核算的不良贷款比率大体在19%—29%之间,但没有任何一家银行用新标准重新核算以往数年的贷款,这样就很难监督新旧标准转换期间坏账的变化情况了。

中央银行披露的数据显示,截至2001年年底,按照旧标准核算的四大国有商业银行不良贷款比率为25.4%,这是1999—2000年间剥离不良贷款之后四大国有商业银行的平均资产质量状况。总额1.3万亿元的不良贷款占到当时四大银行未偿还贷款总额的18%。也就是说,如果没有向资产管理公司剥离这笔不良贷款,四大银行截至2001年年底的总体不良贷款比率应该是37%。那么,或者是1998年(不良贷款剥离前)时公布的26%的不良贷款比例被大大低估了;或者更可怕,说明剥离之后不良贷款继续快速增加。央行以新标准核算的四大银行截至2001年年底不良贷款比率为29.4%(见图1)。如果加上被剥离的不良贷款,以新标准核算的当时的不良贷款比率将达到惊人的47%。

除了民生、浦发、深发展和招商这四家上市银行之外,绝大多数国内银行(也包括四大银行)都是自行编制财务报表,而不依赖外部审计公司进行独立的贷款审核和审计。鉴于普遍缺乏透明度和会计核算及报告标准不严,这些自行核算的不良贷款估测数据所能获得的公众信任度较低。

几乎可以肯定,官方数据仍然低估了实际的不良贷款比率。独立学术

---

① 央行行长戴相龙在1998年3月全国人民代表大会上的发言。

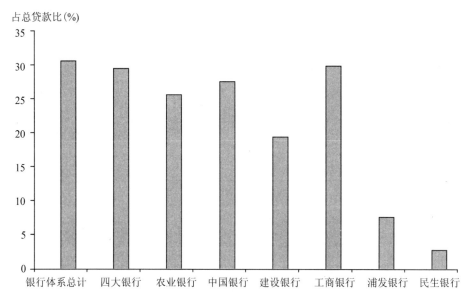

图 1　中国不良贷款比率——全国平均数据和部分银行具体数据

注：按新标准核算的截至 2001 年年底不良贷款比率不包括农业银行数据，该行仍沿用旧有的四级标准。
资料来源：央行、公司报告、高盛估测。

机构和私营部门经济学家估测的数据要高出很多，从 30% 到最高 50% 不等。根据以更严格的新标准对广东和海南等分行进行的贷款审核结果（由国际货币基金组织和普华永道等专业机构协助，并采用自下而上的分析方法考察样本借款人——通常都是国有企业——的营运收入），我们对四大银行不良贷款比率的最好估计是 40%（不包括 1999—2000 年间的剥离）。

政府为四大银行制定了不良贷款比率每年降低 2—3 个百分点，到 2005 年降至 15% 的量化目标。但如果没有一套前后一致的、可靠的标准来衡量不良贷款及其动态变化的话，这个目标也就毫无意义。

不论具体数据如何，几乎没人会否认中国银行体系问题的严重程度。如图 2 所示，只有亚洲金融危机期间的印度尼西亚和泰国的不良贷款比率达到或超过了中国内地。而且，危机所及国家和地区已经各尽所能在不同程度上将不良贷款比率降至可持续水平，而中国内地处置坏账的系统性努力才刚刚开始。银行业困境如此之大，以至于银行业改革成为中国面临的艰巨挑战。

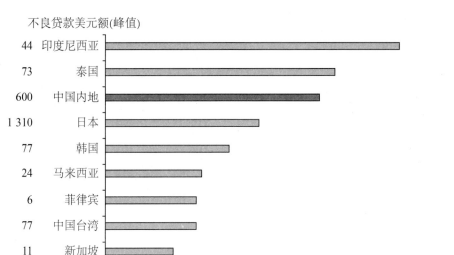

图2 中国不良贷款比率居世界前列

资料来源:高盛估测。

2. 小步前进

好消息是,中国已经朝着正确的方向采取了一些令人鼓舞的举措。政府不再否认和推延,而是从1998年开始启动了银行业改革计划。通过部分注资、不良贷款剥离、资产出售、债务重组、冲销,以及强化信贷评估和风险管理系统的初步举措,成功避免了银行业的全面危机并维持了公众信心。

1998年向四大银行补充资本金2700亿元之后,政府试图制定一套成本可控的全面改革方案。处理不良贷款的战略中心就是成立专门处置坏账的资产管理公司。如上所述,四大银行按面值向这些资产管理公司剥离了1.3万亿元的坏账,换得资产管理公司发行的由财政部担保的公司债券。这一措施暂时缓解了四大银行的财务负担,并改善了其资产负债结构。四家资产管理公司成立以来,通过债转股、债务重组,以及贷款收账等方式回收坏账。但是,除了与几家大型国有企业高调达成几宗债转股交易之外,新成立的四家资产管理公司与其说是有效的坏账清理机构,不如说是坏账存放机构。

但无论如何,自从华融资产管理公司2001年年底率先展开不良资产拍卖以来,向国内外投资者出售资产的交易就开始积蓄动力。高盛、龙星以及摩根士丹利等国际机构首次受邀积极参与竞购中国的坏账。有经验丰富的外国投资者参与的公开拍卖和结构性交易有助于中国不良资产二级市场从零起步。但政府应该尽快制定监管条例和相关政策,促使国内外投资者保持参与中国不良贷款处置交易的兴趣。

截至目前,这四家资产管理公司实现了平均30%的贷款回收率,成绩斐然。但今后这个比例很可能下滑,因为已经收回的贷款通常都是最容易收回的——"低垂的果实"。越往后,不良贷款越难回收,最终的资产回收率可能会大大降低。

低回收率本身并不代表银行业改革的失败。资产管理公司在处置不良贷款过程中的种种努力会带来一系列无形的好处。尤其值得一提的是,这将对中国的信用文化产生积极的影响。债权人收回与重组贷款的种种努力,将对违约拖欠的借款人产生压力,可以强化债务人履行债务的意识,打破几十年计划经济中形成的国有企业视国有银行贷款为"免费资金划拨"无须偿还的传统。

世界上许多国家处置不良贷款进展缓慢的主要原因都是政治上的阻力。由政府出资设立的资产管理公司等机构很容易被指控为向国内外的"兀鹫基金"廉价出售国有资产。另外,迅速回收贷款也会导致破产企业数量和失业率增加,引发更大范围的社会和政治风险。令人欣慰的是,中国政府迄今为止一直以务实的态度,允许按照市场清算价格处置坏账。

不过,中国的法律制度尚不健全、破产和追索权程序效率偏低、不良资产二级市场缺乏流动性,这些都是解决不良贷款问题难以逾越的障碍。除了资产管理公司已经接管的坏账之外,四大国有银行、二级股份制银行和小型城市银行等存款储蓄机构的账面上还停留着大量不良贷款,更不用说已经日暮西山的农村信用合作社了。清理高达6 000亿美元的坏账仍然是中国的棘手问题。

为加快处置不良贷款的进程,政府调整了税收政策,向增加贷款拨备和冲销(见图3)的做法倾斜。但不良贷款的庞大规模,意味着银行如果单纯依赖自身经营利润,将会花费太长时间才能有望消化历史包袱。

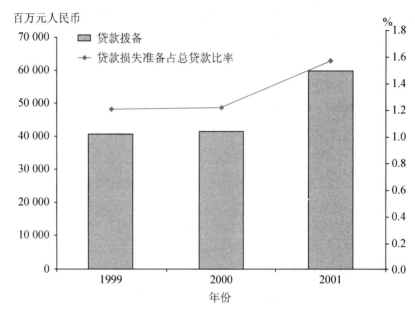

图3　四大银行增加贷款拨备

注：贷款拨备仅包括中国银行、建设银行和工商银行数据。农业银行贷款拨备数据不详。贷款损失准备金占总贷款比率为四大银行数据。

资料来源：央行、公司报告、高盛估测。

也许截至目前最令人鼓舞的进展就是新增贷款平均质量透出暂时好转的迹象。政府减少对贷款决策的干预、对信贷风险的认知有所提高、问责管理制度的强化，最重要的则是对国有企业放贷标准趋严，以及通过按揭和消费贷款扩大的私人和居民贷款业务，都提高了人们对"流量"问题（即新增贷款质量）的控制已经有所加强的期待，尽管大量积累的历史坏账存量仍悬而未决。举例来说，作为中国最大银行的中国工商银行，其报表显示新增贷款的不良贷款比率低于1%。即使随着新增贷款的"熟化"，这个比例有可能提高，但总体而言，资产质量问题不太可能恶化到以往那样严重的程度，因为：(1)新增贷款更多是居民房屋按揭贷款和消费贷款，而不像以往那样以国有企业商业贷款为主；(2)新执行的信贷审核程序将贷款申请/客户营销职能与集中化贷款审批分离开来；(3)风险管理系统略有好转。

作为中国银行业改革战略的关键部分，政府一直在积极推动大型国有银行的股份化改制与上市进程。中国主要的外汇银行和四大银行之一的中国银行在全球股市极为艰难的情况下成功将其香港业务上市。在经过历时长久的内部重组和公司治理以及管理层调整之后,这项成功的首次公开发行交易帮助中国银行强化了股本基础,为发展成为治理更完善、更有全球竞争力的银行打下了坚实的基础。重要的是,这宗里程碑式的交易为中国大型国有银行的民营化开辟了道路。中国政府有望在未来2—5年内加速大型金融机构的民营化进程。

3. 入世后银行业开放：是忧或喜？

中国加入世界贸易组织的长达十五年的谈判终于在2001年11月多哈部长级会议期间结出硕果,入世成为中国转型为自由市场经济体的重要里程碑。全面的贸易和市场开放政策将给中国的现代化以及融入世界经济圈的进程带来巨大影响。

作为入世承诺的一部分,中国将开放国内银行市场,迎接外资竞争。花旗银行、汇丰银行和渣打银行等外资银行将在中国入世两年后获准向企业客户提供人民币业务,并于中国入世五年后获准提供零售银行服务(例如存款、住房抵押贷款、信用卡和消费贷款)。换言之,中国银行业将在2007年之前全面放开。

随入世而涌入的外资竞争无疑将给受困于累累坏账的国内银行带来极大压力。但银行业逐步有序的开放非但不会引发国内银行业危机,反而有助于国内银行业通过技术转移、引入新产品和服务以及风险管理专业知识来不断增强自身实力,从而提高中国银行业的整体服务标准与效率。

中国政府一直鼓励外资战略性入股国内银行。汇丰银行收购了上海银行10%的股权;美国投资基金新桥资本收购了A股上市银行深发展的控股权,不但成为该行最大的股东,还获得了管理控制权。民生银行、浦发银行、交通银行等其他银行也纷纷探索与外资达成战略合作的机会。而四大国有银行则专注于内部重组,来提升其资产负债实力、运营能力、信贷评估和风险管理水平。我们相信,如果这些大型银行能在入世时间表提供的五年过渡期内重组成功,就能在日益扩大的国内银行业市场把握与大型外资银行一争高低的大好时机。

事实上,外资银行准入未必是中国银行业的"死期",因为中国国内市场蕴涵着极大的增长潜力。即使在最乐观的情形下,预计外资银行在未来十年内最多能将其市场份额提高到10%左右。显然,中国国内银行完全能够牢牢维持在国内市场的主导地位。现在的关键在于中国能否推进一场快速而成功的改革。否则,无论有没有外资的竞争,国内银行都很难继续生存下去。

4. 发生银行危机的概率很小

虽然中国银行体系继续面临一系列基本面难题,但我们相信,爆发全面危机——大量银行破产、波及整个经济体系的信贷紧缩——的可能性还是很小。国家对大型银行的所有权、充沛的流动性、高国内储蓄率、巨额外汇储备,更重要的是中国快速发展的经济带来的大量有盈利前景的新增贷款机会,都有助于降低银行业全面崩溃的风险。中国仍然能够有条不紊地处理银行业难题,而不必在危机中慌乱应对。

迄今为止,中国政府采取的种种措施虽然未能根本扭转银行体系,但还是有效维持了公众信心。虽然我们认为国有属性是中国银行业困境的根源,但令人啼笑皆非的是,每一次困境期间,正是这一国有属性为成千上万的个人储户提供了安全和信心的保障。不论是与非,人们都相信国有银行绝不会破产,居民储蓄有着或明显或隐含的政府担保,不会有损失之虞。

公众的信心和高储蓄率导致存款增幅远远超过了贷款增幅,银行得以积累了大量流动资金,也为抵御冲击准备了足够的缓冲(见图4)。

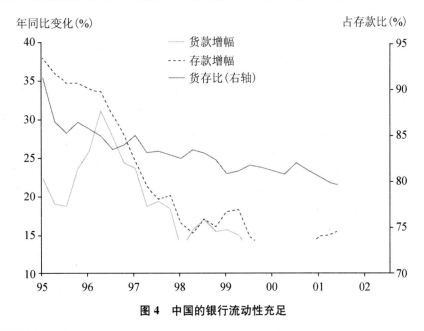

图4 中国的银行流动性充足

资料来源:CEIC。

许多国家,尤其是新兴市场国家,近些年都经历了所谓"双重危机"——银行业危机加上货币危机,其导火索在于经常账户严重失衡、外债(尤其是短期外债)高企、银行业脆弱、信贷大规模错配,以及外汇储备严重不足。中国则恰好相反,对外收支状况异常出色、经常账户持续盈余、外商直接投资大量流入、外债适度,最值得一提的就是高额外汇储备(截至2002年9月底达到2 580亿美元)。

中国经济充满活力,构建了有利的银行经营环境。强劲的经济增长势头催生了对银行贷款的旺盛需求。新兴私营企业、在华跨国公司,以及居民的信贷需求都很强劲,为银行提供了有盈利前景的新增贷款机会,违约风险总体上低于传统国有企业贷款。住房按揭贷款是一个亮点,随着城市居民自购住房势头的兴起和发展,近几年住房按揭贷款迅猛增长。工商银行成为中国最大的按揭贷款银行,短短四年内住房贷款激增32倍,占到工商银行放贷总额的8%。为中国经济最有活力的部分提供更多贷款,虽然不太可能帮助这些银行走出泥淖,但无疑会为银行的重组和振兴提供喘息之机。这也许就是中国和日本都在困境中挣扎的银行业之间最大的差别。

这些因素——国有属性引发的公众信心、充沛的流动性、巨额外汇储备,以及大量新增高质量贷款的机会——都将有助于中国银行业摆脱最坏的梦魇。除非宏观经济意外逆转,否则中国应该能够在这五年内避免银行业全面危机的爆发。

5. 政府在银行业改革中的主导地位

但这并不意味着中国就能轻而易举地摆脱银行业困境。尽管具备种种有利条件,我们也不能希冀银行能自行解决坏账的难题。中国政府在动用财政资金为银行注资方面的态度似乎不太积极,担心政府援手会减少银行自行解决不良贷款的积极性,可能会引发"道德风险"。

但政府的消极无为将妨碍银行不良贷款的迅速解决,延长银行业的困境期。对"道德风险"的担忧自有道理,但中国的不良贷款规模太过庞大,时间也太紧迫,政府不能寄望于这些银行能自行解决这一难题。如表1所示,四大银行目前自有股本加贷款损失准备金只能覆盖40%的坏账。换句话说,这些银行从技术角度讲已经资不抵债了。依靠它们自己冲销坏账恐怕不现实。政府迟早都要插手,如果不是挑起整副担子的话。

表1 银行自有股本和贷款损失准备不足以弥补潜在的不良贷款损失

单位:10亿元人民币

	四大银行	所有存款机构
股本	655	766
贷款损失准备	117	179
不良贷款(不包括资产管理公司)	1 931	3 679
剥离给资产管理公司的贷款	1 394	1 394
合计	3 325	5 073
贷款损失准备占不良贷款的比重(不包括资产管理公司)	6.1%	4.9%
贷款损失准备占不良贷款的比重(合计)	3.5%	3.5%
股本加贷款损失准备占不良贷款的比重(不包括资产管理公司)	40.0%	25.7%
股本加贷款损失准备占不良贷款的比重(合计)	23.2%	18.6%

注:截至2001年年底。

资料来源:央行、高盛预测。

由于银行业困境通常会给整体经济带来系统性影响,政府和有关监管机构往往都会主动推进行业改革,而纳税人则要承担大部分成本。即使在以私营金融机构为主的市场经济国家也是如此。

对中国而言,四大银行是国家所有,坏账的主要源头也是以往银行作为准财政机构为政府公共投资项目服务提供的资金,或者代表政府为拯救亏损国有企业发放的贷款。所以,政府在清理银行坏账方面承担主要职责也顺理成章。

6. 估算银行重组成本

因此,银行业难题现在成了财政难题,至少从融资角度来看是这样。

首要工作是准确掌握政府预算可能要承担的成本。由于不良贷款的准确数额难以确定,不论是最初还是最高的不良贷款额度都无法准确估量,回收率也难以预料,那么合理的做法就是先确立不同的情形,然后估算每一种情形的相关成本(见表2、表3)。

表 2　银行重组成本估算——四大银行注资需求

不同假设(10亿元人民币)			
情形	最好	中间	最差
资本/损失准备：			
股本(截至 2001 年年底)	665	665	665
贷款损失准备	130	130	130
合计	**795**	**795**	**795**
注:贷款损失准备率(%)	1.6	1.6	1.6
注:股本/总贷款(%)	8.2	8.2	8.2
总贷款(截至 2002 年第三季度)	8 112	8 112	8 112
×最高不良贷款比率(不包括资产管理公司)	23	40	50
=不良贷款总额(不包括资产管理公司)	1 866	3 245	4 056
×假设不良贷款损失比率(%)	50	70	90
贷款损失估算(不包括资产管理公司)	**933**	**2 271**	**3 650**
1. 不良贷款损失后资本盈余(缺口)	(138)	(1 477)	(2 856)
(10亿美元)	(16.7)	(178.4)	(344.9)
盈余(缺口)占国内生产总值比(%)	−1	−14	−28
满足最低资本充足率所需注资额度			
总贷款,拨备后	7 982	7 982	7 982
必要最低资本充足率(贷款的 8%)	639	639	639
减：目前盈余资本	?	?	?
2. 等于：必要新资本(本币)	**639**	**639**	**639**
(10亿美元)	**77.1**	**77.1**	**77.1**
3. 充实银行资本总成本(1+2)(本币)	**777**	**2 115**	**3 494**
(10亿美元)	**93.8**	**255.5**	**422.1**
占国内生产总值比(%)(不包括资产管理公司)	**8**	**21**	**34**
向资产管理公司剥离的贷款	1 394	1 394	1 394
假设不良贷款损失率(%)	50	70	90
4. 资产管理公司的贷款损失估算	**697**	**976**	**1 255**
(10亿美元)	**84.2**	**117.9**	**151.6**
占国内生产总值比(%)(资产管理公司)	**7**	**10**	**12**
5. 充实银行资本总额＋资产管理公司贷款损失 (3+4)(本币)	**1 474**	**3 091**	**4 749**
(10亿美元)	**178.0**	**373.4**	**573.6**
占国内生产总值比(%)	**14**	**30**	**46**

资料来源：央行报告、CEIC、高盛预测。

表3 银行重组成本估算——整个银行系统注资需求

不同假设(10亿元人民币) 情形	最好	中间	最差
资本/损失准备:			
股本(截至2001年年底)	766	766	66
贷款损失准备	202	202	202
合计	**968**	**968**	**968**
注:贷款损失准备率(%)	1.6	1.6	1.6
注:股本/总贷款(%)	6.1	6.1	6.1
总贷款(截至2002年第三季度)	12 640	12 640	12 640
×最高不良贷款比率(不包括资产管理公司)	23	40	50
=不良贷款总额(不包括资产管理公司)	2 907	5 056	6 320
×假设不良贷款损失比率(%)	50	70	90
贷款损失估算(不包括资产管理公司)	**1 454**	**3 539**	**5 688**
1.不良贷款损失后资本盈余(缺口)	(485)	(2 571)	(4 720)
(10亿美元)	(58.6)	(310.6)	(570.1)
盈余(缺口)占国内生产总值比(%)	−5	−25	−46
满足最低资本充足率所需注资额度			
总贷款,拨备后	12 438	12 438	12 438
必要最低资本充足率(贷款的8%)	995	995	995
减:目前盈余资本	?	?	?
2.等于:必要新资本(本币)	**995**	**995**	**995**
(10亿美元)	**120.2**	**120.2**	**120.2**
3.充实银行资本总成本(1+2)(本币)	**1 480**	**3 566**	**5 715**
(10亿美元)	178.8	430.8	690.3
占国内生产总值比(%)(不包括资产管理公司)	14	35	56
向资产管理公司剥离的贷款	1 394	1 394	1 394
假设不良贷款损失率(%)	50	70	90
4.资产管理公司的贷款损失估算	**697**	**976**	**1 255**
(10亿美元)	84.2	117.9	151.6
占国内生产总值比(%)(资产管理公司)	7	10	12
5.充实银行资本总额+资产管理公司贷款损失(3+4)(本币)	**2 177**	**4 542**	**6 969**
(10亿美元)	263.0	548.6	841.9
占国内生产总值比(%)	21	44	68

资料来源:Central Bank Bulletins、CEIC、高盛预测。

在基准情形下,我们假设不良贷款比率最高为40%,不良贷款回收率为30%。考虑目前的股本和贷款损失准备金,政府为四大国有银行冲销贷款损失、补充满足最低监管标准的必要资本金,需要拨付3 730亿美元,占2002年国内生产总值的30%。若财务重组覆盖国内所有存款机构,则需5 490亿美元,占2002年国内生产总值的44%。银行重组的财政成本无疑是惊人的。

由于官方不良贷款数据通常都被大大低估,我们取最低值,即央行对四大银行截至2002年9月不良贷款比率的估测23%,加上回收率50%的乐观预测,就构成了我们的"最佳情形"框架。对四大国有银行而言,需要政府提供总计1 780亿美元的援助,占2002年国内生产总值的14%;对所有存款机构而言,政府援助总额则为2 630亿美元,占2002年国内生产总值的21%。即使是最佳情况,这项数据也不容乐观。

至于"最差情形":不良贷款比率最高可达50%,回收率仅为10%。则四大国有银行所需政府援助5 740亿美元,占2002年国内生产总值的46%;所有存款机构援助所需,占2002年国内生产总值的比率高达68%。这一数字将令人瞠目结舌。

不管哪种情形,都意味着彻底清理中国银行体系坏账和充实资本金的确成本浩大。

7. 政府能否承担银行重组成本?

政府必须承担银行重组的成本,这已经在所难免。不过很多投资者和经济学家,不论是国内还是国外,都在担心如此庞大的负担会给中国中长期政府财政带来何种影响。

但是,评估中长期财政可持续性的工作又被中国的利率前景和国内生产总值增幅前景不明所困扰。这些变量都会受到银行业状况的内生影响。银行体系脆弱会导致过度的信贷紧缩、通货紧缩、利率攀升,又可能导致实际国内生产总值增幅低于增长潜力有望实现的增幅。显然,与高速发展的经济形势相比,经济低迷期间的银行业重组成本更高、财政负担也更重。

把我们的模拟分析简化一下,将"基准情形"与趋势线上的国内生产总值增幅和逐步下降的真实利率相匹配,将"最佳情形"与高于趋势线的国内生产总值增幅和迅速下降的真实利率相匹配;将"最差情形"与低于趋势线的国内生产总值增幅和逐步上涨的真实利率相匹配。然后假设银行业改革前五年初始财政赤字占国内生产总值的比例等于过去五年的平均值;也就是说,假设到 2007 年之后,政府不采取任何重大财政调整措施,例如削减政府开支或增税。国有企业盈利不佳,向快速增长的私营企业征税所面临的难题一时也难以解决,意味着政府很难依靠税收收入为银行重组项目提供资金,至少在中短期内会是如此。所以,我们假设政府主要借助债务融资手段。

表 4 和表 5 表示模拟分析的假设和公共债务受到的整体影响。表 4 显示如果银行重组一年内(2003 年)完成,政府的公共债务概况。表 5 假设重组成本在 2003—2007 年间平均分摊,通过长期国债筹集等额资金,按年冲销坏账并充实银行资本金。

表 4　中国银行业重组和公共债务状况(一)

假设成本在 2003 年一年内发生

	单位	2002	2003	2004	2005	2006	2007	2008	2009	2010	2011	2012
1.中间情形												
银行重组成本	10 亿元人民币		4542									
总债务/国内生产总值	占国内生产总值比%	30.3	72.4	71.5	70.6	69.8	69.0	66.4	63.9	61.5	59.2	57.0
假设												
真实利率	%	4.0	3.5	3.0	3.0	3.0	3.0	3.0	3.0	3.0	3.0	3.0
实际国内生产总值增幅	%	8.0	7.2	7.0	7.0	7.0	7.0	7.0	7.0	7.0	7.0	7.0
2.最佳情形												
银行重组成本	10 亿元人民币		2177									
总债务/国内生产总值	占国内生产总值比%	30.3	50.7	50.4	49.7	48.5	47.4	44.5	41.9	39.4	37.0	34.8
假设												
真实利率	%	4.0	3.0	3.0	2.5	2.0	2.0	2.0	2.0	2.0	2.0	2.0
实际国内生产总值增幅	%	8.0	7.2	7.5	8.0	8.5	8.5	8.5	8.5	8.5	8.5	8.5

续表

假设成本在2003年一年内发生

	单位	2002	2003	2004	2005	2006	2007	2008	2009	2010	2011	2012
3. 最差情形												
银行重组成本	10亿元人民币		6969									
总债务/国内生产总值	占国内生产总值比%	30.3	94.6	94.6	95.5	97.3	99.1	99.1	99.1	99.1	99.1	99.1
假设												
真实利率	%	4.0	4.0	4.5	4.5	5.0	5.0	5.0	5.0	5.0	5.0	5.0
实际国内生产总值增幅	%	8.0	7.2	6.5	5.5	5.0	5.0	5.0	5.0	5.0	5.0	5.0
注：												
初步财政赤字		2.5	1.8	1.8	1.8	1.8	1.8	0.0	0.0	0.0	0.0	0.0

注：假设银行业改革期间通胀率为零。

资料来源：高盛预测。

表5　中国银行业重组和公共债务状况(二)

假设成本在2003—2007年间平均分摊

	单位	2002	2003	2004	2005	2006	2007	2008	2009	2010	2011	2012
1. 中间情形												
银行重组成本	10亿元人民币		908	908	908	908	908					
总债务/国内生产总值	占国内生产总值比%	30.3	39.4	47.4	54.6	61.1	67.0	64.5	62.0	59.7	57.5	55.3
假设												
真实利率	%	4.0	3.5	3.0	3.0	3.0	3.0	3.0	3.0	3.0	3.0	3.0
实际国内生产总值增幅	%	8.0	7.2	7.0	7.0	7.0	7.0	7.0	7.0	7.0	7.0	7.0
2. 最佳情形												
银行重组成本	10亿元人民币		435	435	435	435	435					
总债务/国内生产总值	占国内生产总值比%	30.3	34.9	38.9	42.2	44.6	46.6	43.8	41.2	38.7	36.4	34.2
假设												
真实利率	%	4.0	3.0	3.0	2.5	2.0	2.0	2.0	2.0	2.0	2.0	2.0
实际国内生产总值增幅	%	8.0	7.2	7.5	8.0	8.5	8.5	8.5	8.5	8.5	8.5	8.5

续表

假设成本在 2003—2007 年间平均分摊

	单位	2002	2003	2004	2005	2006	2007	2008	2009	2010	2011	2012
3.最差情形												
银行重组成本	10亿元人民币		1394	1394	1394	1394	1394					
总债务/国内生产总值	占国内生产总值比%	30.3	43.9	56.8	69.3	81.9	93.9	93.9	93.9	93.9	93.9	93.9
假设												
真实利率	%	4.0	4.0	4.5	4.5	5.0	5.0	5.0	5.0	5.0	5.0	5.0
实际国内生产总值增幅	%	8.0	7.2	6.5	5.5	5.0	5.0	5.0	5.0	5.0	5.0	5.0
注:												
初步财政赤字		2.5	1.8	1.8	1.8	1.8	1.8	0.0	0.0	0.0	0.0	0.0

注:假设银行业改革期间通胀率为零。

资料来源:高盛预测。

图 5 和图 6 的结果表明,中国政府为银行业改革提供资金支持,会令政府财政状况恶化,但不会演变成严峻的财政危机。

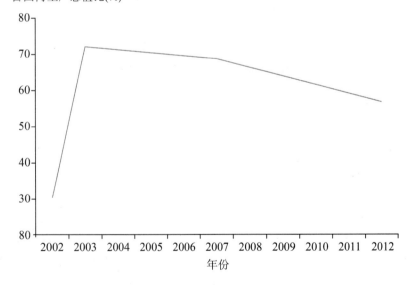

图 5 中间情形——公共债务状况(一)

资料来源:高盛预测。

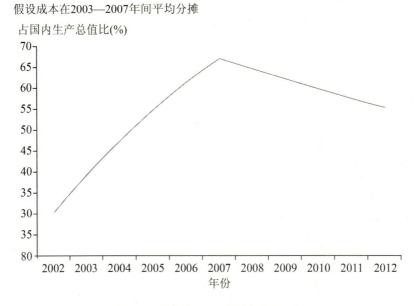

图 6 中间情形——公共债务状况（二）

资料来源：高盛预测。

"基准情形"如图 6 所示，至 2007 年公共债务占国内生产总值的比例在 2002 年年底 30% 的基础上上涨一倍多，达到 67%。但在 2007 年达到顶峰之后，比例开始下降，意味着公共债务占国内生产总值比具有可持续的趋势。这项分析结果为政府主导银行业改革提供了支持，也化解了人们对改革负担过于沉重，引发类似阿根廷和巴西的财政危机的担忧。

到目前为止，我们还没有讨论潜在的公共养老金债务问题。政府养老金债务的估算极为敏感，关系到人口年龄构成、养老金收入替代目标，以及目前正在推进的养老金改革的模式，等等。世界银行和其他机构对中国养老金债务占国内生产总值比例的估算从 30% 到 80% 不等。我们最乐观的估算是国有部门养老金缺口占国内生产总值的 65%。如果在图 6 所示的公共债务占国内生产总值最高值上加上这项数据，那么综合公共债务占国内生产总值的比例则高达 132%。

这无疑是个高比例，但用国际标准衡量也并非反常。由图 7 可知，如果计入养老金缺口，包括日本在内的许多经合组织国家的潜在公共债务也远远超过了国内生产总值。中国面对的财政压力并不比世界其他国家高出很多。实际上,考虑到中国政府现有国有资产规模和民营化的潜在收入,中国的财政压力其实还较为轻松。更何况中国还有远高于世界平均水平的国内生产总值增长前景。

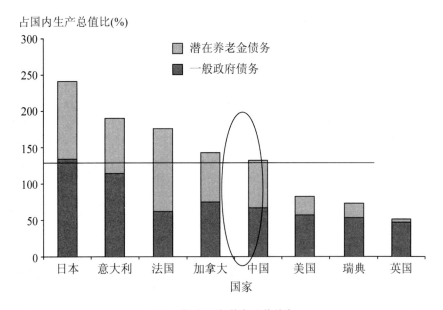

图7　部分国家潜在公共债务

资料来源:经合组织、国际货币基金组织、高盛预测。

总而言之,中国银行业改革的成本虽然庞大,但完全可以承受,中国的中期财政前景并不像人们普遍担心的那么严峻。

8. 改革路线图

中国政府显然已经认识到国内银行业的严峻形势,并从1998年开始启动改革,但到目前为止,收效有限。截至目前,中国取得的最大成就是抑制了银行业问题的进一步恶化,从而维护了公众信心。赢得这一短暂的金融稳定局面,中国就赢得了继续推进改革的宝贵时机。

但时不我待。虽然入世时间表为国内银行面对外资竞争提供了五年宽限期,但中国必须在这五年内积极处理高额不良贷款,充实银行资本,为国内银行奠定一个坚实的财务基础。

快速处置不良贷款并充实资本需要大量新的公共资金,无疑会给中国的财政状况增添压力。但我们相信,中国有能力动用足够的资源,满足银行业改革所需的财政资金。建立一套健全的银行体系还需要在所有权、管理层、透明度、信贷文化,以及公司治理方面作出重大改善。国有银行财务重组与股份化则是改革的重点。

为避免今后爆发银行危机,中国必须强化银行监管标准,并按照更严格的贷款分类标准执行全面彻底的贷款审核。要实现对信贷风险的有效定价,中国还应该加速利率市场化。

中国的银行业改革是在与时间赛跑。尽管政府承诺推进银行业改革,但我们认为目前的计划并不足以在一个大大压缩了的时间框架内彻底解决银行业的难题。中国面对的真正威胁未必是一场全面的银行业崩溃,或者说遭遇许多周边国家在亚洲金融危机期间的灾难,而是不要重蹈日本拖延改革的覆辙,错失良机,最终给整个金融与经济体系带来更大的打击。

中国的银行业改革不应该"摸着石头过河",而是要断然采取大手笔的措施——用更加积极、更加全面、更加快速的改革战略取代截至目前的小步慢走。快速推进的银行业改革对中国的长期持续发展来说至关重要。

本文系笔者与享利·保尔森共同撰写,英文原文载于 Frank Riter and Pamela Mar eds., 2003, *China's Economic Revolution*, Wiley and Sons. New York。

全球危机中的中国金融体系:机遇与挑战

美国次贷危机引发全球金融风暴,其冲击波蔓延整个实体经济,并对全球金融体系造成严重影响。中国经济由于高度依赖出口,也受到冲击。不过,中国的金融业,曾长期被视为中国充满活力的经济体中最脆弱的一环,却在此次全球危机中基本安然无恙,表现出显著的稳定性。的确,在当前全球环境下,金融业的稳定和健康,已经使中国超乎同侪,包括美国、欧洲以及其他新兴市场国家,如俄罗斯等。

正当许多西方金融机构被"毒性"资产困扰,陷入流动性紧缩与资本金短缺的窘境时,中国的银行、保险公司和券商却因健康的资产负债状况而自豪,其资本充足、资产质量良好、盈利表现令人瞩目。中国银行体系平均贷款存款比率为60%,流动性充裕,融资活跃。按市值计算全球前十大银行中,现在至少有三席为中国的银行所占据,它们是中国工商银行、中国建设银行以及中国银行。中国人寿和中国平安如今也跻身全球最大保险公司行列。中国工商银行2008年净利润估计为160亿—180亿美元,无疑是该年度世界上最赚钱的金融机构。

这些成就反映出过去十年来,金融改革成功使中国银行业摆脱困境,根基更加稳健。但是,中国没有任何理由满足于现状。如果中国经济下滑的速度和时间超出预期,金融稳定也将很快面临威胁。中国央行,即中国人民银行(PBOC),连续多次大幅降息,从而可能压缩银行贷款息差,给银行盈利前景蒙上阴影。不良贷款目前还处于低水平,然而,大量出口导向型制造企业在金融危机的影响下,海外订单锐减,陷入经营困境。而且,中国一度火爆的房地产行业也持续走疲,银行不良贷款可能随之增加。中国的保险企业、券商以及基金管理公司,曾经因股市迅速上涨而风光无限,如今面对低迷和疲软的市场气氛,必须开始应对艰难时日。

　　除了短期问题,中国还面临众多中长期挑战。中国金融体系尽管近年来获得长足进步,总体仍然欠发达和低效率。中国银行业一直主要依赖利息收入,业务、资产结构和收入来源比较单一。只有极少数的例外,中国大型金融机构,包括银行、保险公司和券商,都为国有。尽管全球金融危机也引发了西方金融机构暂时的"国有化"浪潮,然而中国对金融业由来已久的政府管控经验显示,国有制在最佳情况下也只会导致好坏参半的结果。政府既是银行的主要控股股东,又是监管者,这种双重角色使其政策目标常常与审慎经营和利润最大化产生冲突。由于政府牢牢掌控董事会,以及比董事会实质权力更大的党委,公司治理标准严重扭曲。大型金融机构高级管理人员向来由党和政府指定,政治考虑高于专业素质要求。而且,银行管理人员薪酬机制与公务人员体系毫无二致,从而难以吸引、激励和挽留最好的人才。因此,中国金融业人力资源严重不足,尤其在高级人才层面。中国金融业的IT基础设施尽管已有飞速进步,但仍是行业发展的主要"瓶颈"。金融体系的风险管理、内部控制和资产负债状况依然存在显著改善空间。中国金融业的监管由四个机构执行,即中国人民银行、中国银行业监督管理委员会、中国证券监督管理委员会和中国保险监督管理委员会,使整个行业面临监管机构分割和协调不一致的问题。尽管西方对金融业的松懈监管和过度创新可能是引发当前全球金融危机的原因之一,然而相信大多数观察家都会同意,中国的问题显然不是监管太少、创新太多,而是监管太多、创新太少。

　　由于中国金融体系由商业银行主导,资本市场在资本形成和经济增长中只扮演次要角色。中国国内股票市场市值目前约为2.2万亿美元,占GDP的55%。国内已发行债券总价值约为2.6万亿美元,占GDP的68%。相比之下,中国银行业总资产超过8.7万亿美元,占GDP的200%。2008年,新发行公司股票和债券总计1 120亿美元,其中股票融资480亿美元,不足当年银行发放信贷量的五分之一。即使考虑到2008年资本市场异常艰难的状况,银行信贷作为融资方式的重要性仍远远超过股票和债券。

具有讽刺意味,也最令人不安的是,中国中小型企业,作为中国经济体系中最活力的部分和新增就业的主要来源,仍然面临巨大的融资障碍。同样令人吃惊的是,中国 6 亿农村人口,还未得到足够的金融服务,导致城乡收入差距不断扩大。在中国这个重视社会稳定和政治稳固的国家,城乡收入不平等,已经成为令人担忧的严重经济与社会问题。消费者金融服务也不发达,零售银行业务占中国银行业收入的平均比重不足五分之一。过去十年来,除了抵押贷款业务飞速增长外,中国家庭,即使在城市地区,也很难获得消费者信贷,导致中国消费水平一直增长较慢。显然,如果不对中国金融业发展失衡的现状进行大刀阔斧的改革,中国经济增长依靠出口和投资拉动的模式也难以改变。

不过,中国依然有绝佳机会发展金融业,实现金融现代化。中国拥有世界上最高的储蓄率、最大的外汇储备规模(2 万亿美元),以及良好的宏观经济基本面,从而有能力建立一个运作良好、具备流动性和深度的金融体系,以有效配置资本,推动经济高速发展。

中国银行业过去十年来取得长足进步,已经是全球规模最大的银行业之一,不过,中国银行业还可以在此基础上更进一步,通过调整商业模式、优化资产负债状况、改进营运效率、投资先进资讯设施和风险管理系统等方式,获得资产及股本的可持续高回报。中国银行业的传统优势是公司业务,未来应该谨慎寻求业务多元化,尤其是扩大零售银行业务,为消费者服务。未来几年内,一个健全和充满生机的银行业,将以其规模和支配地位,对中国系统性金融稳定起到关键作用。

中国在继续发展银行业的同时,应该把国内债券市场和股票市场的发展放在首位。现有上市条例过于累赘,行政审批制严重阻碍了企业股票与债券融资以及资本市场的发展,应该简化流程,提高效率,便于更多有发展前景的中国公司上市,尤其是那些飞速发展的中小型企业。中国监管机构应该大力提升金融市场流动性、增加透明度以及提升公司治理水平,以鼓舞投资者信心。尽管全球金融危机爆发,中国也不应当过度推迟向市场推出新产品的原有计划,例如股指期货和融券业务。中国现有商品交易所已经无法满足中国工业化和城市化快速发展带来的需求,必须增加更多期货合约产品,包括气候期货和碳排放交易,以及传统农产品、原油、有色金属和贵金属等相关产品。

由于中国储蓄数额庞大,财富积累飞速,投资管理在金融业中的地位也日益重要。中国投资基金(共同基金)行业近年来迅速扩张,但是,在资产管理水平、规模和能力上都离国际标准有较大差距。其他投资基金或机构,例如包括中国投资有限责任公司(CIC)在内的主权财富基金,以及养老基金、保险和信托公司,也应该在中国新兴的投资管理行业中扮演更积极、更重要的角色。为鼓励和促进创业精神,中国越来越关注国内私募股权投资和风险投资行业(PE/VC)的发展。目前,大部分中国私募股权投资/风险投资基金主要从海外而非从国内投资者手中募集资金,这个局面亟待改变。

就中期而言,中国还需要应对资本账户进一步开放以及与国际金融市场进一步接轨带来的机遇与挑战。目前,人民币在资本账户交易项目下依然不可自由兑换,在一定程度上使得中国银行业免于美国次贷危机的侵袭。所以,在这场大萧条以来最严重的全球金融危机发生后,中国当局对整体金融市场开放,尤其是对资本账户自由化的态度更趋谨慎,情有可原。但是,作为全球第三大经济体和主要贸易国,中国实行严苛的大范围资本管制,罕有先例。中国贸易高度开放,国际资本大量流入,外汇储备大规模累积,币值低估,宏观经济失衡加剧,以及中国企业和家庭在境外资产配置、全球市场投资方面的需求日益高涨,都给中国开放资本账户造成越来越大的压力。中国可以选择用渐进、有序、审慎和可控的方式,主动开放资本账户,而不是进行一场匆忙的、可能具有颠覆性的金融休克疗法。不过,无限期拖延必要的金融改革,对中国而言也是不可承受的"奢侈"。

正在肆虐的全球金融危机可能会给中国提供一个重要机会。中国在很大程度上躲过了危机最严重时的冲击,不过,中国可以认真研究危机,从中吸取宝贵教训。十年前,正是亚洲金融危机促使中国启动银行体系全面改革,迄今成果丰厚。当前的全球金融危机,也可能对中国产生催化剂作用,促使中国进一步深化金融改革,加强风险管理,提高监管水平,维护金融稳定。

未来五至十年将是中国金融业发展的关键时期。中国能否像过去成为全球贸易巨头一样，以同样令人惊叹的方式成长为一个金融大国，将显露端倪。如果中国能抓住为数众多的机遇，并克服不可避免的一些挑战，将有可能成功地建立起一个成熟、完善、稳定，并具有全球竞争力的金融体系，从而在不久的将来成为全世界羡慕与仿效的对象。

本文根据笔者在纽约联邦储备银行2009年国际金融研讨会上的演讲整理而成。

资本账户开放应成为中国下一轮金融改革的重心

在一个开放经济体中,汇率制度、货币政策与资本流动之间存在着一种密切的、相互制约的关系。在固定汇率、独立货币政策与自由资本流动三者之中,人们可以权宜选取其中任意两者的组合,但不能三者同时兼而有之。这一简单的定律,在国际货币经济学入门教科书中,就已阐述得十分清楚。

然而,在现实世界中,政府往往期冀"鱼和熊掌兼得",同时追求几个相互冲突的政策目标。这种幻觉在发展中国家和新兴市场经济国家尤为普遍,导致了许多痛苦的结果。从第二次世界大战末到20世纪90年代后期之间的约半个世纪中,世界上大多数发展中国家奉行了固定或"准固定"的汇率政策,并同时采取严厉苛刻的资本与外汇管制。但是,在这一时期,大多数国家并没有能制定并遵循独立有效的货币政策。相反,货币失控、高通胀,甚至恶性通胀的例子比比皆是。典型的案例是20世纪80年代拉美国家——墨西哥、阿根廷、玻利维亚和巴西等所经历的恶性通胀。

同样令人深思的是,尽管实行了严格的资本管制,不少国家还是"债台高筑",陷入了严重外债与国际收支危机,经历了"货币美元化"(dollarization)和大规模的资本外逃(capital flight)。宏观经济的失衡与金融的不稳定,打击了企业和公众信心,动摇了固定汇率或形形色色挂钩汇率制度的根基。仅在最近的十年间,就有不计其数的国家的固定汇率体系惨遭瓦解,汇率危机在新兴市场经济体中此起彼伏,频频爆发。其中,1994—1995年的墨西哥比索危机和1997—1998年的亚洲金融危机最为触目惊心。

庆幸的是，中国不仅在亚洲金融危机中幸免，而且在加入世界贸易组织后的五年里，维持了强劲的经济增长，奠定了其世界制造大国与贸易大国的地位，其经济成就令世人瞩目。中国之所以能"独秀群芳"，主要归功于过去持续了四分之一世纪的改革与开放。累进的体制改革与对外开放使中国经济逐步摆脱了传统计划经济的桎梏，市场机制渐渐占据了主导地位，同时通过外商直接投资的大量涌入和国际贸易的显著扩张，中国逐渐融入了全球经济体系，成为一个最富活力的重要经济体。

今天的中国经济已越来越多元化、市场化和国际化。中国经济所发生的深刻结构性变化，对传统的金融体系产生了与日俱增的压力。显然，低效而脆弱的国有银行体系和不成熟的资本市场，不仅不能满足快速增长的中国经济对现代金融服务的要求，而且成为中国经济未来可持续发展最大的隐患。中国政府最近几年里通过大规模注资重组、剥离不良贷款、引进国际战略投资者和上市等一系列措施，初步使银行体系化险为夷，取得了阶段性成果。但是，如何进一步深化银行改革，把中国银行体系真正转变为商业化的、稳健的和有效率的现代商业银行，仍是摆在中国面前的尖锐任务。一个同样尖锐和迫切的任务是改革与发展具有先天性缺陷的中国境内资本市场。

中国金融重组改革的终极目标是完全取代计划经济时代残留下来的、继续以政府行政意志和手段分配资源的方式，真正利用市场机制来最大限度地提高资源配置效率。为了实现这个目标，需要全方位的配套改革，包括金融机构股权安排、监管框架、破产机制、信用文化、利率市场化，等等。在开放经济条件下，国家宏观金融制度与政策最关键的改革项目之一是如何理顺货币政策、人民币汇率和资本账户之间的关系。

首先，必须认识到，中国高度开放的经济与资本管制之间形成了日益尖锐的矛盾与冲突。无论是按总贸易额占GDP的比重，还是根据其对国际市场初级商品价格与金融资产价格变化的边际影响衡量，中国都是全球最开放的主要经济体之一。中国目前是仅次于美国与德国的第三大贸易国，并且是吸收FDI金额最大的国家之一。虽然中国于1996年年底接受了国际货币基金组织的第八条款实现了人民币在经常账户下的可兑换，但是中国仍在继续维持广泛的外汇与资本管制。事实上，在目前世界上前十大贸易体中,中国是唯一实行资本管制的国家。中国经常账户的开放在带来经济效率提高的同时,也造成了资本"非法"流进流出的漏洞与渠道。经验表明,贸易开放度越高,资本管制的困难就越大,其有效性随时间而不断递减。中国在1998—1999年间经历的"资本外逃"与近几年来所谓"外资热钱流入过多"的问题,就充分说明了中国的资本管制其实并非"固若金汤"。

其次,中国必须越来越关注资本管制的成本。除了为央行、国家外汇管理局、海关和银行机构等增加了繁重的行政负担外,资本管制扭曲了中国企业和家庭的储蓄与投资行为,降低了资本分配的效率与投资回报率。它还是导致中国金融体系腐败现象累累丛生的主要原因之一。

最后,资本账户开放可以减少不必要的低效的行政干预,从而改善和加强市场机制分配资源的功能。它也伴随着外资金融机构的准入与竞争,帮助增加对境内金融机构的外部压力与市场约束,促使其不断改善自身素质,提高风险管理与经营水平。因此,废除资本管制,是中国二十余年来市场化经济改革的自然延伸,是中国经济趋于成熟和进一步与国际接轨的重要标志。

近几年中国金融领域尤其是银行改革所取得的进展,为中国放开资本账户创造了初步的条件。而 QFII 的成功实施,也大大提升了监管当局和公众对外资进入境内证券市场的接受度。进一步放松中国企业"走出去"的 FDI 资金限制,设立 QDII 等令境内机构与个人投资国际金融市场的合法机制,引进利率、外汇衍生工具与包括石油在内的商品期货,为中国企业、金融机构与在华跨国公司管理风险提供境内外与跨境现代金融产品,将是中国资本账户渐进自由化的合适顺序。

但是,为了从资本账户自由化进程中获得最大的惠利,中国有必要认真检视现行的货币与汇率制度。应当指出,自 2005 年 7 月 21 日起,中国朝着增进汇率灵活性的方向迈出了实质性的步伐。但是,人民币的汇率还没有成为名副其实的"有管理的浮动汇率"。名义汇率的刚性,制约了独立有效的货币政策。在跨境资本流动实质空间逐步扩大、外资强劲涌入、外汇储备激增的形势下,政府希望凭借经典的对冲干预手段,同时达到所谓的汇率"基本稳定"、货币政策自主独立、资本管制渐趋放松的"三重目标",显然是不够现实的。

这种幻觉所带来的短期成本可能是货币信贷失控、经济出现过热、通胀压力上升，甚至出现资产价格泡沫。就中期而言，利率市场化难以真正实现，意味着金融机构不能有效地实行风险定价，难以控制资产质量，从而不能有效降低金融体系的不稳定性。而宏观经济失衡与金融系统的不稳定性迟早将使固定汇率（或所谓"基本稳定"的汇率）难以为继。所以僵硬的汇率与货币政策是中国资本账户自由化的潜在障碍。如果不及时果断地调整，将有可能显著降低资本账户开放的速度，阻碍中国经济从货币完全可兑换中获益，甚至可能触发不少新兴市场国家曾经历过的系统性金融风险。

从中国经济结构转型的大格局考量，尽早实现人民币在资本账户下的可自由兑换是一个值得追求的重要目标。至于人民币是否应当继续与美元挂钩或成为有管理的浮动，应当从属于前者，不能本末倒置。为了保持所谓的"人民币汇率基本稳定"而煞费苦心地延缓必要的资本账户改革，或者引进更变本加厉的措施强化现行资本管制，那就忽视了中国经济结构改革的终极目标所在。如果我们从中国经济市场化和国际化的大思维出发，接受实现资本账户早日开放的重要性和必要性，那么中国有必要加快汇率与货币政策的调整，消除目前这三者之间的矛盾冲突。何时成功实现资本账户自由化的目标，将是检验中国向市场经济制度真正转型和全球化进程中一个崭新的、重要的里程碑。

本文原载于《经济观察报》2006年10月。

人民币在世界经济中的角色

随着中国经济持续以惊人速度扩张,并在全球经济中扮演愈加重要的角色,人民币也日益吸引着全球投资者和政策制定者的关注。笔者将在本文中简要讨论人民币的三个重要问题——近期汇率制度发展方向、中期可兑换性,以及长期国际角色。

一、汇率制度发展方向

2005年7月21日,中国进行了期待已久的汇率制度改革,旨在增加人民币汇率弹性。其后,人民币兑美元平均每年名义升值幅度达到约5%。不过,用贸易加权衡量,人民币兑美元升值幅度几乎可以忽略不计。

未来会发生什么呢？一方面,中国当局对货币快速大幅升值依然持谨慎态度;另一方面,很明显,人民币显著升值的国内外压力在持续增加。就国内而言,中国通胀压力正在上升,而且,同样令人担忧的是,资本市场和房地产市场的泡沫正迅速扩大。与此同时,调整经济失衡,需要中国收紧宏观经济政策,并且促使支出从净出口和固定投资部门向私人消费部门转移。

首先,让我们快速回顾一下中国经济发展的重要成就。毋庸多言,中国经济非常有活力,近几个季度平均实际GDP增长率超过11%。信贷迅速扩张,固定投资和净出口飞快增长,楼市过热,都显示中国经济存在过热的风险。CPI通胀指数几年前还是零,甚至是轻微负数,如今却快速攀升,官方数字已经接近单位数高位水平。笔者怀疑,由于统计方法的问题,官方数据低估了通胀的真正严重程度。例如,官方CPI指数对服务业部门的价格统计很不完善,包括医疗卫生、教育、交通以及住房等相关服务行业。而且,政府对至关重要的燃料和能源商品持续实行价格管制和补贴,也扭曲了官方CPI指数。无论通胀率确切的数字是多少,中国经济的通胀压力正在增加是毫无疑问的。

资本市场和房地产市场过热问题同样令人担心。从市盈率判断,中国股市目前是全球估值最高的股市。中国股市以人民币上市和交易的股票(即A股)为主,并由上海和深圳两大股票市场组成。而且,流动性泛滥和投机狂潮还在继续推升股市,这到一个难以持续的高度。任何旁观者都会承认,中国股票和楼市价格一路狂飙的过程,就是资产价格泡沫的完整演绎。

就总体而言,中国人民银行在这些问题上处理得很好。除了通过"窗口指导"要求银行自我约束放贷行为,中国人民银行还提高利息率,并大幅提升存款准备金率。但是,消费者物价和资产价格的通胀风险依然没有明显降低。

与此同时,中国外贸和经常项目盈余继续膨胀。2006年,中国经常项目盈余占GDP的比重超过9%;2007年,这一数字升至逾11%。中国经常项目的情形之所以独特,不在于其持续保持盈余状态,而在于其盈余规模之巨,尤其是与整体GDP数值相较而言。如果我们回顾第二次世界大战后的历史就会发现,有一些国家,尤其是小型开放经济体,例如新加坡和马来西亚,也曾经在某些年份有过占GDP 10%以上的经常项目盈余,但是大型经济体经常项目的收支差额占GDP的比重往往小得多。德国一直是公认的出口大国,几十年来持续保持经常项目盈余。但是,德国经常项目盈余在高峰期平均也只占GDP的3%—4%,而日本经常项目盈余占GDP的比重平均为2%多一些。相比之下,中国经常项目盈余占GDP的比重超过10%,这是史无前例的。

除此之外,中国经济基本面也吸引了大量外来资本流入。由于央行必须保持人民币名义汇率稳定,资本流入进一步增加了央行利用货币政策进行调控的难度。

中国巨额贸易盈余已经激怒其主要贸易伙伴,尤其是美国和欧盟,并触发了其针对中国的保护主义情绪。人民币币值问题也成为许多批评者攻击的对象。美国国会不断警告,如果人民币不对美元大幅升值,将对中国实施惩罚性关税。由于对欧元独自承担的巨大升值压力不满,欧盟也把关注度转移到人民币身上。尽管造成中国经常项目盈余的根本原因不是汇率问题,而主要是国内储蓄大于国内投资。国际舆论中也有合理的部分,那就是在调整全球经济失衡的一系列政策中,汇率政策是重要组成部分之一。

因此,2005年7月,中国政府扩大了人民币交易区间。此后,升值压力进一步增加。中国当局原则上应该会尽力抵制这种升值压力,以保持出口竞争力。但是,形势发展令人担忧,尤其是通胀压力正在上升,可能迫使中国政策制定者放松对人民币的管制。一个合理预估是,未来12个月以内,在国内外压力加剧的情形下,人民币可能会对美元升值10%以上。

二、货币可兑换性

中国于1996年12月实现了人民币经常项目下的可自由兑换。但是,原本计划在2000年实现人民币资本项目下可兑换的目标却悄悄流产,部分原因是1997—1998年亚洲金融危机后,国内多数意见是质疑资本跨境自由流动的合理性。

事实上,中国要解除资本管制,一直以来最大的障碍都在于脆弱的金融体系,尤其是混乱的银行业。不过,2003年起,中国对银行系统进行了全面改组和整顿,并取得巨大成功。中国银行在资本充足率、资产质量和盈利能力上,都有显著改善。

因此,社会公众和投资者信心也得到大幅提升。中国的银行如今在世界前十大市值最高银行中占据三席,中国工商银行更是取代花旗集团成为世界上市值最大的银行。这一成就足以令中国自豪。

随着中国银行的内部管控、IT和风险管理持续改善,中国银行业监督管理委员会不断提高审慎监管的水平,资本账户自由化的条件逐步到位。

中国已经启动了QFII(合格境外投资者)和QDII(合格境内投资者)两项试验性项目,在小心控制风险的同时,允许双边跨境组合投资更自由地流动。随着境内资本市场迅速发展,高速增长的中国经济日益渴望与全球经济全面融合,中国解除跨境资本流动管制的准备工作也越来越充分。未来5年,人民币很可能会成为可自由兑换的货币。由于中国经济规模和全球影响力都在不断扩大,人民币可自由兑换后,可能将迅速在世界贸易和金融市场取得显要地位。

三、人民币作为国际货币的角色

货币国际化取决于一系列因素,包括该国经济规模及在全球生产规模总额中所占比重、增长能力、外贸开放程度、对境外投资的开放程度、金融市场发展状况、货币可自由兑换程度,以及宏观经济政策的信誉度。

中国如今已成为世界经济的重要组成部分。就经济规模而言,中国GDP 2006年达到2.7万亿美元,同期美国GDP为13.2万亿美元,欧盟为10.5万亿美元,日本为4.3万亿美元。如果按购买力平价计算,中国当年GDP为7.6万亿美元,美国为11.6万亿美元,欧盟为8.7万亿美元,日本为3.7万亿美元。2006年,中国外贸总额1.8万亿美元,而美国、欧盟和日本分别为3万亿美元、6.8万亿美元和1.2万亿美元。值得一提的是,中国贸易占GDP的比重高达66%,是世界上最开放的大型经济体。与之相比,美国、欧盟和日本的贸易占GDP的比重分别为22%、64%和28%。

中国金融系统的发展也在近年来取得显著进步。作为一个新兴经济体,中国已经成为全球股票市场、政府债券市场、货币和银行体系最主要的组成部分之一。不过,货币未能完全自由兑换,以及国内金融市场处于半封闭状态,极大地限制了中国在全球金融流动中的重要作用。

迄今为止,美元依然是全球贸易中和金融市场上最受欢迎、最主要的货币。美元在全球国际储备中占64%。欧元紧随其后,占26%。目前,人民币作为储备货币而言地位并不高,尽管随着中国贸易伙伴的逐渐增加,尤其是在亚洲周边国家和其他新兴经济体中,越来越多的国家愿意持有人民币作为官方外汇储备资产的一部分。无疑,人民币国际角色的关键制约因素在于资本项目未能自由兑换。

根据我们的模拟模型计算,人民币如果可自由兑换,到2020年,可能会占国际储备的15%—20%。随着中国经济的继续扩张,如果中国能成功实施金融自由化改革,实现人民币完全自由兑换,我们可以期待,人民币将会加入美元、欧元和日元的行列,成为最主要的全球货币之一。

本文系笔者在华盛顿Cato研究所2007年国际研讨会上的演讲。

金融在落实"十二五"规划中的关键作用

中共中央关于制定"十二五"规划的中心指导思想是以科学发展为主题,以加快转变经济发展为主线,深化改革开放,保障和改善民生,巩固和扩大应对国际金融危机冲击的成果,促进经济平稳较快发展和社会和谐稳定,为全面建成小康社会打下具有决定性意义的基础。

所谓小康社会,就是进入世界银行划分的高中等收入国家行列,人均GDP达到8 000—10 000美元的水平。显然,中国过去三十余年改革开放的累积成果、工业化与城市化方兴未艾的大趋势、中产阶级消费层的蓬勃兴起与国内市场的迅速扩大、高国民储蓄率、雄厚的人力资本与中国人民巨大的创业能量,已为中国经济新一轮的腾飞打下了良好的基础,积聚了强大的动能与势能,创造了有利的条件。但是,要达到2020年全面小康社会的目标,中国不能简单重复延续过去三十余年行之有效的发展模式。能源、原材料与初级商品价格的持续上扬,劳工成本的不断上升,汇率的逐渐升值,自然环境不堪负荷的巨大压力,日趋严重的空气与水污染,全球金融危机后世界经济复苏的缓慢步伐与外部需求的疲软乏力,印度、越南、印度尼西亚等大型新兴市场经济体的低成本竞争,等等,都意味着中国劳动密集型的、高消耗高排放的、面向国际出口市场的、传统低端的制造业已经难以为继,从根本上转变中国的经济发展方式势在必行。

邓小平指出,金融是现代经济的核心。国际经济发展经验与中国自身实践证明,一个健康稳定而有效率的金融体系对于一国经济的稳定与可持续发展至关重要。金融体系作为市场化配置资源的主要机制,在贯彻落实"十二五"规划中将发挥重要的作用。

一、宏观经济稳定必须以稳定和有效率的金融体系为条件

"十二五"规划为今后五年确定的经济社会发展主要目标中的第一项就是经济平稳较快发展,价格总水平基本稳定,就业持续增加,国际收支趋向基本平衡。这里包括四个具体的宏观经济指标,即真实 GDP 增长率高,通胀率和失业率双低,国际收支的经常账户基本平衡。为此,"十二五"规划要求加强和改善宏观调控,巩固和扩大应对国际金融危机冲击的成果,处理好保持经济平稳较快发展与调整经济结构和管理通胀预期的关系,保持宏观经济政策的连续性与稳定性,防范各类潜在风险,避免经济大起大落。

"十二五"规划提出要巩固应对全球金融危机冲击的成果。这里说的成果是指在 2008—2009 年的全球金融危机中,中国维持了自身的金融稳定和经济增长。中国银行业在资产质量、盈利能力和市值等指标上优于国际同业。保险、证券和基金业也保持了较好的发展势头。尤其是,在世界经济衰退、出口急剧萎缩的形势下,中国国内生产总值真实增长率超过了8%——高于政府原来预定的目标。中国经济与金融的卓越表现无疑对稳定国内就业,维持消费者和投资者的信心、促进社会和谐安定,产生了巨大的积极影响。中国率先领导全球经济的复苏,也大大提升了中国在国际经济中的地位和影响力,令国际社会和金融市场刮目相看。

为什么中国经济能够在一个极度不景气的世界经济中逆势而上,独领风骚?尽管人们开口闭口必谈 4 万亿元的"财政刺激",其实,真正发挥了关键作用的是中国的"金融刺激"——9.5 万亿元的巨额银行信贷。

在世界其他经济体,包括美国、英国、欧洲大陆和中欧、中东等新兴市场国家,金融危机后出现的全面信贷紧缩是经济衰退的直接导火索,也是经济复苏疲弱乏力的主要原因。而银行信贷的高速增长,是中国经济能克服出口萎缩继续保持增长的关键所在。

金融体系,尤其是银行体系,对于宏观经济的表现具有决定性的影响。如果金融体系健康、运作良好,能把资本配置到回报最高的经济活动中,就能确保经济较快成长,维持并增加就业,同时避免通胀,形成一个宏观经济

的良性循环。如果金融体系运转不良，那么，或者造成信用过度膨胀，导致经济过热，诱发通胀与资产价格泡沫；或者造成信用紧缩，流动性干枯，压抑投资消费，引起失业率攀升，触发通缩与经济衰退。

全球金融危机的惨痛教训和中国依靠金融保经济增长的经验，从正反两方面证明了金融的重要性。西方系统性金融危机对消费、投资和就业产生了严重的负面影响，引发了实体经济的衰退；幸运的是，中国的金融体系相对稳健，资本雄厚，流动性充裕，因此中国得以借助金融有效地"刺激内需"，成功地抵御了全球金融危机的负面冲击。

其实，金融对于宏观经济的影响不仅在短期如此，就中长期而言，金融的稳定和效率更是决定了宏观经济的稳定及发展速度。中国的经济繁荣、社会和谐、人民福利，都与金融业的稳健兴盛息息相关。"十二五"规划期是中国全面建设小康社会的关键基础时期。因此，如何深化金融体系的改革，确保中国金融业的健康、稳定和效率，充分发挥金融的重要功能，是中国政府落实"十二五"规划中面临的一个重大政策课题。

但是，2009年在中国金融和经济取得巨大成就的同时，也暴露了中国金融体系固有的深层结构矛盾、未来所继续面临的巨大风险和挑战，并展示了新的发展机会。中国的金融崛起之路必须化解这些重大结构性矛盾，迎接挑战，才能发挥中国自身已经具备的优势和潜力，建立世界领先、令国际羡慕和仿效的发达金融体系。

二、金融在扩大内需促进消费上大有可为

"十二五"规划提出要坚持扩大内需战略，充分挖掘我国内需的巨大潜力，着力破解制约扩大内需的体制机制，加快形成消费、投资、出口协调拉动经济增长的新局面。

中国作为世界上人口最多的国家，又是经济增长最迅速、国民收入上升最快的国家，工业化与城市化的规模巨大，速度惊人，因此中国内需的巨大潜力是毋庸置疑的，也是世界上少有国家可以与之相比的。但是，当前国际主流经济学和政策界最为关注的问题，恰恰是中国所谓依赖出口拉动的增长模式，恰恰是中国所谓私人消费不足的问题。中国高储蓄低消费的问题已被广泛认为是导致全球经济失衡的一个重要因素，也为中国经济是否可

以持续地平稳快速发展画上了一个问号。制约内需特别是消费的体制因素较多，涉及社保制度、税收制度、收入分配政策、移民政策。但是，毫无疑问，金融体系的缺陷在很大程度上也限制了内需成长的潜力。

中国金融结构失衡的矛盾，特别是直接融资和间接融资比例失调的矛盾，一直比较突出。尽管近年来政府和监管当局非常重视降低中国经济对于银行信贷的依赖程度，但事实是，中国经济比以往更加依赖银行体系。2009年，银行新增信贷9万余亿元；相比之下，全年企业债券融资仅为4 000亿元，股市融资为5 000亿元。融资结构的严重失调，除了影响企业的资本结构——股权资本偏低、负债率偏高，以及短期信贷资金偏高、中长期资金偏低——之外，还说明了金融业风险的集中度较高。由于银行体系国有控股参股程度很大，实体经济对于银行信贷的高度依赖，意味着一旦银行出了问题——资产质量恶化或资本不足，中国政府几乎毫无选择余地必须用纳税者的钱买单，银行"太大而不能倒"或"太重要而不能倒"的风险比起发达市场经济国家更高出许多。

中国金融业服务功能多年来重投资轻消费，重企业轻居民，倾斜于大企业而忽略了中小企业，导致经济结构和经济发展的不平衡。以最重要的银行业为例，银行机构的公司业务无一例外，皆为重头戏，占资产和收入的大头，往往在80%以上或者更高；绝大多数银行对公贷款投向了固定投资项目，投资项目取得银行信贷相对容易，而消费融资在中国仍然处于初级阶段。即使包括住房按揭贷款，零售银行业务比重平均也不超过20%。金融业的结构失衡，是中国投资过度，而私人消费成长率偏低的一个重要原因。

此外，中国的中小企业仍然继续受到融资瓶颈的制约。尽管银行机构激烈争夺大型企业尤其是大型央企的业务，中小企业（绝大多数是民营企业）贷款难的问题未能从根本上化解。历史经验反复表明，当一国的金融体系不能有效支持中小企业的成长和发展时，该国的经济就缺乏持久的活力，就业目标尤难实现。2009年的中国经济复苏，劳工市场得益甚少，可以说是低就业成长的复苏。

因此，为了扩大内需，尤其是促进私人消费的持续增长，我国有必要深化和推进金融体系的改革，大力克服中小企业融资和居民消费融资所面临的瓶颈。

三、金融可以刺激创新和新兴战略产业的发展

应该认识到,尽管近三十余年的高速发展,中国的主要产业,包括农业、制造业和服务业,按知识产权含量衡量,目前还处于中低端的水平,附加值低,核心竞争力不强。提升产业附加值,从劳动密集型的低端产业向技术密集型的高端产业转型,是确保中国经济未来可持续增长的必经之路。因此,"十二五"规划强调把科技进步和创新作为加快转变经济发展方式的重要支柱。

科技进步和创新需要一系列前提条件,包括人才、市场、资本和有利于创新的法律社会环境。现在各级政府重视教育和科技人才培养,甚至出台了所谓"千人计划",这是好事。但是,如果忽视了金融改革与发展,即使中国拥有世界最庞大的科研人才队伍,科技进步和创新仍将遇到极大的障碍。

发达国家尤其是科技仍遥遥领先全球的美国,通过资本市场募集资金分散风险,培育了一批批极具创新力的优秀高科技企业。可以说,没有活跃的风险投资、私人股权投资和纳斯达克,就没有硅谷,就没有互联网和资讯科技产业的兴起,也就没有生物科技和新能源清洁技术产业的萌芽。世界上曾成功实现了经济转型的经济体,如日本、中国台湾、韩国、以色列等,也无不重视金融市场对新兴科技产业的巨大推动和支撑作用。

苏联和东欧科学家、工程师数量及质量与美国、西欧不相伯仲,但在科技创新特别是具有巨大商业价值的科技创新领域,比如电子信息互联网、生物制药等,远远落后于美国、日本、德国、韩国和中国台湾。原因就是缺少了VC和资本市场这一刺激人们创新、创造财富的巨大动力的金融机制。

中国近年来新兴科技产业的发展,无论是互联网公司如阿里巴巴、腾讯、百度,还是新能源公司如无锡尚德等,也都得益于VC/PE行业在创业早期所及时提供的资本、管理与技术的支持。2009年深圳创业板的推出,是一个很重要的里程碑。一百余家高成长中小企业,包括一些科技企业,能够进入资本市场募集成长资本,帮助企业发展壮大。但是,中国的VC/PE行业还处于初级阶段,创业板股票市场发展也不成熟,高收益率债券市场更不存在。许多计划经济时代遗留的行政管控手段和过时理念严重压抑了

VC/PE行业和资本市场的发展。如果金融市场不理顺,科技进步和创新将步履缓慢,中国可能错失培育和发展包括新一代信息技术、云计算、新能源、新材料、生物制药、节能清洁技术、新能源汽车、高端制造与新兴服务业等一系列新兴产业的巨大机会。政府和监管当局必须有危机感和紧迫感,正视金融业对于产业转型升级所形成的制约,通过建立一个有效率的、运作良好的、市场化的金融体系,有效地刺激和推动中国的科技进步及产业创新活动。

四、金融在城市化、环保、农村发展与社会保障中的作用

城市化是一个根本性与长期性的趋势。近年来,中国城市化进程快速,城镇人口已达46%。但是,一方面城市化的空间仍然很大,另一方面城市化对于资源、环境和医疗教育等社会公共服务已经造成了巨大的压力。

稳妥推进城市化,首先必须明确政府职能,明确界定政府投资范围,建立有效率的、健康的城市投融资体系。这些年来,涌出了各式各样的地方政府融资平台,有些是合理的平台,但不少平台模糊了政府行为与企业行为的边界,导致财经纪律松散,增大了金融风险。土地、财税与金融政策未能配套协调,地方财政与基础设施融资都面临不可持续的问题。城市基础设施投资具有投资周期长、受益者为未来纳税人等特点,今后应以从资本市场募资为主,特别是发行中长期固定收益债券。此外,也可以修改预算法,地方政府有权发行市政债,使地方财政事权与收入来源更好地匹配,并增加透明度和实施问责制。

快速的工业化和城市化使得中国面临着严重的环境危机。污染是一个复杂的经济学问题,道德风险、外部效应、市场缺位,即不存在污染产品交易与定价的市场机制,比如化工厂和钢厂没有把排放和污染计入其经济成本。除了加强环保立法执法、行政监管、财税调控,金融也可以发挥重要作用。比如中国可以发展煤炭、原油和天然气等能源期货市场,使稀缺资源价格更好地反映市场供需基本面。碳交易市场也可以为碳排放提供一个市场价格,有助于建立低碳经济和两型社会。

在工业化、城市化深入发展中同步推进农业现代化,是"十二五"时期的一项重要任务。农村金融对于消灭贫困,支持农村地区基础设施建设,拓宽

农民增收渠道,增加农村人口收入水平可以发挥重要功能。深化农信社改革,建立社区银行,发展其他类型的农村小型金融机构,包括信用担保、保险、租赁、小额信贷(微观信贷)等多形式的农村金融服务,以更好地满足农村人口的多元化需求,推进农业和农村现代化进程。

中国的老龄化趋势要求建立和健全社会保障体系,包括农村人口养老保险和医疗健康保险。金融业在现代社会保障体系中也扮演了重要角色。人寿、财产和医疗健康保险机构为降低老百姓的收入风险、老龄风险和健康风险提供了一系列金融产品和服务。发展专业投资管理行业是提高社会保障资金投资回报率、有效应对人口老龄化高峰的一个重要机制保障。

五、中国金融业的展望

"十二五"规划所提出的经济社会发展目标,既向中国金融业提出了重大挑战,又为中国金融体系的改革和发展提供了巨大的机会。

第一,必须在加强改善审慎金融监管、防止系统性金融风险的同时,减少政府对于金融业的行政干预,特别是避免对于银行贷款决策的干预,在银行体系真正建立商业化经营和审慎风险管理的文化,确保这些年来中国政府动用巨额资金为国有银行体系注资剥离不良贷款"花钱买机制"获得较永久的成功。国有控股股东——财政部和汇金公司,必须在公司经营策略和高层人事任免等重大问题上自觉遵循最佳公司治理的原则,而且应当在股东短期利益和中长期利益之间实行更平衡的取舍,在2009年度银行贷款激增、资本金充足率下降后,应当减少银行派息要求,从银行当期利润中实现更多的资本内部积累。

在此,需要指出的是,一些人以金融危机期间西方一些国家被迫对问题深重的金融机构注资为由,认为中国应当继续强化政府对于金融机构的控制。事实上,西方国家对于少数金融机构的"国有化"只是在危机最深重期间的非常举措,是暂时性的、过渡性的,时机一成熟,就开始退出。中国自己多年的计划经济的经验清楚地告诉我们,国有银行在机制上有着根本的弊端,不可能实现有效率的商业化经营,最终导致系统性的金融风险。因此,中国的决策当局应该避免误读西方政府对于金融危机的处置,而停止甚至逆转市场化的金融改革进程。

第二,调整金融结构,推动资本市场发展,加强直接融资的功能,更好地为高成长型中小企业与广大消费者服务。2009年深交所推出"创业板",是中国资本市场一个里程碑式的事件,将有利于中小企业的发展。中国的PE和VC产业必须得到突破性的成长,从而大大拓宽企业募集成长型资本的渠道,实质性地推动科技进步、自主创新,包括在新能源、环保技术、IT和生物工程等领域的研发、创新和创业活动。

政府和监管当局应鼓励商业银行、村镇银行、小额贷款机构、财务公司等金融机构积极发展、扩大消费融资,为城乡居民提供更多样化的金融服务和产品,包括住房按揭贷款、汽车贷款、耐用消费品抵押贷款、信用卡、学生贷款、消费者分期付款、医疗健康保险,等等,从而促进私人消费成长,并帮助调整投资—消费比例失衡的局面。

中国现行的股票和债券发行制度有必要进一步改革,把苛刻、烦琐、费时的行政审批改为登记披露制,真正便利企业的正常融资活动。鉴于历史上的大量重复建设和产能过剩问题,中国的资本市场应当积极扮演一个整合者的角色。现有的上市公司并购条例审批过于烦琐,不便于实际交易操作执行,应予以适当合理的修订,从而资本市场可以鼓励以市场化的手段进行的企业并购,消化中国的过剩产能,实现产业整合和结构优化。

第三,坚持在开放中发展中国金融,加速金融创新。中国的现金股票和债券市场已初具规模,下一步的目标是增加市场的深度和流动性,丰富金融产品,给融资者和投资者更多的投融资组合选择和风险管理的工具。如果全球金融危机显示美国和欧洲的金融监管过于松散、金融创新过度的话,那么中国的问题恰好反过来,即监管过严过死、金融创新严重不足。在2009年顺利应对了全球金融危机之后,中国不应错失金融发展的绝好机会,审慎鼓励金融创新,积极发展金融衍生产品和商品期货市场,推出更丰富的产品,包括利率货币掉期、农产品期货和碳排放交易产品等。

第四,中国应当大力发展专业投资和财富管理产业。中国的高速经济成长,已经创造和积累了大量的国民财富,包括私人财富和主权财富。应该说,中国有条件建立一个世界一流的投资与财富管理产业。但现实是,受到机制和人才的制约,中国的专业投资能力还非常薄弱,在国家外汇管理局和中投公司之外,目前市场化管理的资产规模仅仅为2.7万亿元,占中国资本市场的比重仍然较低,与中国经济和财富的规模不相匹配。投资管理水平对于中国的社会发展也形成了瓶颈,比如养老保险、医疗健康保险等关键领域,除了需要合理的政策和制度,还需要较高的专业投资和风险管理能力。

作为一个经常账户持续盈余的国家,用国内"过剩储蓄"进行海外投资是一个必然的趋势。但是,专业人才的极度缺乏,决策机制的不合理,加上政府和监管部门的不适当干预,中国在全球金融危机期间在海外投资上过分谨慎保守,可以说是白白坐失百载良机;而国际市场稍有好转,中国的主权财富基金、国有企业和民营企业一窝蜂地抢投海外自然资源产业,客观上导致资源资产价格上升,并提高了政治敏感度。中国能否由"世界工厂"和出口大国成功转型为聪明的"资本输出"大国,仍是未来面临的一个重大机会和挑战。

总之,中国的金融业在国家加快转变经济发展方式中可以发挥举足轻重的作用。而"十二五"规划也为中国金融业的深化改革发展提供了巨大机遇。预计到2020年,中国能够在相当大的程度上缩小与美国在金融业上的差距,基本上建立一个在规模质量上可以位于全球前列的现代金融体系。

具体而言,中国的银行体系将是全球最大、最稳健的银行体系之一。中国股票资本市场市值将达到15万—20万亿美元。中国将拥有一些全球最大的银行、保险公司、证券公司和资产管理公司。中国货币将在资本账户下完全可兑换,中元将与美元和欧元一起成为主要的国际储备货币之一。上海将与纽约、伦敦、香港一起成为世界领先的重要的国际金融中心之一。

本文根据笔者在中央党校 2010 年干部班上的演讲稿整理而成。

金融机构最佳运营之道

在全球金融危机爆发后,国际金融协会(IIF)组织了许多金融机构的高管与专家成立了一个"市场最佳运营"专门委员会,认真总结全球金融危机的教训,并分析不同金融机构在危机中的成败得失,提出了一套金融机构风险管理的基本原则和实践指南。

2007—2009年的全球金融危机是由美国信用泡沫和房地产泡沫所引起的,在本质上是一次系统性的金融危机,深刻地震撼了全球金融体系,严重地影响和波及了许许多多的金融机构,并对世界经济产生了巨大的负面冲击。

既然是百年一遇的系统性的金融危机,初看起来,单一的金融机构不管自身如何努力,似乎都无力驾驭,难以摆脱其巨大影响,而维持系统性金融稳定的艰巨任务只能百分之百地由金融监管当局、央行和政府来承担。

但是,这次危机在再次强调有效的外部审慎监管重要性的同时,也充分揭示了金融机构自身内部风险管理的核心作用。正是金融体系风险管理的集体薄弱和失效,才使得宏观经济失衡和流动性过剩最终酿成了巨大的信用和房地产泡沫,并加剧了危机的快速传播与扩散,造成了对全球金融体系和全球经济的巨大破坏力。

此外,即使在近乎不可抗拒的系统性危机中,一些金融机构例如高盛、J.P.摩根、富国、汇丰、渣打、巴黎巴、西班牙银行,以及加拿大的银行机构等,受影响较小,继续维持了自身机构的财务稳定与健康,甚至逆势而上,业绩表现显著优于同业和大市。这表明在任何情况下,风险管理都是决定金融机构健康发展和金融体系全局稳定的关键所在。

中国的金融体系得益于前些年的大规模重组改革,财务状况已由历史上的极端脆弱变为基本稳健,表现为较雄厚的资本基础、较好的资产质量和充裕的流动性;再加之中国的金融体系还相对比较封闭,尚没有开始大规模地参与国际市场许多金融产品的交易和投资,因此在这次全球金融危机中,中国的金融业基本上没有受到太大影响。

但是,这次全球金融危机,就如同十年前的亚洲金融危机一样,为中国上了一堂发人深省的免费课。反思全球金融危机的前因后果,总结国际风险管理的经验与教训,对于中国的银行和非银行金融机构未来的稳健运营,将大有裨益。

根据对于这次全球金融危机的观察,笔者认为在 IIF 所提的各类建议中,最值得全球金融机构包括中国的金融机构认真关注的有三大方面:流动性、信用标准和资产估值原则。

一、确保充足的流动性

这次全球金融危机最惊心动魄的一系列事件——贝尔斯登、雷曼和 AIG 破产等,与其说是资不抵债的偿付性危机,还不如"流动性危机"来得更为准确。在这些机构的资产方,大量视为可交易的房地产贷款支持证券(MBS)突然间丧失了"流动性",无法转卖脱手,变成了价值急剧缩水贬值的非流动性"毒性资产"。

与此同时,负债方的股权资本因大规模减记和亏损而迅速耗失,债务融资因信用市场发生恐慌冻结,交易对手信心动摇进行挤提而无法延期和补充,使得这些金融机构陷入困境,走向了被收购或破产的厄运。

回顾金融史,大多数金融机构都是因为流动性问题而倒闭的。然而,以巴塞尔资本标准为基础的现行国际监管体系却对于流动性风险重视不足,而金融机构的日常运营也忽视了流动性风险的管理。

对于依赖"批发融资"即市场拆借或债券融资的金融机构,流动性风险管理尤其重要。在正常情形下,由于货币市场和债券市场的深度与发达,批发融资非常可靠,但在"百年一遇"的紧急情势下,即使评级较高、信誉良好的金融机构也会经历融资不畅,发生流动性困难。

因此，这次全球金融危机提醒人们，金融机构的稳健甚至生存除了资本金，还需要充足的流动性来保障。金融机构必须对于自身的流动性状况定期进行"压力测试"来加以检验。中央银行除了传统贴现窗口，还应增加期限资产拍卖、证券拆借、掉期等为市场注入流动性的工具，而且从系统金融稳定的角度考虑，央行"最后贷款人"的角色不仅限于传统商业银行，还应包括所有可能影响系统稳定性的重要金融机构。

二、"信用风险"最致命

这次全球金融危机的直接导火索是美国房地产次按证券，所以许多分析家对于这种"贷款—分销"模式口诛笔伐，视"贷款—分销"和伴随之的资产证券化甚至广义上的金融创新为"罪魁祸首"。

其实，这是一种误解。"贷款—分销"本身是一种有益的商业模式创新，在很大程度上减少了上述的银行流动性风险，即银行长期非流动性资产（比如20—30年期的按揭贷款）和短期存款负债不匹配的矛盾。事实上，资产证券化自20世纪70年代起开始广为使用，在较长的时期里运作良好。

但是，自2002年起，参与房地产经纪、贷款和证券化的金融机构普遍放松了信用标准，对于许多不具资格的消费者提供了房贷，这些贷款在房市逆转、房价下跌时大量成为不良资产，而证券化虽然把这些资产分散到许多不同的投资者和金融机构手中，但却丝毫不能减少最上游的固有"信用风险"。

所以，并不是"贷款—分销"模式本身有根本缺陷，它最多只是被滥用，加剧了金融机构的道德风险，但根本的问题还是在于证券化的最始端信用标准过分松弛、贷款决策出现了严重失误。而这类问题属于经典的"信用风险"管理问题，在历史上累累发生，也曾长期困扰许多金融创新并不发达的新兴市场银行体系，比如亚洲危机前的一些东亚经济体。

所以，不能简单地把这次全球金融危机的原因归结为"贷款—分销"模式、资产证券化或复杂衍生工具等金融创新。

痛定思痛，最致命的错误还是发生在金融业最古老、最基本和最常见的"信用风险"上！

三、金融资产估值原则

这次全球金融危机引起人们高度关注和争论的第三个问题，是如何对于金融资产合理估值的问题。金融资产估值涉及金融理论和模型等高度专业性的问题,又与会计报告和监管条例密切相关。

现代金融理论、会计准则和监管趋势都日益倾向于对可交易的金融资产实行按市计价(fair value accounting),只有持有到期的资产才可继续沿袭传统的"历史成本"法。

但是,在这次全球金融危机中,房贷支持证券或相关资产交易量大幅萎缩,流动性显著降低,市场价格持续下跌,从而导致许多金融机构的严重资产减记和损失。所以不少评论家认为按市计价加剧和深化了危机。尽管它有一些显而易见的弱点,但毫无疑问按市计价相对于传统的"历史成本"法仍然有着显著的优越性。

笔者认为,按市计价除了更准确地度量金融资产的真实"市场"价值外,最大的好处就是有利于风险管理,通过依据市场环境的动态变化而及时反映资产价格的相应变化,为金融机构、投资者、债权人和监管当局等提供了早期预警。从拥有优良风险管理记录的一流金融机构的经验来看,按市计价有助于金融机构根据市场变化采取及时的与有效的风险管理对策。

风险管理是金融机构的看家本领。风险管理的内涵就是根据金融机构业务和金融市场的复杂及快速变化,在最适当的时点运用最准确的信息作出最适当的决策。归根结底,对于金融业所面临的各类日常风险——市场风险、信用风险、流动性风险、操作风险或合规风险等进行有效的监控和管理,要求金融机构必须具备良好的内部管治和合适的风险文化。

第一,金融机构的CEO和董事会应当对风险管理担负起最主要的和最终的责任。这次全球金融危机暴露出一个令人瞠目结舌的现象———些金融机构的CEO从未出席过风险会议,甚至在公司危在旦夕的关头还在打桥牌!

第二,金融机构必须有独立的、专业的和权威性的风险管理制度及平台,不受业务部门的干扰,具有足够的权力和资源来严格地贯彻风险管理的制度和政策。

第三,风险管理必须贯穿于整个公司的业务运营和财务决策过程,必须贯穿于前台、中台和后台,必须落实于公司的所有管理层和每一个员工。那些在这次百年一遇的金融危机中表现得卓尔不凡的金融机构基本上都有一个健全的风险管理文化。

前车之鉴,后事之师。全球金融危机为人们提供了许多沉痛而深刻的教训,也提供了一些抵御危机有效管理风险的案例和经验,值得中国的金融业认真借鉴。

本文原载于《财经》2010 年 4 月,系笔者为国际金融协会《市场最佳实践》一书中文版所写的序言。

如何解决"太大而不能倒"?

——全球银行改革面临的最大考验

2008—2009年全球金融危机后,美国、英国、欧盟、金融稳定局与巴塞尔委员会等国际组织都在绞尽脑汁想方设法设计银行体系改革方案,试图在资本金、流动性、透明度、风险管理、衍生品交易、潜在利益冲突、信用评级,甚至高管薪酬制度等方面实行全方位改革,引进、增加和修订了许多银行监管条例。

但是,对于全球金融危机所暴露出来的最尖锐也是最令公众关注的焦点问题——"太大而不能倒"和"太关联而不能倒(too inter-connected to fail)",现在出台的各种银行改革方案却是要么完全回避,要么轻描淡写,只作了一些不痛不痒的处理。

美国金融改革的重头戏——《多德-弗兰克法案》(Dodd-Franck Act)引入了所谓"沃尔克规则"(Volcker Rule),以其限制银行控股公司的资本市场自营业务,包括股票、定息债券、外汇与商品期货等衍生品交易,以及对冲基金和私募股权基金的投资。笔者曾与这一规则的创始人保罗·沃尔克先生几度交流。他的出发点很简单,凡是受美联储最后贷款人流动性支持的银行控股公司都不应该拿"存款人"的资金去赌博,而只能做一些较低风险的贷款、证券承销与经纪业务。举例来说,高盛和J. P. 摩根可以继续做自营,但是它们不应该是银行控股公司。如果它们选择后者,自营业务就必须受到限制。

沃尔克先生是笔者的良师益友,笔者对他素来敬仰有加,也很理解并尊重他在此问题上的立场,但笔者还是很惋惜他把自己毕生的威望与影响力质押在一个过窄的议题上。自营业务本身并非是2008年全球金融危机的根本原因，限制自营与投资大概也很难防止下一次金融危机。况且，在实际金融运作中，区分自营与"做市和代客交易"并非易事。尽管如此，聊胜于无。笔者很欣慰沃尔克先生以及《多德-弗兰克法案》对银行机构的业务范围与资产构成问题给予关注。银行的业务和资产最终决定了银行机构的规模与复杂程度，因此"沃尔克规则"虽没有直接入攻但至少触及了"太大而不能倒"与"太关联而不能倒"的核心问题。

有意思的是，英国独立银行委员会（Independent Commission on Banking）的最新报告提出了"围篱"（ring-fencing）的主张，即把零售银行与投资银行隔离，在资产、业务、资本金比率，甚至董事会层面实行独立运营。这个报告尚未形成法案，但已经引起了很大的关注和反响。

显然，英国的"围篱"主张比起美国的"沃尔克规则"又迈进了一大步。受到政府隐含补贴的零售银行业务，必须有更高的资本充足率。而且，在面临破产清算时，银行存款享有优先权，高于银行债券。可以预见，"围篱规则"一旦变为法规，将迫使苏格兰皇家银行与巴克莱银行这样的金融机构评估选择零售银行与资本市场业务孰重孰轻，从而对于银行机构的未来业务资产构成与规模产生较为明显的影响。

最令人迷惑不解与最令人失望的是欧盟的立场。在2008年雷曼事件后，欧盟政治领导人在银行机构"太大而不能倒"这一问题上慷慨陈词，情绪激昂，除了欧洲传统上喜欢批评美国式的盎格鲁-撒克逊资本主义模式外，更因为欧洲自身有着银行危机的惨痛经历——瑞银、富通、法国兴业银行、苏格兰皇家银行与HBOS都蒙受了惨重损失，需要政府紧急救援，而冰岛与爱尔兰银行体系几乎全军覆没。而且，随着欧元主权债危机越演越烈，希腊、西班牙与意大利的银行还在频频告急，法国与德国的银行体系也将受到新一轮的巨大冲击。但是，欧盟在银行改革问题上雷声大雨点小，避重就轻，尤其对于银行"太大而不能倒"的问题，简直连碰也不想碰。

如果欧盟是完全不思改革的话，那么美国、英国的改革则显得不够激烈与彻底。无论是美国的"沃尔克规则"，还是英国的"围篱规则"，都与美国大萧条后出台的《格拉斯-斯蒂格尔法案》相去甚远。该法案明文禁止商业银行与投资银行混业经营，当时举足轻重的J. P. 摩根公司被一分为二，美国的银行业面貌从此彻底改观,商业银行与投资银行二者之间泾渭分明,前者包括花旗银行、摩根保障信托公司、大通曼哈顿银行、美洲银行等,后者为高盛、摩根士丹利、美林等。

《格拉斯-斯蒂格尔法案》保障了美国金融体系将近七十年的稳定。这期间,美国经历了第二次世界大战、朝鲜战争、越南战争、中东石油危机、经济滞胀与数次衰退、拉美债务危机、亚洲金融危机、俄罗斯违约危机、阿根廷比索危机等重大内部与外部冲击,也经历了多次个别金融机构的倒闭,但整体上安然无恙。美国的金融体系经历了一个较长的黄金发展时期,不仅保持健康稳定,而且富于创新,展现了高效率和无与伦比的国际竞争力。

这个时期,美国经历了不少单一金融机构倒闭案,包括美国第七大银行伊利诺大陆国民银行(Continental Illinois National Bank)的倒闭,数十家储蓄贷款机构(savings and loans)的倒闭,重要投资银行 Drexel Burmham Lambert 的倒闭,以及著名对冲基金——长期资本管理公司的倒闭等。尤其值得一提的是,Drexel 公司在 20 世纪 80 年代是华尔街赫赫有名的银行,其当时在债券市场的地位、排名与影响力丝毫不逊于 2008 年时的雷曼兄弟。不过,它的倒闭尽管令市场震惊,但并没有冲击华尔街其他大行,也没有冲击花旗、大通等商业银行,更没有波及全球金融体系。

为什么 Drexel 公司当时虽大却可倒,而雷曼则"太大而不能倒"? 为什么两家华尔街大行的相同结局对于美国与全球金融体系有着如此不同的后果与影响?

除了 2008 年美国房贷次按债市场和 20 世纪 80 年代美国垃圾债券市场的一些不同特性外,最重要的制度差别就是 80 年代美国金融体系有着《格拉斯-斯蒂格尔法案》这个保护伞。该法案保证了金融机构之间的风险隔离,有效地抑制了风险跨资产、跨机构与跨国别的急剧传播与扩散。

遗憾的是,美联储默许桑迪·威尔拆除了防火墙,他通过一系列收购兼并建立了花旗集团这个集银行、证券与保险于一身的金融巨无霸,最终导致美国国会于 1999 年正式废除了《格拉斯-斯蒂格尔法案》。从此,美国银行业兴起了一波接一波的并购整合浪潮,涌现了诸如花旗、美洲银行和 J. P. 摩根这样的综合银行集团,纯粹投资银行数目则急剧减少,到全球金融危机爆发前夕只剩下了五家。

以花旗为代表的商业银行向投资银行扩张，蜕变为综合银行，或者所谓一站式服务的金融超市，以为找到了一个崭新的具有生命力的商业模式，希望凭借规模优势与成本优势，实行金融产品交叉销售，从而扩大市场份额和业务协同效应。但是，这个所谓新商业模式全然忽视了现代金融产业专业化分工的必要性，商业银行与投资银行之间固有的文化差异，以及银行客户（尤其是大公司、机构与高净值个人）对于产品多元化、精细化、量身定制与服务质量的高标准需求。

就像沃尔玛和纽约第五大道的精品店具备不同的功能、满足不同客户不同的需要一样，所谓金融超市的理论逻辑显得主观牵强，交叉销售的协同效应往往子虚乌有。如果你想购买劳力士或者香奈儿的时装，不大可能到沃尔玛去吧？

与传统银行相比，综合银行的规模与复杂性显著增加，当商业银行吸收存款、发放贷款的业务与投资银行证券承销和自营交易业务二者混合放在同一屋檐下时，银行业务更为复杂，整体风险上升，风险传递的链条与渠道增多，对于风险识别、控制与管理能力形成了巨大的挑战。同时，由于商业银行与投资银行在业务模式、财务会计、资本金比率以及损益计算等多方面的差异，给银行提供了"内部套利"的可乘之机，风险往往流向监管最松弛与资本要求最低的部门。因为缺少集中的、有效的风险管理构架与监控，问题资产会不断累积，直到突然集中爆发，威胁到整个机构的生存。"音乐不止，跳舞不息"，花旗集团董事长兼 CEO 普林斯的这句明言成为信用泡沫时代银行高层对风险麻痹无知的典型写照。

商业银行因吸收公众存款，包括孤儿与寡妇的养命钱，因此需要政府的存款保险，而政府担保的条件是更高的资本金和流动性要求、更严格的监管，合情合理也。但是投资银行主要从事资本市场与衍生品交易业务，不能吸收零售存款，只能从金融市场中获得较高成本的批发性融资。投资银行没有理由得到政府担保，风险自负，机构虽大亦可倒也，就像当年 Drexel 公司倒闭时那样。因此，混业经营除了创造了更加大型与更加复杂的金融机构，导致更多的潜在利益冲突，增加了管理与风险控制的困难之外，它还大大加剧了金融体系的道德风险——综合银行的商业银行部门吸收公众存款，通过存款保险制度得到政府隐含的或公开的担保，享受较低融资成本的优惠,但是它的投资银行部门则从事风险更高的自营与交易业务,导致利润的私有化与亏损的社会化这一尖锐矛盾。这一问题,恰恰是全球金融危机后银行"太大而不能倒"这一困局面前,美国及欧洲各国政府被迫对银行机构紧急救援引起"公愤"的原因所在。

更有甚者,在危机过程中,J. P. 摩根收购了贝尔斯登和华盛顿互助银行,美洲银行收购了美国国民融资与美林,富国银行收购了美联银行,美国的银行机构非但没有在危机中缩小、瘦身,反而变本加厉,变得更庞大、更复杂了。

令笔者感到不可思议的是,美国立法与监管当局并没有在金融危机后痛定思痛,反省检讨废除《格拉斯-斯蒂格尔法案》的错误。虽然颁布了旨在限制自营与投资的"沃尔克规则",但是美国的金融改革与监管新蓝图并没有从本质上解决银行"太大而不能倒"的问题。英国独立银行委员会所提出的"围篱规则"前进了一大步,但是,与解决银行"太大而不能倒"或"太关联而不能倒"的目标仍有相当大的距离。

全球金融改革能否再回到《格拉斯-斯蒂格尔法案》时代? 笔者对此颇为悲观。英国"围篱"举措目前所面临的一个重大阻力就是担心欧洲大陆全能银行相对于英国银行的竞争优势。具有讽刺意味的是,当年美国国会废除《格拉斯-斯蒂格尔法案》的理据之一也是分业经营的美国银行难以与欧洲和日本的全能银行竞争。笔者实在难以想象,今天任何一个自尊自信的国家希望自己的银行向欧洲和日本的银行现状看齐。

所幸的是,中国政府在 20 世纪 90 年代初作出了金融业分业经营、分业监管的明智决策。中国过去近二十年的金融发展历程与国际经验,尤其是全球金融危机的深刻教训,都充分说明中国商业银行和投资银行、证券公司分业经营的模式是可取的、审慎与稳健的,符合中国的国情与中长期发展的需要,应当继续维持不变。

本文原载于《新财富》2012 年。

唱衰美元几时休？

就在南京二十国集团国际货币研讨会召开前夕,《华尔街日报》赫然报道"中国官方学者猛抨美元国际储备角色"。美元在中国挨批当然不是头一次。中国学术界盛行把2008年全球金融危机和当前世界经济所面临的问题归结为美元在国际货币体系中的特殊地位和作用,无论是黄金、特别提款权,或者是人民币,似乎只要有什么东西能够取代美元,那么世界经济就可以高枕无忧,进入一个繁荣稳定的新纪元。

诚然,当今的国际货币体系多有可诟病之处,其中三个严重问题尤值得关切:其一,美元、欧元、日元、英镑等主要货币的汇率高度波动,为国际贸易和金融市场带来了较大不确定性;其二,主要发达国家经济体的宏观经济政策和景气对于全球经济产生了过大的影响;其三,国际货币基金组织难以有效地监督约束大国的行为,全球宏观经济政策协调步履维艰,未能事先预警曾一再发生的汇率危机、主权债务危机,或者银行危机。

尽管存在这些缺陷,现有国际货币体系仍然胜于历史上任何一个体系,包括金本位和英镑主宰世界的货币秩序。自第二次世界大战末布雷顿森林会议召开以来,现行货币体系经历了从固定汇率(布雷顿森林体系1)向浮动汇率(布雷顿森林体系2)的演变,总体上运作较好,并非像一些批评家指责的那样,千疮百孔,一无是处。

必须认识到,美元取代英镑作为主要储备货币后,基本上确立了一个自由开放的国际金融和经济秩序,为世界的和平与发展作出了不可磨灭的贡献。美国的马歇尔计划和道奇计划有力地支持了欧洲和日本在第二次世界大战后的重建,国际货币基金组织和国际复兴开发银行(世界银行)促进了国际贸易和投资,并为发展中国家提供了大量低息优惠信贷。正是在这样一个国际货币体系下,日本快速崛起成为世界第二大经济强国,东亚"四小龙"——中国香港、韩国、新加坡和中国台湾——也成功地迈进了高收入经济体行列。

尤其不能忽视的是,中国从1978年起实行改革开放,加入了国际货币基金组织和世界银行,主动积极地融入了以美国为经济领头羊、以美元为主要储备货币的国际金融体系。其后的三十余年,中国吸收了大量外资,包括世界银行的低息贷款和跨国公司的直接投资,由一个封闭落后的国家迅速蜕变为世界工厂和贸易大国,一直保持了全球经济增长最快的纪录。数以亿计的中国人摆脱了贫困,进入了小康社会,中产阶级不断壮大,人民生活水平显著提高。2010年,中国正式取代日本成为仅居美国之后的世界第二大经济体。

毫无疑问,中国是全球化的最大受益者。如果没有现存国际货币与贸易体系,确保主要国家的市场开放和资本比较自由的跨境流动,中国的改革与发展就没有一个开放有利的国际环境,就失去了一个确保成功的关键外部条件。

那么,为什么中国的学者们要对美元和以美元为核心的国际货币体系如此口诛笔伐呢?在很大程度上,这是对于2008年全球金融危机的误读——把危机的起因归结为一个所谓不合理的国际货币体系,归结为美元作为世界主要储备货币的角色。

其实,2008年的全球金融危机主要是由美国的信用泡沫和房地产泡沫所致。无论在何种国际货币体系下,金本位还是布雷顿森林体系2,美元还是英镑作为主要储备货币,世界第一大经济体的信贷与地产危机将不可避免地波及全球经济和金融市场。现行国际货币体系确有缺陷,但是它并不应该担负触发2008年全球金融危机的责任。不应忘记,20世纪上半叶金本位制及其崩溃曾导致了大萧条与两次世界大战。

一国货币能否成为国际储备货币,主要取决于该国经济与金融的综合实力,是国际金融市场参与者(跨国公司、金融机构、投资者和央行)自愿选择的结果,并不能由货币发行国政府的主权意志所任意决定。比如,如果金正日想把朝鲜货币变成国际储备货币,就绝没有可能性。美元作为主要国际储备货币地位的确立,主要归因于美国强大的经济规模与实力及其发达的金融市场。不可否认的事实是,正是因为美元所具备的自然吸引力,中国才自主地选择了人民币汇率与美元挂钩,自愿地选择了美元资产作为绝大多数的官方外汇储备。

无休止地抱怨美元的特殊地位益处甚微。在未来相当长的时期里,美元将继续是最现实也可能是最合适的国际储备货币,优于欧元、日元、英镑,或者在私人市场不流通的特别提款权。中元非常有潜力,将来也一定可以加入美元、欧元成为主要国际储备货币之一,但中元成为储备货币的进程将取决于中国经济与金融整体的发展进程,特别是资本账户自由化的进程。

国际货币体系需要渐进改革,但似乎无需推倒重来,另起炉灶。在近期也没有可能性。我们与其继续耗费太多纸墨在如何取代美元和重建国际货币体系这个遥遥无解的题目上做文章,倒不如投入更多的时间和精力研究宏观审慎监管、金融深化改革、外汇储备管理、人民币汇率机制与资本账户开放这些对于中国远为重要的议题。

本文原载于财新《新世纪》2011年6月。

为资本账户改革鼓与呼

最近央行一篇关于资本账户改革的文章受到关注。文章中参照了国际经验模式与中国现实,提出了一些合理审慎的政策建议。笔者尤其赞同文章中关于拖延改革风险的见解,并在许多场合及著述中一再表达资本账户开放的必要性与紧迫性。

但是,至今在学术界和政策界,这个问题仍然是一个敏感话题,简直谈虎色变。主流意见认为,资本管制万万放松不得。要放松的话,也必须慎之又慎,最好等到无限期的未来某个时点,当一切风险都奇迹般消失殆尽之后。事实上,对于资本账户开放潜在风险的过分夸大,无疑更加重了决策层的迟疑不决,已经并且可能进一步延误改革的时机,反而提高了中国经济与金融不稳定性的风险。

中国三十余年的改革经验表明,国内体制改革与开放历来都是相辅相成的。对外开放往往能有效促进艰难的国内体制改革,而体制改革又能确保中国从开放中获得最大的惠益。对外开放政策不仅给中国带来了曾经急缺的资本、技术,以及新的商业模式与管理经验,从而为老大难的国有企业重组提供了必要的改革动力与压力,提供了可供参照的坐标体系,并创造了更加有利的环境。试想,如果没有三资企业和私营企业异军突起所创造的巨大就业机会,国有企业改革的下岗失业问题将几乎无解,由此引发的潜在社会与政治风险将变得不可承受。

当年中国争取加入世界贸易组织时,有多少笔墨花费在论证入世的负面风险上:国有企业将出现破产高潮,农业将受到巨大冲击,银行业将岌岌可危,云云。幸而,高瞻远瞩的中国领导人力排阻力,果断地把中国带进了世界贸易组织。至于那以后究竟发生了什么,那些耸人听闻的警告预言是否兑现,就是众所周知的历史了。

有人可能会反驳,资本账户开放与贸易开放毕竟性质不同,贸易改革的确可以为实体经济带来效率的改善,而资本流动的好处并没有实证的支持,而国际经验却一再表明,资本账户开放将会导致金融危机。但如果仔细研读这类观点——包括诺贝尔奖获得者克鲁格曼的观点——就会发现,最没有实证支持的正是这个观点本身。现在的经济计量模型与手段难以测量高频波动的资本流动对于投资、消费、就业与生产率的影响,就武断地认为自由资本流动没有益处。最荒谬的是,他们都不约而同地以中国作为最有说服力的案例,证明资本管制的好处、资本开放的危险。你看,中国是一个一党专制国家,政府控制了金融体系,腐败,不透明,政府和国有企业进行着重复低效而过度的投资,没有回报,银行隐形坏账惊人。依据经典的经济学分析,中国一定会爆发金融危机。但是,奇怪,墨西哥、阿根廷遭遇了危机,中国的邻居——东南亚各国与韩国、俄罗斯也经历了危机,连美国、欧洲都发生了危机,唯独中国没有。究其原因,只有一个,就是中国实行了资本管制,给自己修筑了一条金融的万里长城。

在改革开放之前,中国堪称世界上最封闭的经济体,实行世界上空前绝后的严厉外汇与资本管制,绝大多数中国人包括笔者未曾见过美元绿钞。但是,错误的经济模式与政策、"文化大革命"的政治浩劫,使得中国经济濒临崩溃的边缘,遭遇了真正的经济危机,老百姓为之付出的代价远远超出了市场经济国家曾所经历的任何一次金融危机,是亚洲金融危机中东南亚人民所受到的遭遇不可比拟的,更为今天在雅典街头示威的希腊人无法想象的。克鲁格曼们可能推断中国当时的问题症结定是人民币可自由兑换。

显然,今天的中国经济表现相对出色,在国际金融危机面前表现出较强的抵御能力,主要还是因为中国累积的市场化改革所带来的稳固基础,特别是银行业的重组改革所带来的更加稳健的局面,而非资本管制。比如一个人一段时间不感冒,不能说是因为他穿了厚实的衣裳。如果此人弱不禁风,无论衣服穿得多厚,可能也难以避免感冒。而且如果老是裹一层厚厚的衣裳,严严实实包住头脸,戴上口罩,则免疫力可能下降,今后得流感的概率更高。

所以，我们不能对资本管制寄予过高幻想，只要资本账户不开放，中国就可免除金融危机之虞。学术界与政策界有些人视资本流动如洪水猛兽，脆弱的宏观经济基本面与政策失误往往是导致金融危机的主因，开放资本账户仅仅是外因，最多强化了经济或金融市场的波动性，而非导致波动的直接原因。资本流动是健康的、有效的"市场约束"。错误的经济政策、过度的经济泡沫必须得到应有的惩罚，才能得到矫正。

本文原载于财新《新世纪》2012年2月。

重塑金融监管框架

中国资本市场经过二十余年的发展,市值规模已经居全球第二,在推动国企重组、银行改革和私人企业成长方面发挥了显著作用,作出了巨大贡献。在中国开始落实"十二五"规划推动经济转型的关键时期,资本市场可以扮演极其重要的角色。一个发达、成熟与高效率的资本市场可以有效扩大内需、鼓励创新、推动结构调整、提升生产率,从而保障中国经济可持续的高速增长。

一、什么在阻碍中国资本市场

但是,迄今为止中国资本市场上还存在着直接融资比重过低,中小企业融资难,高科技创新不足,内幕交易与市场操纵现象严重,股市价格波动系数太高,金融产品单一,债券市场发育不良,证券机构业务模式同质化与财务欠稳健,上市公司的治理不健全,投资者保护不足,长线机构投资者基础薄弱等现象。为了克服这些挑战,把握资本市场发展的良好机遇,中国需要全方位地加速改革资本市场。

国际经验与中国自身的实践表明,资本市场的健康发展必须有一个良好的制度框架与有效的监管模式。如果系统性制度建设不到位,而只是局部推进,头痛医头,脚痛医脚,那么改革将事倍功半,效果不佳。所以,改变市场监管的理念与制度应成为中国未来数年资本市场改革的重头戏。

经过二十余年的摸索尝试,中国已经初步建立了一套比较完整的证券市场监管体系,在《中华人民共和国公司法》与《中华人民共和国证券法》两个大法的基础上，相继出台了一系列证券监管的法规、政策与指引。其中一些监管规章，比如关于上市公司以及证券公司与基金管理公司的公司治理要求，参照了美国、英国与欧盟等成熟经济体的最佳实践经验，可以说已与当今国际的最高标准接轨。

但是，中国现行的证券监管体系尽管在形式上与西方发达国家越来越相似，在实质内涵和理念上却继承了计划经济体制中政府行政主导的传统，已经与中国整体经济结构环境的变化和资本市场未来发展的要求越来越不相适应。

追溯历史，无论是荷兰、英国还是美国，发达市场经济国家的资本市场基本上是由私人部门自下而上，自发性地发起、组织与运作，在自由竞争进程中演变发展而来的。但是，中国的资本市场自上海、深圳股票交易所成立伊始，就是由政府自上而下建立起来的，政府在资本市场的规划、启动、准入、运作与监管的过程中实行了全程的参与和控制。政府所扮演的强势主导角色，在证券市场早期发挥了不可或缺的关键作用，但是对于资本市场今后的进一步深化、完善与发展却形成了日益明显的障碍，这势必负面影响中国证券产业未来的发展前景。

本轮全球金融危机爆发后，人们认识到，在美国、英国这样具有长期自由市场传统的经济体中，在一些领域，比如次级按揭贷款、住房抵押证券与信用违约衍生品市场，金融监管过于松懈，于是，有了改革与加强金融监管的强烈呼声。但是，这种所谓"加强监管"的诉求并不能简单地移植到中国当前的现实中。同样，西方国家在全球金融危机最深重的关头所采取的非常规金融干预，并不能说明中国正常时期司空见惯的金融市场干预都是有必要的和有效的。雷曼兄弟事件后，西方政府曾通过紧急注资、负债担保、流动性支持，甚至采取对个别金融机构临时"国有化"的非常手段，试图稳定市场信心，避免系统性金融崩溃。但是，这并不意味着中国应当继续延续并强化对于金融体系的长期控制，停止甚至逆转市场化的金融改革。总体而言，鉴于中央计划经济的历史背景与政府长时期在经济中所起的主导作用，中国的金融监管不是过少、过松，而是过多、过严。金融体系中的国有全资和控股参股比重不是太低，而是太高。

诚然，一个运作良好的金融体系需要政府的审慎监管，以克服金融市场固有的信息不对称、外部效应与道德危害,增加市场透明度,保障投资者利益,并维护金融系统稳定性。但是,中国政府对于资本市场和整个金融体系的介入和干预,远远超出了政府作为审慎监管者这一核心公共服务职能的范围。

二、重定政府与市场边界

从所有权、市场准入、股东与机构资质,到高管人事任免、具体金融产品与业务许可,等等,政府监管部门对于资本市场的各个微观层面一直进行着直接、广泛和深入的干预。政府既是金融监管者,又是大型金融机构的所有者,在很多时候还是直接的运营者。换言之,中国尚没有能够从直接的行政监管角色转变为一个真正超脱、中立与专业的审慎监管者。

金融稳定是监管的首要目标。但是,现行的行政监管模式并不能有效地维护金融市场的稳定——中国股市是世界上波动性最高的股市之一,也不能有效地保护普通投资者的利益,却带来了高昂的经济与社会成本。行政监管妨碍了资本市场的正常运作与市场基本功能的充分发挥,扭曲了市场参与者的行为动机,压抑了金融服务创新,对于资本配置的效率产生了负面的影响。而且,在权力过大又缺乏透明的行政监管体系中,往往滋生寻租与腐败现象,严重损害了监管机构与政府的声誉、权威和公信力。

行政监管模式的弊端可以从中国实行的股票发行审批制度中略见一斑。虽然经过了数番改革,中国股票发行制度在本质上仍然是行政审批制,而非世界其他主要市场(包括中国香港特别行政区)所通行的登记注册制。

股票发行必须经过一个漫长的行政审批过程,从企业能否具备发行条件,到具体的发行时间、发行地点、发行规模,乃至发行的价格区间,事无巨细,皆由监管机构说了算,而真正的决策与责任主体——企业的董事会、管理层、股东,以及他们的财务顾问、法律顾问、承销商与会计审计机构等,则只扮演了从属被动的角色。

行政审批及其衍生而来的政出多门,也是导致中国债券市场发育不良的主要原因。实践表明,现行证券发行制度审批不透明,过程烦琐耗时,具有很大的不可预见性,增加了企业的融资成本,妨碍了市场高效率配置资本的核心功能。

由发行审批制改为公开透明的登记披露制,把证券发行的责任主体真正落实到发行者与中介机构,将显著提高证券发行的效率,加强市场自律,减少内幕交易与腐败,还有助于减少投资者的"道德风险"。以前,散户投资者一旦受了损失,就有可能上诉告状,以为证券监管机构必须对于经其严格审批核准发行的证券之表现或上市公司之业绩担负责任。

在行政监管体系下的机构准入同样实行了严格的审批制,对于私人资本准入证券行业限定了苛刻的条件,使得证券机构国有控股参股比例高的现象得以长期维系。仅汇金公司目前就控股参股了七八家大型证券公司。其他由央企或地方政府全资持有、控股或参股的证券公司与基金公司也比比皆是。

中国的股票与期货交易系统由政府全资控制。一些国有证券公司曾一再遭遇财务困难,其实并非"太大而不能倒",但每次都由政府买单注资解决。以纳税者的资金救援既无战略价值又无系统重要性的证券机构,显然违背了"公平竞争"的市场经济核心原则,并造成了"道德危害"。

事实上,没有任何合理的经济学逻辑或者公共利益的理由,可以解释证券市场机构必须实行国有控制。原则上,它们应当是私人企业,在资本市场上以其专业能力、服务质量、风险管理水平展开自由竞争,优胜劣汰,这样才能够确保证券行业为企业、机构与零售客户提供最好的专业服务,促进证券市场效率的改善。

自成立伊始,中国的资本市场就是经济体制改革的产物。资本市场是今后深化中国体制改革、促进经济转型与可持续发展的强劲"催化剂",而且也将是中国能否成功演变为真正的现代市场经济的"试金石"。

资本市场的健康发展离不开法治、自由竞争与诚信透明。审慎监管的理念与实践有利于加强法治、竞争与透明。因此,这将有利于资本市场的良好运转与健康发展,并保障系统稳定性。而行政监管则适得其反。

归根结底,现行监管体系是行政权力与官僚意志的体现,本质上是计划经济时代政府凌驾于企业控制市场的观念与实践的延续。如果这样一个行政监管体系得以延续,那么资本市场其他领域的局部性改革将步履维艰,或者成效甚微。

因此,在酝酿下一阶段资本市场改革时,我们必须对于证券监管体系有一个根本性的重新认识与定位,通过资本市场监管体系的根本性改革来明确政府与市场之间的合理边界,改变行政监管模式,建立一个真正有效的审慎监管体系,从而迎来未来十年发展壮大中国资本市场的黄金机会。

本文原载于财新《中国改革》2012年7月。

中元崛起

就在欧债危机越演越烈、美国面临财政赤字与就业不足的压力、全球经济与金融市场面临较大不确定性的时候,中国似乎加快了人民币国际化的步伐。中国央行近年来不断放宽人民币在跨境贸易结算中的使用,提高了企业、机构与个人跨境贸易结算的便利程度。央行、财政部等六部门发布了《跨境人民币结算试点管理办法》。中国香港迅速成为最重要的人民币离岸中心,人民币存款余额已经达到6 000亿元。中国与越来越多的贸易伙伴国,如韩国、马来西亚、白俄罗斯、印度尼西亚、阿根廷、冰岛、新加坡、蒙古、新西兰等,签署了官方货币互换协议。

在这场关于人民币国际化的热烈讨论中,有三个重要问题需要澄清:一是人民币国际化的真正含义与影响;二是人民币国际化的条件;三是人民币国际化后与美元等其他货币的关系。目前无论是学术界的讨论,还是财经决策层的表述,对于这三个问题都表现出不同程度的混淆。

一、跨境贸易结算并不等同于人民币国际化

众所周知,一国货币有三大主要功能:交换的媒介、记账的单位与储值的工具。因此,如果一国的货币成为国际货币,除了在本国能够履行上述三大功能外,还必须在境外地区具备同等的功能。最近几年来中国力推的人民币跨境贸易结算无疑显著增强了人民币作为"交换的媒介"的功能,但是境外人民币的其他应有功能尚没有发挥出来。

目前,占国际贸易90%以上的合同是以美元、欧元、日元、英镑、瑞士法

郎等作为计价单位;国际市场绝大多数的大宗商品,如原油、天然气、铁矿石、铜、黄金、大豆、小麦、咖啡等,也都是以美元作为主要计价货币。尽管中国是全球第一大出口国和第三大进口国,但是人民币在许多商品货物贸易合同中还不是被广泛接受与使用的计价货币。绝大多数境外企业、金融机构、投资基金或国际组织的内部账目或公开财务报表也不以人民币为记账单位。至于国际金融资产包括可交易证券,使用人民币作为计价货币的就更为鲜有了。

人民币作为国际货币的第三大功能——储值手段,更是受到了巨大的限制。除了在香港市场发行的数量、品种极为有限的人民币债券与银行存款之外,境外人民币持有者几乎没有投资的选择。作为对比,据美联储估计,在世界上流通的美元存量中,只有约28%用于商品跨境贸易以及包括教育、观光、医疗在内的服务类贸易,其余72%都是用于金融投资。

国际货币还具备一个与货币三大功能密切相关的重要特征,就是作为储备货币,成为各国官方外汇储备构成中必有的币种。目前全世界9.7万亿美元的外汇储备中,美元约占68%、欧元约占19%、日元约占5%、英镑约占3%,其余分散在加币、瑞士法郎等货币中。而绝大多数国家的官方外汇储备构成中还不包括人民币,人民币也不是国际货币基金组织特别提款权的成员货币之一。

一国持有外汇储备的主要目的是满足国际支付与流动性的需要。如果一国的货币成为真正的国际货币,那么至少在理论上它可以创造足够多的本国货币(恰好是被广泛接受的国际通用货币)满足其国际收支的需要,而无需持有任何他国货币作为储备资产。这就是为什么美国作为全球最大贸易国与最大债务国几乎不持有外汇储备,因为它永远不必担心缺乏国际流动性的风险。

相比之下,日元的国际化程度有限,所以日本持有超过1万亿美元的庞大外汇储备。中国虽为世界第一债权国,却坐拥全球最大的外汇储备——3.2万亿美元之巨,也正是因为人民币不是国际货币。

毋庸置疑,扩大人民币在跨境贸易结算中的用途,具有降低交易成本、提高交易便捷与可靠性等积极意义,值得大力尝试与推广。但是,单纯增加人民币在贸易结算中的作用却并不意味着能将人民币国际化。

二、资本账户开放是必要条件

中国 1996 年年底承诺国际货币基金组织第八条款实现了人民币经常账户下基本上可兑换，这是中国货币与外汇体系继 1994 年外汇制度改革后的又一个重要里程碑，为中国作为贸易大国的崛起打下了基础。然而，在经常账户的交易项目上还是保留了一些限制，如强制结汇、换汇额度控制管理等。理论上，在经常账户开放后跨境贸易结算中币种的选择上，应由贸易企业各方自行商议、自由决定，但是实际上多年来对于人民币的使用仍存在多种限制。现在推广人民币跨境结算，可以视为经常账户项目下的进一步放松，但它离资本账户的自由化还相去甚远。

纵观国际货币演变史，任何一种国际化的货币，必须满足两个尺度的衡量：其一，它们在全球贸易与金融体系被广为接受与使用；这种接受度不是简单依靠货币发行国政府或央行主观力推的结果，而是全球企业、金融机构与私人投资者自愿的认同与偏好，即市场的自然选择。其二，它们是国际储备货币，即被各国央行、政府与国际货币基金组织等国际组织普遍采纳作为一种储备资产。

因此，人民币最终是否实现了国际化、被广泛地认可为一个国际性货币，其最重要的衡量标志就是看它是否被全球贸易与金融市场广为接受、使用，并是否成为一个国际储备货币。

中国继续维持的资本管制体系严重束缚了资本的跨境流动，从而从根本上限制了人民币在跨境金融交易与国际金融市场中的作用。只有资本账户开放了，人民币才能在国际上充分发挥货币的三大功能——交换媒介、记账单位和储值工具。因此，人民币要成为真正国际性的货币，必须先实现在资本账户下的可兑换。解除资本管制是人民币国际化的必要前提条件。

值得指出，资本账户的开放虽然是人民币国际化必不可少的前提条件，但却不是充分条件。除了人民币的可兑换性，中国还必须深化金融体系改革，建立一个发达、效率、透明、多层次、有深度的金融市场，包括股票市场、债券市场，以及外汇与商品期货市场。中国还必须有一个独立专业的央行，拥有维持坚挺货币、低通胀与金融系统稳定性的良好记录，在国内与全球金融市场享有较高的声誉与可信度。同等重要的是，中国必须完善法治，司法公正,树立尊重财产权利与遵守商业契约合同的传统,有效保护国内外人民币资产持有者(投资者)的利益。

历史上,英国在19世纪与美国在20世纪分别被称为全球领袖,它们的货币——英镑与美元——分别成为主要的国际储备货币,在全世界流通使用。印有英女王、乔治·华盛顿或亚伯拉罕·林肯头像的英镑与美元实际上成为代表英、美国家软实力的重要象征。

那么,人民币国际化是一个有意义的政策目标吗?笔者认为是。本质上,人民币国际化是中国成为发达市场经济国家的一个重要标志与自然结果,综合衡量了中国的经济规模与实力、金融市场的成熟发达程度、法制的完善、经济的自由,以及央行的专业水平与维系坚挺货币的良好记录。追求人民币国际化,实质上就是要深化经济、金融与制度改革,与中国的整体改革和发展相辅相成,因此人民币国际化是一个值得追求的政策目标。

三、中元加入美元,不会取代美元

自从改革开放以来,中国经济持续高速增长,综合经济实力大幅提高,金融体系也得到迅速的发展。随着中国作为全球第二大经济体和领先贸易大国地位的奠定,人民币国际化是一个必然的趋势。但是,资本的严厉管制、金融市场的欠发达,以及制度建设的不到位,意味着人民币国际化绝非朝夕之功,而可能是一个历时数十年的渐进过程。

在关于人民币国际化的讨论中,一派主流意见呼吁结束美元作为主要国际储备货币的时代,不切实际地主张代之以所谓的超主权货币,甚至认为人民币可以很快挑战美元地位。这种观点没有能够客观合理地评价以美元为主导的国际货币体系在将近一个世纪中所扮演的积极角色,包括中国从中所享受的巨大利益,并且轻率地忽视了美国经济和金融制度的强大优势与不可低估的自我调整能力。

随着中国的崛起,人民币必然也会崛起成为一种重要的国际货币。但是,在可预见的将来,中元不会取代美元,而是与美元、欧元一起构筑一个更加多元平衡的国际货币体系。未来的世界是美元、中元与欧元三足鼎立的世界,而非一强独霸的世界。

欧洲当前面临尖锐的债务与银行危机,危机处置与重组步履维艰,前景暗淡。但是，在最可能的情形下，欧元仍会保留其国际货币地位。因为除了美国和中国，少有其他经济体有足够的规模与实力可以匹敌欧元。即使希腊这样的边缘小国最终被迫退出欧元体系，由德国、法国、荷兰、奥地利及北欧各国构成的核心欧元区仍具备基本面的实力与优势，足以确保欧元的国际地位。无论如何，欧元的基础是德国马克。即使欧元体系瓦解，德国马克也可以立即重拾其国际货币角色。

在美元、中元和欧元之下，其他几种货币包括日元、英镑、瑞士法郎、加拿大元、澳大利亚元等将继续扮演辅助性角色。巴西雷亚尔、印度卢比、俄罗斯卢布等也将日显重要，但它们最可能挑战的是日元和英镑的地位，而非美元、中元与欧元。

本文原载于《新财富》2012年1月。

应对能源与环境危机

能源、环境与经济可持续发展

经过二十五年的市场化改革与对外开放,中国经济高速增长,数以亿计的人口摆脱了贫困,中国人民的生活水平显著提高。中国正在迅速成为一个有竞争力的全球制造业基地,在世界经济中的地位与影响力正日益提升。

然而,快速的工业化与都市化给中国业已脆弱的环境、生态与能源系统造成了空前的压力,对人民健康与生活品质以及经济增长的可持续性形成了严重的威胁。

在中国人均 GDP 增长的同时,中国城市的交通堵塞日趋严重,噪声与空气污染,以及江河湖海等水资源的污染不断恶化,森林植被急剧减少。中国的空气与水污染是全球最严重的,污染指数超过了世界卫生组织(WHO)与中国政府标准的 2—5 倍。

尤其是,中国已经成为一个能源消费大国。原油消费 2002 年已超越日本居全球第二,仅次于美国。以煤炭为最主要初级能源的能源结构迟迟得不到根本性调整。中国的能源战略与政策至今依然忽视了节能与环保效应。政策失误,加之市场失效(market failure),在客观上刺激了能源的过度消耗与浪费,以及对环境的巨大破坏。

仅空气污染就导致每年近 30 万人死亡,慢性呼吸道病已成为中国死亡率最高的疾病,空气和水污染所造成的相关医疗健康成本一年高达 600 亿美元,占中国年度 GDP 的 4%。

尽管中国的污染问题已经十分严重,中国仍然有许多机会来改善环境质量。中国的高储蓄率意味着较易筹措资金来开发清洁的、能效高的产品或技术。中国可以通过制定合理的经济政策,把投资引向更加洁净的生产与消费活动,鼓励开发与推广改善能源使用效率的节能技术,大大降低污染。笔者的分析显示,中国到2020年时完全可以把与污染有关的医疗卫生成本降低75%。实现全面小康社会,光是GDP再翻两番显然不够。中国的人均GDP提高的同时,还要使水更清、天更蓝。

为了达到这一目标,中国需要调整经济增长模式,转变政府职能,制定对环境友善的能源政策。

第一,调整增长模式。中国迄今为止运用的增长模式是以高投入(人力与物质资本)为主的模式,高度依赖自然资源,而生产率提高比较缓慢。为此,必须重视教育人力资本投资、R&D(研发)、知识产权,以提高资源使用效率、提高生产率,实现可持续增长。

第二,改变政府职能,强化公共品(public goods)的管理。环保是一种公共品,靠私人部门或自由市场,难以达到预期的公共目标。因为存在市场失效(market failure)、外部效应(externality),自由市场难以有效控制污染。比如化工厂与钢铁厂并不把其排放的废气与污水记作成本,这些污染影响面很广,实际上作为产出的一部分包含着巨大的直接与间接成本。政府必须通过立法、税收与价格政策来实现生产与污染控制的合理折中。

由于多年实行计划经济,中国政府恰恰在生产与消费领域直接干预过多,而在市场失效时,需要提供公共品与公共服务,尤其是在环保领域,政府职能迟迟不到位。除了立法与制定规章,政府应当使用税收工具来惩罚污染工业或产生污染的消费,以正确反映污染的巨大经济与社会成本。比如,长期以来煤炭价格在中国很便宜,但是煤炭的市场价格并未反映其真实成本,包括安全生产、运输,尤其是碳排放对自然环境与人民健康的危害。如果把煤炭污染造成的医疗卫生成本计算在内,则它的单位价格至少在目前的水平上要翻一番。

第三,制定合理的能源政策来限制污染燃料,倡导清洁能源的使用。合理的能源政策可以鼓励企业对环保技术的投资,对使用清洁能源的产品与技术的开发,并促进节能的生产工艺与产品的开发。比如,中国工业能源的效率当前只有发达国家50%—60%的水平。如果国家对排放征税(emission tax),可以刺激企业减少排放,并开发与使用环保技术,提高能源使用效率。

举例而言,如果煤炭能合理定价,充分反映其资源价格,包括安全开采与运输成本,尤其是污染成本,那么就可以刺激洗煤技术的发展,减少排放,并提高煤炭使用效率。此外,增加天然气的公共投资以取代污煤的使用,可以提高能源使用效率2—5倍,从而大大减少城市空气污染。

环保需要投资,至少必须达到GDP的1%以上。中国目前总固定投资规模占GDP的40%,完全有余地增加必要的环保投资。理性的经济政策与合理的环保投资将使我们这一代中国人,尤其是我们的子孙后代,不但更富有,而且能享受净水与蓝天。

但是,如果现行的能源政策不作及时与根本性的调整,中国必将为之付出更沉痛的代价。在全球化时代,中国的能源政策与能源消费结构不仅影响到中国经济的持续性发展与十三亿中国人的健康福祉,而且影响到全球环境与生态平衡。中国政府明智地签署了《京都条约》,但必须付出极大努力履行条约义务。

科学理性的能源政策可以促进环境改善、环保型生产与环保型消费的增长。中国政府、企业与消费者必须采取紧急行动,与国际社会紧密携手合作,使工业化、城市化与环保生态投资相辅相成,探索一条真正可持续均衡发展的现代化道路。

本文根据笔者在2002年联合国环境署"绿色消费与可持续发展"会议上的发言整理而成。

有效应对能源与环境对中国经济增长的挑战

中国经济的高速增长,使数以亿计的人口摆脱了贫穷,中国人民的总体生活水平显著提高。中国迅速成为一个有竞争力的全球制造业基地和全球贸易大国,中国在世界经济中的地位与影响力正在日益上升。

在取得这些举世瞩目的成就的同时,中国也付出了沉重的代价。尤其是,中国的环境、生态与能源系统正面临着空前的压力。脆弱的环境与生态对人民的健康、生活品质,以及经济增长的可持续性构成了严重的威胁。

中国的原油消费量在2003年首次超越日本,成为全球第二大能源消费大国,仅次于美国。这一变化令人惊讶。但是,以高污染煤炭为主的能源结构一直无法得到调整,中国的能源战略与经济政策至今仍然主要关注如何保证传统能源的生产与供应,而忽视了如何有效地调节能源的需求与消费,提高能源使用效率,并开发可再生的与清洁的能源。

中国快速的工业化与都市化导致森林植被急剧减少,中国的空气和水污染程度已经远远超过了世界卫生组织的警戒线。空气污染导致每年全中国30万人的死亡。慢性呼吸道病成为死亡率最高的疾病。据世界银行的估算,环境污染所造成的经济成本达到了中国GDP的3%—8%,约1 280亿美元,相当于广东省和上海市2004年度GDP的总和。工业排放与空气污染所造成的酸雨导致了大面积农作物的歉收。而且,在大气变化与不断恶化的自然条件下,农业被迫过度地使用化学肥料和烈性杀虫农药,又进一步造成食物链的污染,威胁人类的健康。

快速工业化、城市化意味着包括建筑与工业结构在内的巨大固定投资。但是大量重复建设、低质量设计与粗糙施工导致了建筑的耗能和排放过多。中国城市的空气污染有很多原因,但最主要的有两个:一是电力和工业排放。比如,上海等地仍在使用的以煤炭为主要燃料的工业锅炉。二是交通系统所造成的污染。近年来私家汽车拥有量迅猛成长,但中国的汽车废气排放标准过低,再加上交通堵塞,加剧了空气污染。在北京和上海,市区平均的车速非常低,从而产生了更多的废气。北京市区汽车总量尚不到洛杉矶的四分之一,但是北京的汽车废气排放量已和洛杉矶相当。

现在学术界与政策界仍然流行一种观点,即中国是一个发展中国家,当务之急是发展经济,环境问题可放缓,即要先发展,后环保。但是,这种看法是错误的。

第一,它隐含着经济起飞的时候,不可避免地出现污染加重、环境恶化的局面;但当人均收入达到一定水平的时候,环境会自动地改善,即在人均GDP与环境质量之间客观上存在某种库茨涅茨曲线。显然,这在实证上并不能成立。从跨国数据来看,在同一个人均GDP水平点上,有着很多不同的环境指数。就碳排放与温室气体而言,今天的发达国家仍占主要份额。

第二,国际经验表明,在经济发展起飞阶段就重视和关注环境保护问题,较早地妥善处理经济增长与环境的关系,这样对环境所造成的不可逆转的破坏将会较小,而清理和改善环境的成本也相应会比较低廉。

第三,环境的好坏是影响人民生活品质的重要因素。如果在人均GDP不断提高的同时,环境质量却不断恶化,空气与水污染危及人民健康,那就是得不偿失,影响国民的福祉,不符合我国现在强调的以人为本的科学发展观。

能源与环境已成为日益制约中国经济可持续发展的重大障碍。中国所面临的环境挑战非常严峻。尽管如此,笔者还是相信,中国还有机会挽救及改善业已脆弱的生态与环境。

第一,中国有很高的国内储蓄率,这是中国的一大优势。有了资金,就有条件开发和投资清洁能源,提高能源的使用效率,以及广泛采用先进的环保技术与手段。

第二,中国大有余地转变政府的职能,强化对公共品的投资和管理,尤其是在环保这一公共品领域,政府大有可为。由于污染的负外部效应,存在所谓的"市场失效"(market failure),所以不能指望自由市场可以有效控制污染。典型的例子是,在长江中上游的化工厂所排放的污水,会严重危及中下游的农业、渔业,以及人民的日常生活用水安全。但该化工厂并没有积极性主动地考虑其所产生的负外部效应。只有通过政府立法、监督以及税收和价格的政策,才能让该化工厂计提污染的成本,弥补市场的失效,从而实现更有效的污染管理。

由于多年实行计划经济,中国政府对经济活动有着广泛的和直接的干预。但是恰恰在市场失效的时候,政府的职能却又不到位。在任何国家,污染控制与环境保护都应当是政府的一项重要责任。但在我国,各级政府往往只顾片面追求短期经济增长速度,而不顾长远的可持续发展,恰恰忽视了政府必须提供公共品这一核心职能。

第三,把政府干预与市场机制有机结合起来,可以显著增加环境保护的效果。政府干预的最重要方式就是制定与落实环保的法律规章和环保标准,并审慎地运用税收或支出政策,限制污染,鼓励环境友好型的生产与消费活动。

应该特别指出的是,中国现行的对于汽油与电力等能源价格的管制和补贴政策,是一种不合适的政府干预行为。在国际原油价格飙升的大环境下,中国的能源价格显著低于国际水平。这样的价格管制打消了企业与消费者节能的积极性,客观上鼓励了过度的能源消耗、能源浪费和碳排放。换言之,现行能源价格政策与中国政府实现资源节约型和环境友好型的经济发展目标背道而驰。

毫无疑问,从效率的角度而言,能源价格管制是极其有害的。那么,管制能源价格是否可以有利于公平的目标呢?答案也是否定的。低收入阶层,尤其是农民,并没有真正享受到能源补贴的好处。比如,从低价汽油中受惠最大的是城市的富裕阶层。

因此,中国政府应尽早取消能源价格管制,使能源价格市场化,从而充分反映国际市场价格变化与资源的稀缺性。对于受到能源价格市场化负面影响的真正低收入的人士,政府可以运用现金转移支付的方式进行目标锁定,给予其补贴,从而更好地兼顾效率与公平的政策目标,同时更好地兼顾经济增长与环境保护的目标。

在能源价格市场化后,即使国际油价飙升,对于中国的影响也不尽是负面。当石油、天然气价格高到一定水平时,一些可供替代的和更清洁的能源,如太阳能、风能、生物沼气、海洋能,以及洗煤脱硫技术等,将在商业上变得更为可行。因此,市场化的能源价格是鼓励、刺激研发新能源与环保技术的必要前提。

中国还有一个需要重新认真探讨的问题,就是交通政策。城市化与工业化的飞速发展大大增加了对交通运输系统的需求,而这些年来中国对交通设施的投入很大,包括全国性的高速公路网络以及都市内交通主干线的建设,等等。但中国的交通政策可能有一个严重的失误,就是私家车的普及。私人车辆的激增,是造成能源消费扩张,城市交通堵塞,噪音、排放与污染日趋严重的重要原因。

短短数年,中国就已成为仅居美国之后的世界第二大汽车消费市场。但是,中国的汽车业生产与消费模式存在许多缺陷,尤其是汽车实际排放标准过低,百分之百地采用传统引擎与燃料。中国政府未能抓住机遇,率先在中国普及推广高节能、低排放的车辆,特别是新式混合燃料车辆或电动车。现在全球主要的汽车公司都看好中国市场。由于中国市场的规模和成长潜力,中国政府可以利用此优势,鼓励研发并推广节能低排的新型车辆。然而很遗憾,中国白白放弃了这样一个难得的机会,错失在汽车工业上"跳蛙式"超越发展的机会。事实上,中国正在盲目跟随发达工业国家,亦步亦趋,重蹈其在交通领域所犯的错误。

在中国这样一个能源紧张、人口密集、土地稀缺的国家,复制美国户户有车、铺张浪费的生活方式,实在不够明智。中国的中产阶级及高收入人士当然可以买车、开车。但是,汽油价格与车辆牌照税应当反映其对交通拥挤、噪音与空气污染造成的负外部效应。一个更加明智的政策是大力发展公共交通——地铁、轻轨、公共汽车、高速铁路干线、民用航空、水路交通等,建设全国四通八达的公共交通系统。换言之,中国完全有条件、有能力建设世界领先的、最现代化的、安全可靠的、高效率的一流公共交通系统,在节能、减污及建设高效率的公共交通系统方面,在全球树立一个最佳的典范。

在能源与环保上,日本有许多值得中国仿效的经验。在1973年第一次中东石油危机爆发后,高度依赖进口化石燃料的日本如梦方醒,举国上下把节能作为重要使命。今天,日本有着世界上最高的能源使用效率,每美元GDP的单位耗能仅是美国与欧洲的二分之一,是中国与印度的八分之一。

中国是全球经济增长最快的国家,能源与环境的严重问题已经开始威胁经济增长的可持续性。如果现行不合理的能源政策、交通政策、价格补贴政策不能及时地调整,我们一定会付出高昂的代价。在全球化的时代,中国的能源政策、能源消费结构与环境质量,不仅影响到中国经济自身的发展与13亿人口的健康,而且影响到全球的生态环境与气候变化。可以预见,环境与能源将日益成为一个国际贸易和外交关心的热点与焦点问题。如果中国缺乏前瞻性和主动性,不能尽快形成一个可信可行的节能、减排、治污的综合策略,那么中国将受到国际社会的指责和批评。

中国政府要真正树立科学发展观,认真履行建立资源节约型和环境友好型社会的承诺,其关键在于充分依靠市场机制与法律法规,使快速工业化、城市化与节能环保有机地、和谐地结合起来。中国政府、企业与消费者要采取紧急的行动,改变现行的、不可持续的经济增长模式与消费方式,探索一条可持续发展的现代化新路。

本文根据笔者于 2004 年 4 月 16 日在复旦大学与《经济观察报》联合举办的上海"观察家论坛"上的演讲整理而成。

中国新型城市化战略探讨

中国近几十年来经历了一个无论在规模还是在速度上,堪称人类史无前例的城市化进程。在1978年到2008年这三十年间,中国城市人口从总人口的18%剧增到46%。最近十年中国城市化的速度尤其惊人,而此势头预计还会延续,每年约增加2 000万都市人口,近乎每年新增一个澳大利亚。根据联合国的预测,中国城乡人口到2015年将各占一半。到2030年,中国都市人口将达10亿,超过除了印度以外的世界上所有其他国家的总人口。

伴随中国城市化的一定是工业化的过程。大量剩余农村人口从低附加值的传统产业向更高附加值的制造业和服务业转移,显著地提高了中国的全要素生产率,成为近几十年来中国真实GDP高速增长的重要推动力。同时,城市人口(目前已经超过6亿)是中国中产阶级消费者的主力军,是国内需求增长的主要引擎。毫无疑问,跨城乡、跨产业的大规模劳动力转移,是中国大规模快速减少贫困人口、提高人民生活水平的重要因素。

为了维持经济的高速增长,中国必须继续推进城市化的进程。但是,近年来中国城市化在取得巨大成就的同时,也产生了许多失误。中国必须在总结国内外经验的基础上,重新思考、审视未来的城市化发展模式。对于湖南这样经济相对滞后的中西部省份,探索一条新型的城市化发展道路尤显重要。新型的城市化战略在保留和沿袭历史成功经验的基础上,必须在如下几个方面另辟新径:

一、能源

现代城市是能源最大的消费者，包括工业、交通、家庭，等等。正因为近年来中国快速的城市化进程，中国一跃成为仅居美国之后的世界第二大能源消费国。但是，城市居民平均能源消费的高峰还在后面。而且，使能源问题更为严峻的是，中国的能源使用效率依然低下，单位GDP的能耗是美国的3.5倍、日本的7倍。

在很大程度上受中国强劲需求的拉动，国际原油、天然气价格持续高企；而占中国初级能源80%以上的煤炭所产生的高污染、高排放已在国内外引起了深刻的担忧。可以预见，能源，尤其是清洁能源的供应，将成为制约中国城市化、工业化和长远经济增长的瓶颈。

仅举两例说明。

一是由于盲目发展汽车产业，全国各城市普遍鼓励居民购买私家汽车，使私家车拥有量急剧增长，而公共交通系统的发展却严重滞后。

2009年全球经济衰退，但中国成功地使用了内需刺激政策，保障了中国经济逆势而上，仍然保持8%以上的经济增长。然而，就是从2009年第一季度开始，中国正式超越美国成为世界最大的汽车市场。

私人汽车的迅速普及，不仅导致中国汽油消费量剧增，而且造成市区交通严重堵塞、空气与噪音污染不断恶化、交通事故大量发生、土地资源低效率消耗。换言之，中国正在复制发达工业国家中曾经出现过的"城市病"。

事实上，中国人口众多，而且稠密集中，加之农业耕地面积缺乏，能源供应紧张，盲目发展汽车业和全盘仿效、复制美国等发达国家的生活方式，并不符合中国的国情现状与未来可持续发展的要求。中国有条件、有能力建设世界领先的现代城市公共交通系统，包括地铁、公共汽车、轻轨火车等，从而满足不断增长的城市人口对于安全、便捷、高效的交通服务需求。

二是在中国城市化的过程中，巨大投资流入了住宅和商业地产的开发，竣工与在建面积占全球第一，历史上也为罕见。据麦肯锡公司预测，现在至2025年，中国将完成500万幢新建筑物，竣工建筑面积累计400亿平方米。其中5万幢将是摩天大厦，相当于10个纽约市的规模。

但是，由于规划、设计、建材、施工与楼宇管理方面的缺陷与不足，中国的建筑能耗普遍过高、节能性差。这些城市建设中的盲点造成了能源消费的不合理扩张和能源使用效率的低下等一系列可能制约中国经济长远发展的瓶颈。

在未来的城市化进程中，必须通过城市规划、工程设计、建筑施工和城市管理等各个环节，建立更为合理、清洁、高效的现代城市能源系统。

二、环境

在中国快速城市化的过程中，工业的扩张和人口的膨胀刺激了能源的大量消耗，二氧化碳、二氧化硫等有害、有毒气体与颗粒的排放，造成了日益严重的环境问题，包括空气污染、水污染、噪声污染、森林和植被的破坏、水土流失，等等。中国已取代美国成为全球最大的碳排放国。在全世界20个污染最严重的城市中，中国独占15席。

中国城市污染问题已经严重地影响了人民的生活品质，甚至危及了人民的健康，对城市化的可持续性提出了尖锐的挑战。

在未来城市化的过程中，污染的有效控制与治理，环境与生态的良好保护，必须成为与地区经济发展相辅相成的重头戏，成为政府城市公共管理的核心职能与业务，成为衡量、考察政府官员业绩的一个重要指标。

三、人文

归根结底，城市化造成了人口大规模向市区的迁移和聚集，现代城市必须相应提供一个安全、可靠、舒适和高效的平台，供人们愉快地居住、生活和高效率地工作。离开了这一点，城市化就不能达到预期的良好的经济人文指标。中国过去的城市建设偏离了"以人为本"的原则，出现了重建设轻民生、重硬件轻软件的倾向。城市面积越来越大，楼房越盖越密集，马路越修越宽广，但越来越不宜于人们居住和生活。虽有大量资金投入房地产开发，但是大多数城市的文化、艺术、体育、娱乐设施却不齐备；市区高楼林立稠密，公共休闲空间则非常不足；医疗卫生设施尤其缺乏，社会服务严重滞后。

四、金融

从现在到2025年，预计中国人口将净增3.5亿，仅这一增量就将超过今天美国的全国人口。新增城市人口的绝大多数，约2.5亿，是农村移民。可以想象，城市化与城市人口的激增，将为城市基础设施、住房、医疗服务、教育与就业造成巨大的压力和挑战。投资，是应对这些巨大挑战的根本之策。

但是，迄今中国城市化的融资模式非常单一，基本上是靠银行贷款和政府预算。而后者往往依赖土地转让收入，即所谓"土地财政"，导致了土地和房地产的价格泡沫，增加了未来城市化的成本，降低了城市居民的购买力及其真实生活水平。

未来城市基本建设和经常性公共服务支出双双存在着巨大的资金缺口，必须调整融资模式，更加重视吸引私人投资和发挥资本市场的融资功能，比如发行市政债、股票融资等。目前城市建设中的私人资本主要集中于商业性的房地产开发。其实，许多城市公共基础设施项目，比如机场、港口、公路、地铁、燃气与自来水供应、垃圾收集与处理等，可以更多地吸引民间资本和国际资本的参与，条件合适的大型基建项目可采取BOT的模式。比如，香港地铁公司专司负责香港地区的地铁建设和运营，在联交所上市，是全球盈利最高、效率最好的地铁公司。香港的成功经验值得内地参照。

在重要社会服务方面，比如教育和医疗服务，也存在更多的民间资本参与空间。在湖南长株潭城市带建设中，可以大胆引进私人投资，建立更多的医院和学校，作为公立医院和学校的重要补充。这样，不仅可以确保城市发展不至于受到融资瓶颈的制约，而且大大改善了城市的医疗卫生和教育服务，营造出吸引一流人才和企业家落户的环境，形成城市发展的一个良性循环。

五、个性

城市作为一个地区人口、经济和社会的有机综合体，应反映本地区的特定历史、文化、地理、气候和自然环境，而忌搬用千篇一律的发展模式。遗憾的是，从深圳到哈尔滨，中国许多城市建设盲目抄袭，非常雷同，缺少城市自己独特的个性和风格。

未来城市的竞争力在相当大的程度上取决于城市的独特性，表现在城市面貌、建筑风格、人文氛围、公共设施、政府服务和生活品质等诸多方面。

长株潭城市带不能只变成一个规模宏大的超级都市(mega city),而与深圳、广州、重庆或武汉等没有太大的区别。长株潭城市带的开发建设,必须要有长远的战略思维,充分展现其想象力和创造力。它必须成为一个经济繁荣、交通便利、居住舒适、充满活力的现代大城市,但同时必须是一个具有鲜明湖湘特色、环境优美、文化灿烂的中部明珠。

本文系笔者在2006年湖南长沙"国际城市化研讨会"上的发言。

知识产权与创新

知识产权和中国经济的未来

一、概论

一个国家的经济繁荣取决于其国内生产总值的长期增长。国内生产总值的长期增长又取决于生产率的持续性提高。尽管影响经济增长的因素还不能被一一尽知,但近几年来经济学理论的发展和大量的实证性研究都指向技术革新的重要性。一个国家经济的增长可以通过简单的劳动力投入和资本积累获得。但是,若要维持国家长期繁荣和人民生活水平的持续提高,不断提高劳动力和资本的生产率就变得至关重要。

资本的快速积累是中国过去二十年来经济高速增长的主要动力。中国每年平均高达国内生产总值36%的投资率正说明了这一点。随着中国打破中央计划体系,开放产品和劳务市场,向国际贸易和外商投资开放,生产率一直都在提高。但是,生产率的增长到目前为止还没有成为中国经济增长的主要动力。这就使人们怀疑中国快速增长的可持续性。[①] 尤其是,资本积累的回报递减和日益严重的环境压力已经对中国这种要素密集型增长模式提出了挑战。

为了保持中国的经济繁荣,中国政府提出了"科教兴国"的号召,即一个以知识为基础、以创新为导向的发展战略。这种新战略强调运用科学技术使中国能迅速赶上美国、日本、欧洲等发达国家和地区,甚至在某些产业中

---

① 见国际货币基金组织《中国为何增长迅速》一文,作者胡祖六、M. Khan,写于1997年3月(华盛顿)。

超过它们。我们相信这种以知识为基础的发展战略,是使中国实现其巨大的经济潜力,并在未来二十年内成为世界领先的经济强国之一的最佳战略。

这一以知识为基础、以创新为导向的战略必须有四大支柱:

一是丰富的人力资源或知识型劳动力,即受过教育的、有技能的劳动力队伍,能有效地利用已有知识并能不断推陈出新。

二是有效的创新机制,即个人、企业、研究机构和其他组织都能有效互动,利用本土和国际不断增加的知识储备来创造和推广技术。

三是流动的、运转良好的资本市场为新兴企业、研发活动和其他创新活动提供资金。

四是强大的激励机制,能提供必要的经济和社会回报,以促进创业精神、冒险意识和创新活动。

在中国,人们已逐渐普遍认同前三项支柱的重要性,但对第四项支柱——强大的激励机制——的重要性的了解还不够深入。在某种意义上,这是知识经济的基础支柱。创建新的知识、产品和服务需要投资。而对这些投资的回报取决于有效的保护创新产品的机制。缺乏这一机制将打击创新的积极性,降低教育和研发的回报,从而抑制创业和革新精神。没有创新,经济和社会发展将最终停滞。

即使在有雄厚的教育基础和先进的研究设施的国家,激励机制的缺乏和经济上的低回报也可能抑制创新精神,或者至少会影响该国把研究成果转化成经济增长。俄罗斯就是这样一个典型的例子。

当谈到知识经济所需的有效的激励机制时,我们主要指的是对知识产权提供有效保护的法律体系,以及通过现代资本市场融资并获得知识产权投资回报的制度。

二、知识产权的经济效益

中国的决策者通常把知识产权看成一个狭义的法律问题,而不是广泛的经济问题。其结果是,在中国,只有行政监管与(尚未完善的)司法体系孤军奋战以推动对知识产权的保护,而没有取得更广泛的社会和政治支持。事实上,中国迅速增长的民营企业和企业家阶层,众多在华营业的跨国公司,新兴的但是发展迅速的金融市场,学术研究机构,音乐、电影、出版、传媒行业,生物科技,IT 都属于知识产权产业,因而与知识产权保护利害攸关。它们在中国代表着更为进步的"知识经济"的力量,因而它们的参与甚为重要。要争取对知识产权保护更为广泛的支持,中国的领导层必须了解其所产生的切实的经济效益方面的影响,并向公众进行有效的宣传。总结来说,由于下列三个原因,所有的中国公民和企业在知识产权保护中都有重要的切身经济利益:

首先,也是最重要的,是一个强有力的知识产权保护体系能调动创新的积极性,这是中国希望采用的以知识为基础、以创新导向的发展战略的主要特征。历史和国际经验表明,创新就长期而言是最有效的提高生产率的手段。中国要消除贫困和提高13亿人口的生活水平,就必须尽快消除与发达国家在科学技术上的差距。中国要充分利用其大量的人才和创新资源,首当其冲的就是要为创新提供一个合适的激励机制。

也就是说,中国必须吸引、保留和激励人力资本。这意味着需要在教育上大力投资,扭转人才流失的严重问题,以及营造一个对世界一流人才有吸引力的环境。在目前全球化的世界,人力资本是高度流动的。重视和保护知识产权的强有力的机制将是把人才留在国内并充分发挥其创造力的关键所在。

其次,有效的知识产权保护体系有利于促进吸引外商直接投资(FDI)。中国是吸引外商直接投资的最大东道国之一,每年的外资流入量在世界各国中排名第二,仅次于美国。在过去五年中,中国吸引的外商直接投资每年平均达400亿美元。中国的快速经济增长、大量的廉价劳动力、迅速扩张的国内市场,以及提供给外商投资者的优惠税收政策,等等,都是吸引外商直接投资的重要因素。

但是,进入内地的外商直接投资大部分都投入于相对低端的劳动密集型生产行业,如纺织、服装、制鞋、玩具和消费类电子产品,并主要来自香港和台湾地区。来自西方和日本跨国公司的投资,尽管在增长,但到目前为止只占中国全部外商直接投资的30%。另外,外国风险投资(venture capital)和其他类型的私人股权基金投资(private equity)在中国每年只有2亿—3亿美元,与外商直接投资流入总量相比显得微不足道。

用外商直接投资和外国风险投资来扶持高科技产业的发展还有很大空

间。但是,高科技投资者之所以在中国投资有所顾忌,很大一部分原因出自对知识产权保护的担忧。各种调查结果和一些事例显示,跨国公司一方面深受中国市场潜力的吸引,另一方面则十分担忧中国对知识产权的保护不力。一个美国的风险投资基金放弃了在中国对一家新兴光纤企业投资的机会,说"中国深受缺乏知识产权保护之害",并评论说"(在中国)不重视也不尊重创新。只有在产业创新周期结束后才能去中国"[1]。不论这一说法多么武断或过激,它在很大程度上反映了很多外国投资者对中国知识产权保护的看法。

学术研究也证实一个国家保护知识产权的记录对跨国公司在该国的投资决策有巨大的影响。在其他条件相同的情况下,一个国家对知识产权的保护越强,跨国公司就越可能在那里投资。[2] 对知识型产业,如软件、制药、资讯和生物科技尤其如此,因为在这些行业中被盗版和仿造的风险也最高。

外商直接投资对中国经济的发展已经带来了明显的益处。比如,创造就业机会、引进先进技术、传授管理经验、传播商业模式以及促进出口增长。中国应该加强对知识产权的保护。这将吸引更高端的投资,进一步巩固中国作为最吸引外商直接投资国家之一的地位,通过利用外资来加速中国知识产权产业的发展。

最后,加强知识产权保护有利于中国建立世界级的品牌。中国已迅速发展为全球贸易的主要参与国之一。然而,中国的出口仍然集中在低附加值产品,并且拥有的全球品牌寥寥无几。中国制造的真丝领带只卖10美元,而类似的附有意大利商标的领带尽管其90%的部分在中国制造却可以卖100美元。同样,在消费者电子产品方面,中国可能是世界上最有竞争力的生产者,但大部分在主要市场出售的产品仍然挂着外国商标如索尼或松下。这些外国品牌的所有者获得大部分价值,而真正生产这些产品的中国公司只获得一小部分价值。就国内品牌而言,由于伪造、仿冒十分猖獗,如果没有有效地对包括商标在内的知识产权的保护,中国将同样难以建立强大的国内品牌。

---

[1] 见"中国的光纤企业想做大",《亚洲华尔街报》,2001年8月16日。
[2] 见 Mansfield,"外国直接投资和知识产权保护",《经济和统计评论》,1996。

三、创新带来的利益:成功案例

美国、中国台湾和印度的经验证明,保护知识产权可以促进创新,从而可以促进经济繁荣,并提供可持续的增长。

1. 美国——新经济和生产率的提高

美国在20世纪90年代的经验显示了其先进的制度是如何释放出经济中创新的潜力的。在关键领域如生物技术和计算机行业,美国提供的知识产权保护强过欧洲和日本。美国的软件专利保护涉及单程序和多程序产品,而日本的软件专利保护只涉及单程序产品,欧洲的专利保护只涉及"有提供技术贡献的"软件创新。这些局限产生了大量的不确定性。世界领先的软件公司大都出现在美国,这并非偶然。另外,美国强健的知识产权保护体系和高流通性的股票资本市场,为创新带来诱人的回报,促进了大量的研发投资和风险投资。在2000年,这两项投资分别占美国国内生产总值的2.7%和1%。

这种环境是美国知识产业,特别是信息科技产业,在过去十年有惊人高速增长的基础。信息科技产业在1990年只占美国国内生产总值的2.8%,而在1999年则已上升至11%。更广泛地说,知识产业,包括信息科技、生物技术和金融服务等,是产生财富的主要来源,占美国股票市场总市值的约60%。

美国信息技术产业由于其具备的超强创新能力已经经历了爆炸性的增长。该行业占美国注册专利总数的约30%,并吸引了风险投资总额的约60%。在过去十年,计算机和半导体行业迅速提高了该行业产品的质量,同时又显著降低了成本。这两大行业一起占到美国1995—2000年间全要素生产率(TFP)增长的一半以上。另外,由于其他行业也利用这些新的技术提高了效率,其间接的经济影响更为深远。

这种生产率的提高导致了美国有史以来历时最长的、最为强劲的经济增长。自1993年以来,美国国内生产总值以平均每年3.6%的速度增长,通胀率不断走低,而失业率降到了有史以来的最低点。在此过程中,经济发展创造了逾2 100万份的就业机会。即使在近期信息、通讯和科技(ICT)设备投资急剧紧缩的情况下,美国生产率仍持续增长。新经济之所以得以产生并大放异彩,主要归功于它吸引了全世界最优秀的人才,并对他们创造的新知识予以丰厚的回报。

2. 中国台湾的信息技术产业

自20世纪70年代后期以来,中国台湾在科技发展上取得了举世瞩目的成就。台湾在信息技术方面目前已跻身于世界领先地位。它的笔记本电脑产量占世界一半,并且是世界上半导体的最大生产基地之一。在台湾,科技产品占总出口的约46%(相比之下,大陆只有5%—10%)。信息技术产业占台湾股市市值的56%,在台湾股票交易所上市的十家最大公司中有七家都是高科技公司。台湾成就最有代表性的体现是新竹工业园区。该园毗邻台湾清华大学和交通大学,在2000年雇用了100 000名员工,一些世界领先公司的总部,包括世界第一大和第二大半导体芯片代工生产商台积电(TSMC)和联电(UMC)均坐落于此。

台湾现在拥有的半导体行业的领先地位归功于其对知识产权保护的实施。作为外包生产商,TSMC和UMC经常从其客户那里获得集成电路芯片(IC)的专有设计。并且,它们通常为有互相竞争关系的客户同时提供服务。如果全世界的IC设计公司对台湾半导体生产商保护知识产权的措施不够信任,这些公司绝不会发展到今天的规模。

3. 印度的软件业

印度成为信息技术产业,特别是软件行业强盛的主要国家之一,已引起了中国领导层的注意。目前,大约有41万名工程师在印度的软件业工作,在2000年创造了87亿美元的收入。尽管拥有的自主品牌不多,印度的软件公司却成功地从《财富》500强企业中的200多家获得了合同。1999—2000年,印度的软件业单从解决"千年虫"问题上就获得30亿美元的收入。印度的信息技术出口从1990年的1.5亿美元增加到2000年的40亿美元。印度政府预测国内的信息技术产业的产值到2008年将达到850亿美元。

有意思的是,印度最初的状况和中国有许多类似之处。印度的大学每年毕业10万名理工科学生(中国为60万),而他们当中很多都说英语。印度理工学院(India Institute of Technology)在学术质量和研究实力上可能与中国的清华大学不相伯仲。另外,印度是世界上最大的散居海外的科学家群体之一;大约30%的硅谷软件工程师来自印度(另外30%是华人)。由于具有这些丰富的人力资源,印度发展了世界级的软件行业,并主要从西方跨国公司处获得订单。

但同时,印度和中国之间有一大差别,即尽管印度整体的知识产权保护较为薄弱,但是软件服务业因为严格实施其跨国公司客户的知识产权保护标准而极为成功。因为涉及开发一些专有产权软件,如果不致力于保护其客户的知识产权和商业秘密,这些印度公司将无法从西方跨国公司那里获得订单合同。

四、中国应借鉴的经验

美国在科技上的持续领先、中国台湾在高科技生产加工方面的全球主导地位和印度本土成长的软件业,这些成功案例都有一些值得中国大陆借鉴的经验。

第一,要建立强大的人力资本基础,对教育进行大力投资,同时还要建立一个能留住人才、激励人才的体制。

美国能持续保持科技领导地位的原因之一在于其优秀的教育体系。美国之所以有世界上最庞大的科学家和工程师群体,主要是因为该国拥有大量世界一流的大学与研究机构。1999—2000年,美国在教育上投入6 500亿美元,占其国内生产总值的7.0%。

美国成功的另一个重要原因是它能吸引世界各地的最佳人才。强大的教育体系固然重要,但是如果不断地流失其最佳的毕业生,它的有效性就大打折扣。外国人才是美国技术领先的关键原因。根据乔治城大学国际移民研究院的研究,在美国的500万信息技术人员中,100多万是移民。中国台湾成功地建立了世界级的信息技术产业,很大一部分原因就在于它吸引回来了5万多位在过去二十年间离开的华人科学家与工程师。

与此相比,很多发展中国家——包括中国——都受到人才流失(brain drain)的困扰。政策制定者不仅应该致力于提高本国教育水平,也应该致力于建立一种能够吸引和留住人才的环境。

第二,要建立一个运转良好的金融体系,以提供资金,并给予研发、创新和创业行为以足够的回报。活跃的风险投资行业和高流通性的股市资本市场,尤其是纳斯达克,在过去十年促进了美国信息、通讯和科技(ICT)行业的惊人增长。风险投资基金在1995年到2000年间在孵化和培育众多新技术公司方面起到了重要作用。企业上市使企业家和他们的支持者获得了对知识投资的回报,进一步提高了创新的积极性。在1995年到2000年间,美国有3 000多起首次公开发行上市,并成为促进创新的一个主要动力。中国台湾信息技术产业的发展和印度软件业的起步在早期也依赖于私人股权投资,以及在本土和海外股票市场上的融资。

第三,只有对知识产权有强有力的保护,才会有活跃的创新活动。美国在科技上的领先地位有赖于其注重知识产权保护的传统。美国开国元勋们很有远见,在1788年的美国宪法中就确立了对版权的保护。美国对知识产权有效的法律保护在很多领域都激发了创新和创造力,包括科学、技术、音乐、电影和娱乐业,等等。没有对知识产权的强有力保护,个人和公司参与研发的动力就会减弱。如果重大的技术突破没有给企业家带来丰厚的利润、给投资者带来巨大回报,风险基金和普通投资者就不会给高风险的新企业提供大量的融资。

五、中国的潜力和局限性评估

中国有巨大的创新潜力。对中国有利的主要因素包括:

第一,创业精神和创新的文化。中国有创新的渊源和传统。中国是世界上最有创业精神、最善于利用资源和最有创造力的国家之一。正如剑桥大学的学者李约瑟用大量史实所证明的那样,中国在人类有历史记录的大部分时间内,直至1600—1800年被西方赶上之前,都是世界科学技术方面的领袖。中国创造了人类历史上最重要的一些发明,包括指南针、火药、造纸和活字印刷术。

第二,大型的教育基础。中国两千年的儒家传统重视教育和学术。尽管人均国内生产总值水平还很低,但是中国的基本教育和高等教育体系已初具规模。中国的主要人类发展指数,例如婴儿死亡率、识字率以及小学和中学入学率都达到了中高收入国家的水平。

第三,中国人力资源的规模也十分可观。尽管中学毕业生获得高等教育的比率仍然在10%以下,但是中国的大学每年的理工科毕业生达到60万人,其中有四分之一继续攻读硕士和博士学位。2000年有大约290万名高级科学家和工程师在大学、研究机构和企业从事基础及应用研究。在美国大学攻读理工科研究生课程的中国学生数量超过了任何其他国家的留学生人数。

第四,国内信息技术市场的迅速发展。过去十年,中国在建立技术基础设施领域进行了大量投资。中国成为世界最大的信息技术市场,有1.4亿门固线、2 400万台个人电脑、2 500万名互联网用户(在印度,以上数据分别为3 000万、500万和550万)和120万公里光缆网络。中国已经超过美国成为世界最大的无线通信市场。到2001年6月底,中国的移动电话用户已超过1.24亿(印度为300万)。另外,中国的信息科技市场还有巨大的增长空间。从目前到2005年,总的信息技术支出预计将以27%的年复合增长率增长。

第五,信息技术基础设施迅速增长将在两方面促进创新。首先,国内市场对技术需求的增长将创造一系列的创业机会,使各种新兴企业有机会开发和提供新的产品及服务,因此得到发展和获利。其次,像美国一样,信息技术行业的发展将带动其他经济行业的发展。

第六,高储蓄率。中国的储蓄率居世界前列。国内的A、B股市场只有十年的历史,却已迅速超过香港地区成为继日本之后亚洲最大的股市。它远远超过世界其他的新兴市场,包括阿根廷、巴西、印度、韩国、墨西哥、俄罗斯、南非和土耳其。中国迅速扩张的资本市场将增加其创新活动融资的能力。

第七,吸引外商直接投资和风险投资的巨大潜力。中国锐意改革的领导层致力于市场开放和经济的迅速增长,他们赢得了世界一流的跨国公司的信任。随着中国入世之后市场的进一步开放,2005年后每年的外商直接投资可能将达到1 000亿美元,比现在的400亿美元大为增加。强劲的外商直接投资将帮助中国引进先进的技术,缩短技术上赶超发达国家的时间,中国的一些行业也会因此有机会得以"跳蛙式"的飞速发展。另外,能直接从香港和台湾地区获得大量资金及管理专长仍将是内地的独有优势。

然而,尽管有这些优势,不健全的机制环境却大大限制了中国充分发挥其潜力。中国在创新活动方面还遥遥落后于发达国家。比如,在研发方面,中国的投资尚不到国内生产总值的1%,而较发达的一些国家一般都达到2%—3%。尽管中国每年的理工科毕业生人数是美国的3倍,然而注册的专利数却不到美国的一半。另外,中国经济中的高科技成分仍然很少,只占总附加值的7%。

几个具体的因素限制了中国的创新:

第一,严重的脑力流失。30多万名在海外完成研究生教育的中国学生,回国的还不到三分之一。中国最优秀大学的青年人才流失尤其严重,据某项估计,自1985年以来,清华大学82%、北京大学76%的理工科毕业生都出了国。

第二,融资障碍。尽管有高储蓄率和迅速发展的资本市场,中国的金融体系对想融资建立新技术企业的私营企业仍然有严重的障碍。外国的风险投资由于回收资金渠道不畅(不易退出)而重重受缚。中国的《公司法》、《证券法》和《中外合资企业法》对外国私人股权基金投资有大量限制,条例过时,与市场需求脱节。

第三,薄弱的知识产权保护体系。由于对《知识产权法》的实施不力和司法体系的低效率,对知识产权的侵犯在中国已成为司空见惯的现象。中国的计算机软件、音乐CD和电影DVD的盗版活动猖獗,中国政府的行政与司法部门未能对此有效打击,这已造成国内公司和跨国公司几十亿美元的收入损失。更重要的是,这种局面严重损害了创新的积极性。有些政府官员只是在口头上喊喊保护知识产权而已,并未真正认识并深谙知识产权在经济和社会发展中的巨大与特殊的作用。

六、中国知识产权保护的现状

过去二十年,中国在知识产权的立法方面已经取得了显著的进步。中国已经通过了一系列重要的关于商标、专利和版权的立法(见表1)。越来越多的侵犯知识产权的案子已经在法庭上得到了裁决。除了传统的行政处罚,对于侵权者也有越来越多的法律刑事诉讼。

表1 中国主要的知识产权法的立法年表

日期	活动
1980年3月	中国加入世界知识产权组织
1982年8月	通过《商标法》
1984年3月	通过《专利法》
1985年3月	中国加入《巴黎工业产权保护公约》
1989年5月	中国签署《中美有关中国版权法实施和范围备忘录》
1989年7月	中国加入《马德里国际商标登记协议》
1992年10月	中国加入《伯尔尼保护文学及艺术作品公约》和《世界版权公约》
1993年6月	中国加入《保护唱片制作者防止唱片被擅自复制公约》(《日内瓦公约》)
1994年1月	中国加入《专利合作条约》
2000年10月	中国国务院颁布了新的《版权法草案》
2001年7月	中国开始实施新修订的《专利法》

但是,中国的知识产权法需要改革,以适应中国经济和社会的巨大变化、全球高新技术的发展和经济全球化进程。更为重要的是,中国对知识产权法的实施一直是"游击式"的。计算机软件、音乐CD、电影录像带和DVD的盗版活动依然屡禁不止。比如,最近的一项研究估计,中国99%的娱乐软件和93%的企业应用软件是盗版的。显然,对知识产权保护的有效实施仍然是中国面临的主要挑战。

中国已成为全球贸易和投资方面的主要参与国之一,但是随着中国对外交流的扩大,也更加暴露了其知识产权保护的不足。与知识产权相关的问题成为中国和主要贸易伙伴尤其是美国之间贸易纠纷的主要原因之一。中国入世会进一步加强人们对知识产权的关注,从而有利于促进中国对知识产权保护工作的改善。

七、建议

1. 加强法治

中国必须加强和完善法制,明确知识产权定义,加强知识产权相关法律的实施,通过有效的司法来制止与惩罚一切侵犯知识产权的行为,使包括版权、专利、商业秘密等在内的所有知识产权得到充分的尊重与保护。

2. 投资于人力资本

首先，中国必须进一步普及基本教育和高等教育，以加强其劳动力队伍的技能，并提倡企业发展员工培训和再培训计划。其次，中国必须扭转人才流失的局面。最后，中国必须为其知识型劳动力创建一个有利于创新的环境并提供充分的资源。为此，中国应该增加政府和企业对研发的投资，并推进企业和学术机构之间的相互协作。在其他需要创造力的领域，比如文学艺术、音乐、电影等方面，政府应提倡创作自由，并保护作品版权。

3. 改革和发展资本市场

中国应该促进本国的风险投资行业发展，并尽快对外国私人股权基金投资开放。尤其重要的是，中国应降低或消除私人股权投资资金回收的障碍，并为新兴企业建立二板市场。这些措施将扩大新兴企业的融资渠道，并让创业者有机会得到经济回报，从而进一步提高其创新的积极性。

4. 充分利用迅速发展的信息技术基础设施

中国应该促进信息技术领域的竞争和信息的自由流动。主要的措施应包括加强电信服务的竞争，开放互联网的接入和使用，取消目前还存在的对网上信息交流的控制。

5. 加速全球化进展

进一步与全球经济的融合将加速科学技术和最佳管理经验的引进。中国应该充分履行与入世相关的贸易和投资自由化方面的承诺，增加技术转让协议和外商直接投资。同时，中国也应该充分利用海外的华人科学家和工程师资源，增加跨国合作研发活动。

八、结论

信息技术产业的革命正在重塑世界经济和重新分配国与国之间的资源和影响力。全球化和技术革新使得缩短国与国之间的知识和收入差距更为容易。但与此同时，一旦错过最新的技术革命浪潮，为之付出的代价也愈为昂贵。国与国之间在知识上差距的扩大最终会导致人均收入和社会福利差距的扩大。

中国正面临着历史性的机会。二十多年市场导向的改革已使中国绝大多数人民享受了经济增长和繁荣的果实。中国的竞争优势,包括传统的革新和创业精神,强大的教育基础,大量的科学家和工程师,高储蓄率,不断扩大的资本市场,迅速发展的信息技术基础设施,以及从世界领先的跨国公司引入外商直接投资的吸引力。这些因素共同构筑了中国未来获得成功的强有力的基础。中国经济的成功取决于领导层的远见、决心和政策。

在21世纪,国家之间的竞争主要是知识产权的竞争。如果中国实施以知识为基础、以创新为导向的发展战略,同时迅速、充分实施上述所建议的措施,必能释放其广大人民的巨大创造力。这将使中国拥有世界领先的知识产权,迅速赶上甚至超越世界上最发达的国家。拥有13亿人口的中国的现代化将是人类最伟大的一项成就。

本文原载于《国际经济评论》2000年。

新经济依然充满生机

20世纪90年代末至2000年年初,当网络热处于白炽状态、纳斯达克股票指数一路飙升时,关于所谓"新经济"的学术与政策辩论亦达到高潮,关于这一主题的文章甚至专著如雨后春笋般涌现。但随着2000年4月纳斯达克股市逆转,许多风靡一时的网络公司纷纷倒闭,而高速增长多年的美国经济也在2001年出现衰退的征兆,人们对新经济的兴趣陡然减弱,由盲目宣扬到全盘否定,有不少评论家讥之为"新经济神话"。

但是,新经济并非神话。美国作为新经济的代表,其生产率不间断地高速增长,就是新经济依然存在的最有力证明。

按非农业部门每一个工作小时所创造的产值衡量,美国的生产率在2001年第四季度上升了3.5%。对于一个正处于衰退期的经济体,这样快的生产率增幅是惊人的。过去半个世纪,美国的历次经济衰退期生产率平均下降0.6%,但在2001年的衰退中,生产率不仅在每一个季度都保持了正增长,而且增长速度很快,这是第二次世界大战后独一无二的现象。

国内理论界对新经济先冷后热的态度,在很大程度上反映了对"新经济"的误解。

首先,许多人把华尔街股市,尤其是纳斯达克看做衡量新经济的指针。其实,新经济并非指股市只涨不跌,永远保持牛市;新经济更不意味着不分男女长幼,都可以靠炒买炒卖那些没有盈利只会烧钱的网络公司股而圆其发财梦。

其次,新经济也不意味着悠久的经济学原理不再适用和传统的经济周期不复存在。新经济并不预言像美国这样的国家从此以后只有增长与繁荣,而再不会经历衰退与萧条。

笔者认为,新经济这一概念最基本的内涵是经济结构的演变,即由工业社会进入知识经济时代所导致的总供应方面(supply side)的变化,表现为技术进步所导致的生产率的超常式增长。新经济并不描述总需求的相应变化,以及总需求与总供应的相互关系。总需求与总供应的不稳定关系(不均衡)往往是导致经济周期性波动(产出、就业与总物价水平等)的直接原因。

因此,新经济主要是一个反映某一经济体在供应方面变化的概念。新经济之所以新,是因为过去10年中尤其是20世纪90年代后半期,美国生产率的提高显著且持续地打破了历史最好纪录。如1996—2000年间,美国经济生产率平均每年增长3.2%,而在1970—1990年间,生产率年增长率只有1.4%。在1993年至2000年间,美国真实GDP平均年增长3.6%,远高于传统纪录。尤其令人瞩目的是,即使失业率下降到历史最低(4.5%),美国经济并没有出现通胀的苗头。核心通胀指数在此时期平均年增长只有2.5%。这一点让许多把"菲利浦曲线"视为金科玉律的经济学家瞠目结舌。菲利浦曲线显示,当失业率低于某一自然失业率水平(通常认为是6%)时,通胀率便开始攀升。菲利浦曲线这一传统经验实证关系之所以不再成立,主要奥秘在于生产率。当生产率迅速提高时,因劳工市场紧俏所引起的工资薪酬的上升便不容易产生通胀压力。

生产率的迅速改善同时也形成了企业盈利的源泉。在1991—2000年,标准普尔500家公司的利润平均年增长率为10%以上,因而生产率的提高也给美国股市多年来的强劲表现打下了基础。

究竟是什么促使生产率如此惊人地提高呢?大量实证研究,包括对宏观经济层面与行业数据的研究表明,两个因素——信息科技(IT)与资本市场,对生产率的增长发挥了重要作用。

过去10年,美国的高科技产业突飞猛进,而资本市场为美国高科技产业的成长与发展起到了举足轻重的作用。风险投资基金、高流通性的纳斯达克市场与高收益率债券市场,不仅催生培育了几乎所有的科技公司,而且股票期权制度也为创业者提供了强大的激励机制。发达的资本市场所形成的巨大融资能力,使美国在过去10年间对IT产业的投资保持了两位数的增长率。虽然这样高速的投资扩张因需求的相对滞后难以为继,但毋庸讳言,美国对资讯科技产业的投资是推动其生产力迅速提高的主要动力。

没有盈利支撑的网络公司如同流沙堆成的城堡容易崩溃瓦解,但互联网技术在现代经济中的应用之广、影响之深则不可否定。许多被高估的科技股可以从峰值大幅下调,惨跌一半甚至更多,但这些科技公司所研发的技术或商业模式已经为社会创造了财富,形成了巨大的生产力。这10年科技进步的果实已经并且仍在继续转化为生产率,推动着美国经济的增长和国民福利的进一步上升。我们不能因为科技股泡沫破灭,就臆断信息科技革命只是一场海市蜃楼;我们也不能因为美国经济不可避免地出现了一次短暂衰退和经济周期幽魂再现,就得出结论说新经济已胎死腹中。

事实上,最新的生产率数据表明,新经济依然活着,而且活得颇有生机。

本文原载于《财经》2002年3月。

如何实现从"中国制造"到"中国创造"的飞跃?

在过去四分之一世纪中,中国经济高速增长,在全球经济中的作用与影响与日俱增。尤其是中国在制造业领域的飞跃式发展,举世瞩目。Made in China,即"中国制造",已经成为一个国际市场上司空见惯的产地标签,中国作为"世界工厂"的地位业已初步奠定。

中国作为制造业大国的崛起,有一系列的成因,包括政策、环境、时机等。首先,经过20世纪80年代的渐进改革与探索,中国经济终于走上了一条市场化的正确发展轨道,低效率的计划经济制度和传统国有企业渐趋衰落,私有企业和混合经济体蓬勃成长。市场竞争与利润刺激了制造业的良性发展,从纺织、玩具、家电到化工、钢铁、机器与设备制造,中国已开始进入全面的工业化时代。

其次,中国发展制造业具备自身的竞争优势,其中最明显的是劳动成本优势。虽然随着生产率的稳步改善,中国制造业工人的工资在逐年提高,但平均工资水平还是远低于发达国家。目前,中国制造业平均工资按美元计算仅是美国和日本的二十分之一,是韩国的十分之一。

再次,与日本、韩国等东亚经济体在工业化时期的情形不同,中国是一个大陆型大国,有广阔的内需市场,能够较长期地支撑制造业的高速扩张和大规模化发展。

最后,中国改革开放初期,适逢中国香港、中国台湾与韩国经济开始转型,劳动密集型产业向海外转移,于是近水楼台先得月,中国内地很自然地成为东亚新型工业化经济体生产外包来料加工的重要基地,中国今天之所以成为玩具、成衣与家电生产王国,与东亚新型工业化经济体近十余年来对华直接投资、产业转移与生产外包密切相关。

中国制造业所取得的惊人进步,既增长了中国人的自信,又引起了国际上非理性的恐惧。但是事实上,中国制造业已开始面临日益尖锐的挑战,对其前景不可盲目乐观。

中国制造业迄今以低端劳动密集型为主,中国制造的产品主要还是处在全球供应链的低附加值部分,技术水平和边际利润很低,所谓中高类"技术产品"只占全部出口产品的40%,占全部工业总产值的25%—30%左右。作为堂堂制造业大国,中国在国际市场上具有一定知名度的品牌实在是寥若晨星。对进口能源和原材料的依赖导致了国际原油和初级产品价格的飙升,使中国的贸易条件不断恶化;大量制成品尤其是纺织品的出口,刺激了欧美保护主义情绪的不断高涨,使中国首当其冲,成为欧美反倾销与其他贸易制裁的主要靶子;工业高排放造成了中国空气和水资源的严重污染,正在酝酿着一个深重的环境危机。

尤其不容忽视的是印度的迅速崛起。无论是劳工成本、内需市场,还是接收、容纳跨国公司生产外包的能力,印度皆和中国不相伯仲。印度几乎具备了中国过去二十余年间发展制造业的所有优势,甚至——至少在西方人眼中——还有一些中国没有的有利条件,比如完善的法治、自由的媒体和英文的普及等。可以说,印度对中国制造业构成了最大的竞争威胁。

这一切都意味着,中国过去二十余年低成本、薄利润的传统制造业模式已经难以为继。如果中国制造业不能尽快转型,它的发展将受到严重阻碍,有可能制约中国整体经济未来的发展。

所谓转型,就是实现将低端制造为主提升到产业价值链的中高端的转变,从而提高资本回报率和国际竞争力。为完成这一转型,需要技术进步和创新,投资 IP,包括专利、商标、版权与商业秘密等。

实际上,IP 的拥有量多少是区分"制造"与"创造"的最主要标志。一个国家拥有的 IP 太少,其产业或企业在国际分工中就只能扮演一个初级加工的角色,即外国企业拥有品牌,拥有带专利的技术和设计,而中国企业从它们手中获得外包订单,从事简单的来料加工、组合装配,等等,提供低端的生产服务,从中取得微薄毛利,大部分的利润回报则由外国企业取得。这种专司加工制造的做法在中国这样一个低收入国家工业化的初期,是有积极作用的。最显著的贡献是增加了劳动密集型制造业的就业机会,减少了贫困人口。但如上所述,从长远而言,这种模式是不可持续的。国际竞争的压力将或迟或早地迫使中国放弃传统的制造业,而向高新技术产业转型。欧洲、美国曾经走过了这样一条路,日本曾经走过了这样一条路,中国台湾、韩国也曾经走过了这样一条路。

这些国家或地区转型的过程都历经痛苦,但最终结果都颇为成功。其中,美国的经验可能最有戏剧性但也可能最有启发性。美国在1900年左右基本上完成了工业革命,成为世界最大最强的制造业中心。从剃须刀、家庭洗碗机、收音机到化工、钢铁,再到汽车、船舶、飞机,几乎所有机器加工制成品无不在美国制造,无不带有"Made in USA"的标签。这一趋势延续了20世纪中的大半个世纪,在第二次世界大战后的十五年间达到了巅峰。但随着日本,以及韩国、中国台湾的工业化,美国在许多制造业领域渐渐失去了竞争力,先后失去了纺织、钢铁、造船、家电等美国曾首先开创或长期领先的领域。先是在消费品上,然后是在机械和电气设备上,"Made in USA"的标签逐年减少,美国制造业似乎风光不再,渐趋衰落。

到了20世纪70年代末80年代初,不少有影响的美国CEO、记者、国会议员和经济学家对美国经济都变得很悲观。殊不知,美国经济其实正在静悄悄地发生又一次的革命。以电脑、软件和互联网为代表的信息与通讯技术异军突起,深刻地改变了美国的经济结构,彻底刷新了美国的经济面貌,使美国经济再展雄风,成为全球经济不容争辩的领袖。

美国经济的演变主要是一个由制造到不断创造的故事。或者说,是熊彼特式的"创造性的破坏"过程。除了电脑软件、医药、飞机和好莱坞的电影,如今人们找不到太多带有"Made in USA"的产品。但是,没有人怀疑在那些带有"中国制造"或"墨西哥制造"的产品中大多包含着"美国创造"的内涵。

中国或墨西哥的工人靠的是体力,美国人靠的是脑力。中国或墨西哥的工人贡献的是汗水,美国人贡献的是灵感。虽然制造和创造在中文中只有一字之差,但是它们的内涵和效果却有根本不同。

中国现在认识到要走均衡的、可持续的科学发展的道路。这就要求一个由有形的"中国制造"到无形的"中国创造"的根本性演变。为了顺利地、成功地实现这一转型,中国需要特别关注如下三个方面:

第一,发展教育,开发人力资本。在普及中等义务教育的基础上,重点发展理工科世界级研究型大学。目前中国每年培养60万理工科大学毕业生,已为全球之冠,为中国产业升级换代奠定了重要的人力资源基础。中国应当坚持不懈地发展理工科教育,培养更多数量、更高质量的科学技术人才。

第二,鼓励研发(R&D),推动科技创新。目前,中国官方和企业的研发投资严重不足,占全球研发投资总额的比重尚不到2%,远低于中国GDP占全球GDP的比重。没有持续的、大量的R&D投资,中国的IP拥有量就无法增加,从制造到创造的跳跃也就无法实现。

第三,保护IP,发展资本市场。对教育和研发的投资固然重要,但它们并不能自动地转化为科技创新和IP的开发与累积。为了获得教育和研发的高经济回报,中国应当引进一个有效的创新激励制度。数百年来的资本主义发展史,尤其是美国的经验证明,市场自由竞争所带来的利润和财富是刺激人类冒险和创新活动的最强大的、最持久的激励因素。但这个推动创新的强大的市场竞争机制还必须有两个重要附加条件予以保障,即有效保护知识产权的法律与司法体系,以及能够为企业家募集创业风险资本并为支持企业不断成长而提供后续融资的资本市场。

中国的制造业目前业已面临尖锐挑战。低成本、低毛利的传统低端制造业模式难以为继。但是,近二十年业已建立的雄厚工业基础,丰富的人才资源,中国文化中固有的冒险和创业精神,为中国从低端制造业到高价值创造性的经济领域过渡提供了有利条件。实现从制造到创造的转型,IP是关键。中国要依靠市场自由竞争,抓住全球化带来的有利机遇,大力发展教育,增加研发,完善知识产权保护的法律体系,发展资本市场,刺激创新和创业,从而迅速缩小与美国、日本、欧洲以及韩国、中国台湾等国家和地区高科技产业的差距，不断提高中国的生产率和国际竞争力，实现"跳蛙式"发展。中国不应当只满足于"传统制造业大国"的称号。中国有潜力成为一个可与美国并驾齐驱、掌握巨大 IP 资产，并富有强大的、持续的创造力的国家。

本文原载于《21世纪经济报道》2004年8月。

利用资本市场推动创新和经济转型

从"十二五"发展规划期开始的未来十年,是中国经济发展方式与经济结构大转型的关键时期。第一,中国 2010 年人均 GDP 为 4 000 美元,已经达到世界银行划分标准定义的所谓低中等收入(lower-middle income)水平。但是,与发达高收入国家 3 万美元以上的人均 GDP 水平相比,仍有巨大差距。虽然中国还有相当大的追赶潜力,但后发优势已经不如 1978 年人均 GDP 仅有 250 美元低起点的时候那样显著。中国是否会重蹈一些发展中国家的覆辙,陷入所谓"中等收入陷阱",从此以后停滞不前,甚至倒退?第二,中国过去三十余年的经济发展依赖于出口拉动的低端劳动密集型制造业。但工资成本、土地、原材料与能源价格的上升,加之人民币的趋势性升值,中国的成本优势将逐渐让位给印度、越南等国,低端制造业将逐渐失去国际竞争力。第三,中国经济高消耗、高排放和高污染的粗放增长模式后果深重,触目惊心。中国的空气污染、水污染、酸雨、食品安全、流行疾病等问题已经到了难以继续容忍的地步。面对这些挑战,怎么办?

经济学的原理与国际发展经验表明,唯一有效的中长期对策就是转变经济发展方式,推动经济结构转型,走科技创新之路,增加中国知识产权的拥有量,通过科技进步促进生产率的上升,从而实现经济在一个新的和更高层次上的可持续成长。而金融体系,尤其是资本市场,在推动中国创新和经济转型过程中可以发挥特殊的及重要的作用。

一般而言,实现经济成功转型,培育、发展和壮大高科技产业,需要具备一系列的条件和元素，其中最重要的条件包括人才、市场、资本与社会文化大环境。笔者认为中国在人才和市场两项上占有优势，但是在资本市场和社会软环境两方面还存在严重不足。

从人才来看，中国已经基本上建立了一个庞大的高等教育体系。中国大学理工科毕业生人数众多，2007年就达到了86万（美国为48万），居世界第一。中国已经拥有了一支有相当规模的研发人才队伍。此外，中国还有一支高质量的海外高端人才队伍，其中越来越多的人愿意回国创业服务。雄厚的人力资本基础是中国走向创新之路的一个显著优势。

从市场来看，中国的快速工业化与城市化已经开始形成一个广阔的国内市场，为新技术、新产品的商业化推广、普及和大规模的生产销售，提供了非常有利的条件。阿里巴巴、腾讯等互联网公司在中国能够快速发展，并不主要归结为技术上的创新或者商业模式的创新，一个重要的推动力来自于中国新兴中产阶级消费市场的迅速扩张。很多国家尝试过电子商务，但是鲜有成功案例，只有在美国和中国才真正得以发展，与这两个国家的市场规模不无关系。

从资本来看，中国拥有较高的国民储蓄率，中国的银行体系和资本市场发展很快，已具有较大规模。但是，中国的金融体系有诸多体制问题，整体上还缺少运作效率，融资尚不便利顺畅，特别是中小企业和创新企业的早期融资仍然面临许多障碍。中国的VC/PE日趋活跃，势头可观，但还处于发展初期，无论是GP还是LP都欠成熟，其经验、专业能力与记录还亟待改善和提高，同时有关VC/PE基金的法律监管和政策还有许多不确定性。

最后，从社会大环境考量，中国的软环境建设近年来有了长足的进步，在法制、税收与监管政策等诸方面都取得了显著的效果。但是总体而言，中国法规政策体系的可预见性依然较差，政府与监管官僚体系还缺少透明与运作效率，尤其是真正有利于创新和冒险的文化在中国还没有完全形成。

因此，对目前的现状进行客观评估，可以说中国已经基本具备了人才和市场两个非常有利于创新的条件，但是在资本市场和软环境两个方面仍然有所缺失，制约了创新，需要努力加以弥补。

中国的金融体系以传统的商业银行为主，间接融资模式有利于成熟的企业特别是大型国有企业，但是因为信息不对称、缺少抵押物等原因，中小企业银行信贷融资面临极大瓶颈，且难以克服股本资本金不足的问题。股票资本市场近年来发展迅速,已具有相当规模,特别是深圳创业板的推出具有里程碑式的意义。但是,股票与债券发行仍然实行行政审批制,审批程序过于漫长、复杂、烦琐、不可预测。这是中国直接融资比例长期偏低、融资结构失衡的主要原因。债券市场的发展严重滞后,迄今缺失适合创新企业融资的高收益率债券市场,夹层融资与可转债发展不起来,对于高成长型企业灵活多元化融资和优化资本结构形成了极大制约。

此外,一个发达的资本市场应该便利于企业的并购活动,一方面,可为处于不同生命周期阶段的企业通过并购做强做大形成规模优势,优化资源配置;另一方面,也可为支持创新型企业的投资者提供可以替代IPO的退出渠道。但是,中国的证券监管与行政审批制度导致企业并购发展缓慢,上市公司之间的并购更是困难重重。由此可见,中国证券发行规则与并购条例等已与中国转变经济发展方式和经济结构转型严重不相适应。

资本市场对于培育和发展创新型企业十分重要。它是为创新企业提供早期创业资本、中期成长资本,以及后续发展扩张的持续融资平台。美国、中国台湾、以色列、印度等国家和地区高科技产业的兴起及发展无不与资本市场有密切关系。美国作为全球科技最先进、创新最活跃的国家,在很大程度上得益于其最发达、最成熟、最完善的资本市场,以及高度活跃的VC/PE行业。美国的资本市场在很大程度上刺激和支持了美国的信息产业与新能源、清洁技术、生命科学、制药等创新产业的迅猛发展。

尤其值得指出的是,创新需要一个宽松、自由的政策环境与文化氛围,需要一个自由竞争、富有活力、运作良好的资本市场。而后者的进一步深化与发展也需要一个良好的政策和法律软环境。中国改革三十余年,但经济体制转型并未完成,仍然属于非真正意义上的自由市场经济,目前还有计划经济时代遗留下来的许多过时陈旧、烦琐苛刻的行政法规与政策体系,阻碍了资本市场的发展,更是严重限制了创造的自由,禁锢了中国人民固有的创新与创业热情。

国家"十二五"发展规划提出自主创新、培育发展新能源、新材料、遗传工程、生物制药、信息技术、云计算等深刻改变经济结构与人类生活方式的新型高科技产业。但是,政府无法鉴别挑选赢家,只有竞争性的市场才能筛选出最终的胜利者。政府最需要做的是打造良好的软环境,清除可能压抑资本市场和抑制创新的过时的法律、法规与政策。比如,如果政府继续对高污染、高排放的传统化石能源，如石油、天然气、煤炭等进行补贴或价格管制，造成扭曲的不合理定价，那么新型能源与清洁技术就难以真正发展起来。

历史一再证明，政府主导扶持发展高科技产业，愿望虽然良好，但实际效果往往不佳，甚至事与愿违。中国的电信业从20世纪90年代以来重组改革，引进国际最新通信技术，大力发展1G和2G（GSM、CDMA）的无线通信网络，效果良好，使中国跳过了传统固网，在无线通信领域保持与欧美同步的地位。但是近年来有关部门突发奇想，决意搞什么自己的3G标准与系统，结果不知花了多少钱，还是搞了一个四不像。现在中国的宽带网络基础设施与新通信技术的普及应用又已经开始落后于发达国家。事实上，高科技无需政府刻意扶植，政府只要扫除一些本身所设的障碍或者不要制造新的藩篱，就为创新产业的发展建立了一个良好的环境。

代表美国高科技的许多龙头企业，如微软、苹果、Google和Facebook，都是年轻人在车库或学生宿舍创业开始的。美国自由宽松的文化和发达的资本市场使得有创意的年轻人如鱼得水，得到了优越的创业环境。相比之下，中国对于Google与Facebook这类公司的限制显得颇不明智。

如果中国的年轻学子今天不能自由地使用代表当今世界科技最新潮流的Google和Facebook，又怎能指望他们未来创立中国自己的Google或Facebook呢？

基本上，中国的现行法律、政策与文化环境还不利于创新，不利于吸引人才，不利于培育发展一个富有效率的资本市场。中国政府的行政力量过于强大，官僚保守主义势力过于强大。一系列指标显示，深圳在创新与创业方面比北京强，杭州、苏州比上海强。为什么？北京、上海高校林立，人才济济，资源庞大，为什么创新反而不如深圳或苏州、杭州成功？原因很简单，就是京沪两地政府太强大、太有势力。

因此，中国必须继续花大力气改善软环境，进一步发展资本市场，进一步发展VC/PE和创业板、高收益率债券市场以及并购市场。这样，中国才能充分发挥自身的人才与国内市场的优势，大大推进创业和创新，成功地转变经济发展方式。

笔者相信，中国大陆完全有能力、有条件、有资源复制中国台湾、韩国经济的成功转型经验,可以在未来十年由低端制造业大国变成创新大国,从而大幅提升价值链与国际竞争力,实现经济可持续的高速增长。

本文根据笔者在中国人民大学"2011年第十五届中国资本市场论坛"上的演讲整理而成。

培育有竞争力的世界级企业

中国企业如何迎接全球竞争？

自从邓小平四分之一世纪前领导中国走上改革开放之路，中国经济高速增长，举世瞩目。尤其是2001年11月正式加入世界贸易组织后，中国经济进入了新一轮全面开放的时期，与全球经济的联结正日益加深。中国正在迅速成为世界经济大国——名义GDP总值排世界第六位，贸易大国——对外总贸易额排世界第三位，以及投资大国——国内投资率与FDI流入额居世界前列，在全球经济中的地位与作用正不断加强。

中国融入全球经济，给中国成千上万的企业提供了前所未有的、历史性的机遇，也带来了前所未有的、历史性的挑战。在开放经济条件下，中国企业赖以经营、生存与发展的大环境发生了深刻变化。企业可能从国内也可能从境外资本市场与金融体系融资，企业可为本国也可为外国的消费者与客户提供产品与服务；企业必须与本国同业公司，也必须与跨国公司进行竞争与合作；企业必须服从本国法律、法规与政策，也必须熟悉、了解与遵循国际法律与游戏规则。企业经营与发展的舞台越来越广阔，但面临的商业环境也越来越复杂，市场竞争也越来越激烈。

在全球化时代，中国企业要生存、要发展，最重要的就是知己知彼，扬长避短，认识自己的竞争优势与劣势。

首先，我们的企业要头脑清醒，与世界一流企业相比，我国企业存在一些明显的劣势，可概括为四大劣势：

1. 产权

中国是一个转轨经济国家，由于多年实行计划经济，在我们的企业群中,相当大比例仍是传统国有企业。过去一个世纪以来的中外经验表明,国有企业受公有产权束缚,利润动机薄弱,管理层与员工积极性受到限制或扭曲,从而经营效率普遍低下,缺少竞争力。虽然政策界和学术界至今仍有少部分人对国有经济犹存幻想,一个鲜明的事实是,目前中国未改制的国有企业基本上竞争不过民营企业,更难与跨国公司匹敌。

国有企业欲提高经营效率,加强国内和国际竞争力,就必须重组改革。虽然在短期内,有潜力和空间从管理与技术层面入手来提高效率,但就长远而言,产权变更,即私有化,是中国国有企业维持生存和发展的必要条件。

民营企业不存在国有产权包袱,但中国现阶段的法规与政策仍有许多不健全之处,对私有财产的保护与尊重仍然远远不够。在发达市场经济国家,久经检验的法治传统对私有产权提供了有效可靠的保障。但中国的民营企业还是面临很大的不确定性和不安全感,包括政治、法律、税收,甚至人身的不安全感。中共"十六大"以来,人们对民营经济的重要性认识有了根本性提升,但还没有完全把政治诺言变成法律制度的切实保障。也就是说,中国经济还没有成为真正的法治经济。重要的不只是立法,更重要的是要有独立的与有效的司法系统与较自由的媒体来保障法律的贯彻执行。近年来一系列民营企业老板纷纷落马,让不少企业家惶惶不可终日,如履薄冰。在这种不确定性状况下,中国民营企业与外国企业竞争,显然处于不利地位。可以说,因为产权等问题,中国企业在全球竞争中面临制度上的劣势。

2. 管理

中国地广人多,但资源的贫乏在近年来显得愈发突出。中国最缺的是什么?并不是像许多官员和企业所常抱怨的那样,缺资本。中国最缺的有三样东西——水、自然资源与管理人才。这三样东西有可能制约中国经济就长远而言是否能持续发展。

专业化管理人才在中国是一种稀缺资源。近年来中国兴起了一股"MBA热"和"EMBA热",一些大学的MBA项目在入学规模上已经大大超过了哈佛商学院这样的老牌学府。但是,中国的MBA教育重量轻质,在教育模式、师资水平与课程设置上存在很大缺陷。虽然有了大规模批量化生产工商管理硕士的本土"MBA"工厂,优秀的专业化的管理人才还是相当缺乏,供不应求。

在国有企业中,继续沿袭并不断强化着党派干部与党管干部的制度。企业高层管理干部基本上是由组织部门或国资委之类的政府部门做政治任命与行政指派,不是完全按专业与经验资格的标准到市场寻找和甄选。

中国民营企业大多还在家族式管理时代,创办人兼经理人的现象十分普遍。即便在日益复杂的市场竞争环境下,不少民营企业依然单纯依靠直觉和经验做经营决策,离科学化、专业化的管理相去甚远。

事实上,企业家与经理这两个名词在我国常被混为一谈。严格说来,冒风险创业者才算是企业家,管理企业者则为经理。比尔·盖茨是一位典型的企业家,哈佛大学未毕业,就创立了微软,并担任 CEO。但随着微软规模的壮大和日常运营的复杂化,他意识到了专业化管理的重要性,于是在年富力强之时就退下来了,让有 MBA 学位的做销售出身的 Steve Ballmer 接任了 CEO 一职,所以 Ballmer 是一位职业经理人。杰克·韦尔奇是一位卓越的管理者,但严格来说他算不上是企业家,因为早在他做通用电气的 CEO 之前,通用电气就是赫赫有名的蓝筹大公司了。同样,李嘉诚是真正的白手起家的企业家,而长期服务于李嘉诚的和记黄埔董事总经理霍建宁则是典型的专业管理者。

按这样的定义,大多数中国国有企业的领导人并不能被称为"企业家",也不应被称为"老板"。依其教育与资历他们本来应该是专业管理者,但在思想意识和行为模式上他们却更像政府行政官员或公务员。中国民营企业的领导人大多可被称为企业家,也可名副其实地被称为"老板",但不是专业管理者。

中国的发展已经到了一个迫切需要职业经理人群体的阶段。中国必须培养市场营销、竞争战略、财务管理、产品开发、IT 与人力资源等各类专业的管理人才。为了迎接全球化竞争,中国的企业,无论国有企业还是民营企业,都必须尽快设立一个能够吸引、挽留与激励专业管理人才的制度。

此外,中国企业的公司治理有着重大缺陷,在董事会制度、管理层与员工激励机制、对小股东的保护、财务报表的完整性与可靠性、透明度等诸多方面都急需改善。尤其是,相当多的中国企业还没有建立起真正为股东创造持久价值的公司文化。

3. 知识产权

知识产权(IP)包括品牌、技术专利、商业秘密等。凡是成功的世界级企业，无不以投资和拥有IP作为其竞争力与利润的主要来源。相比之下，中国企业IP资产普遍有限，或者说对IP的投资不够。这在与世界优秀企业的竞争中，明显处于劣势。

在劳动密集型、低端制造业领域，中国企业确有竞争力。但这些行业附加值小、边际利润率低。比如，中国虽是丝绸大国，但是一条丝绸领带，中国制造的只卖10美元，而贴上意大利的著名商标则可卖100美元以上。因为没有IP，中国企业难有持久竞争优势，总是跟在国外先进企业后面抄袭仿冒，差距难以缩小。没有IP，或没有能力开发IP的企业，生存都有困难，更难奢望基业长青了。

近二十年来，中国本土市场上涌现了一些优秀品牌，如联想、青岛啤酒、海尔、TCL、远大、华为、中芯等，在国内市场上已经建立领军者地位。但中国作为堂堂制造业大国，在国际市场上真正占有一席之地的品牌实在是寥若晨星，统统加起来恐怕不超过20个。因为在服务业尤其是高端的服务业，如金融、咨询、IT服务等，品牌、声誉和文化这样的无形IP资产的重要性更显突出，中国服务型企业的国际品牌也就更是凤毛麟角了。

4. 规模

除了职工人数外，几乎按每一个其他尺度衡量，比如资产、销售额、净利润或资本市场市值，中国企业普遍面临规模狭小的问题。

仅沃尔玛一家零售企业的年销售额，就相当于中国全社会零售总额的44%，其规模超过了中国成千上万家零售机构的业务总和。

中国石油是中国能源行业的龙头企业，是所有行业中的特大型企业的代表，也是中国最大的上市公司。但其市值仅900亿美元，不到埃克森(Exxon Mobil)的四分之一(3 830亿美元)。中国是全球钢铁生产大国，而宝钢是中国最大的钢铁企业，但宝钢的资本市场市值与韩国的浦钢(Pohan-Steel)相比仅过其半。事实上，中国1 246家A股与B股公司全部市值总和尚不及微软和通用电气两家公司的市值。

由于中国上市公司的P/E估值倍数偏高，如果按盈利能力衡量，中国企业的盈利规模就显得更小了。

在当前有关国有银行改革的讨论中,有人把四大国有商业银行的低效率问题简单归结为行业过于集中、资产规模过于庞大,进而主张分拆上市。事实上,工、农、中、建四大国有商业银行2004年年底的账面资产加起来为2万亿美元,考虑到20%的不良资产率,其正常资产总和还低于花旗集团(Citi Group)和J. P. Morgan Chase两家银行资产之和。

在全球化时代,中国企业必须在本土乃至国际市场上与全球大公司竞争,因此规模狭小是一个显著劣势。

那么,与国际企业比较,中国企业有哪些竞争优势呢?我们可以总结为四大优势:

1. 母国优势

中国GDP的快速增长,国内市场的壮大,都市化程度的提高,中产阶级消费群体的兴起,给中国企业提供了前所未有的、无与伦比的发展舞台。

工业革命曾发生在人口只有几百万的小国(如丹麦、荷兰与瑞士等),也曾发生在人口数千万的中等国家(如英国、法国、德国和韩国),还曾发生在人口一亿以上的大国(如日本、美国)。

但是,迄今为止,还没有一个人口十亿以上的国家实现了工业化,第一个打破这个纪录的国家非中国莫属。自18世纪末第一次工业革命以来,每一个国家在经济起飞时期都曾塑造、涌现一大批优秀企业,在制造业、交通运输业、旅游业、零售业和金融业等领域,各领风骚数十年甚至上百年(如通用电气、西门子、J. P. 摩根、高盛等)。中国的企业是幸运的宠儿,中华民族腾飞之日,正是中国企业大显身手之时。得天独厚,生逢其时,令国外同行称羡不已。

有些中国企业寻求国际化,希望去海外投资,设厂扩张。中国政府也鼓励企业走出去。这种动机与愿望虽好,但时机尚欠成熟。笔者的建议是中国企业应先在本国市场做大、做强,建立牢固的市场份额与行业领导地位。只有当本国市场竞争白热化、市场饱和、增长机会减少时,中国企业才应当认真考虑去海外扩张。世界上凡是成功的跨国公司,无一不是先从本国市场发展,壮大了实力以后,才到国外寻找新的市场与投资机会。

2. 成本优势

中国有7亿—8亿受过基本教育的劳动力,熟练与半熟练的技术工人人数为世界之冠。此外,中国每年有60万名理工科大学毕业生,印度20万,日本12万,美国9万。日本制造业平均劳工成本是中国的20倍,韩国是中国的10倍。在有关人民币汇率政策的讨论中,一种普遍的担心是人民币浮动后可能的升值会使中国丧失竞争力。事实上,在巨大的劳工成本差面前,汇率的变化对出口竞争力的影响几乎可以忽略不计。人民币即使升值10%或20%,又有何妨?中国不只是劳工成本低,资本成本也很低。中国股市平均P/E值为40倍,说明股票资本成本相对国际水平很低。加上中国生产率的持续提高,中国企业确有明显优势。

3. 融资优势

乍听起来似乎难以置信,因为中国企业尤其是民营企业常抱怨融资难。但事实是,中国并非一个资本短缺的国家。中国的国内储蓄率很高,占GDP的40%,居世界前列。只要有好的投资机会,资金总是有的。而拉美国家的企业被迫依赖外债,融资成本高。中国银行信贷、股票与债券融资成本总体而言比较低。但中国金融体系和资本市场有结构性缺陷,没有很好地发挥把储蓄分配到有效率的投资这一核心中介功能。所以,金融改革非常重要。

4. 开放优势

中国与世界经济的联结日益加强,对外开放度越来越高。国际贸易的迅猛扩张、外商来华投资的热潮、全球发达国家生产外包使中国成为"世界工厂",成为全球供应链的关键环节。这一根本趋势为中国企业提供了崭新的商业机会,如合资、合作、联营、技术转移,等等。

那么,中国企业如何提升国际竞争力?答案很明确,就是要扬长避短,充分发挥优势,弥补劣势。

第一,中国企业应当建立与完善自己的商业模式。

建立可靠的、优越的、持久的商业模式对企业的发展壮大至关重要。欧洲、美国与日本的企业业已创造了一系列成功的商业模式,中国企业可以参照、模仿,并在此基础上创新、超越。在国际环境中,中国企业可以充分发挥其开放优势,通过仿效与创新来建立有竞争力的商业模式。

比如,互联网并非中国发明,但中国的互联网公司,如新浪、网易、阿里巴巴、搜狐、盛大、腾讯等,就是由一些有创意的中国年轻人模仿美国互联网公司而创办的。又比如,以盈利为目标的酒店和餐饮业在改革开放前在中国是不存在的,那时我们有政府机关与国营的招待所、饭店、餐馆,但不存在服务的概念与利润的概念。香格里拉饭店是中国境内第一家国际性的现代酒店,它令中国人耳目一新,开了眼界。可以说香格里拉为中国酒店业提供了一个榜样,从此中国酒店业上了一个新的台阶,迅速地与国际接轨。

第二,中国企业应重视管理。

中国的国有企业、民营企业的老板当CEO,往往不够规范,不够专业化。而现代企业的典型特征是所有权与管理权相分离。中国企业应当在业务战略、市场营销、财务、风险管理、研发与人力资源等方面都实行专业化管理。尤其重要的是,要建立一套吸引、培训、留住与激励人才的机制。

第三,中国企业必须加强IP开发。

IP,包括品牌、商标、专利、商业秘密、版权等,是企业利润与竞争力的源泉。中国企业必须大力投资IP、开发IP、保护IP,大力普及IP的法律知识,大力投入研发与技术创新。

第四,实现有机成长与并购相结合。

在经济高速增长的时期,企业主要靠有机增长(organic growth)来扩大规模、壮大实力,是切实可行的。但是,当经济或者产业发展到一定程度,比较成熟后,产业整合的重要性大大增加。这时具备条件的企业为了强化其市场领先地位,巩固其竞争优势,必须更加关注兼并收购(M&A)。中国国有股、法人股的可流通与减持,上市公司并购条例的出台,各种行政与法律障碍的消除,是企业实现并购成长的必要条件。

在考虑通过并购提升竞争力的时候,企业主要应关注的是单一产业的整合。按国际标准衡量,中国的石油与电信业的产业集中度已经较高,但制造业仍然非常分散,比如钢铁、汽车、家电,更不用说玩具与纺织业了。通过产业整合、增大经营规模、降低成本,才能提高边际利润率与投资回报率。

第五,处理好规模经济与专业分工的关系。

规模经济是效率提高的一个重要源泉,而专业分工则是效率的另一个重要来源。二者不可偏废。

比如，汽车制造业在突出大规模批量生产的同时，也特别注意外包的专业化分工。通用汽车也好，丰田也好，奔驰也好，世界上没有一家汽车公司今天还是将所有部件百分之百地在本公司内部生产。恰好相反，这些汽车公司除了保留研发设计、质量控制、市场营销与品牌管理等关键活动，大部分零部件生产早已外包给其他专业协作企业了。

电脑等 IT 产业的上下游产业链的专业化分工更是明显。主要电脑制造商，如惠普、戴尔、联想等，可能最关注的是诸如研发设计、市场营销、客户服务与品牌管理，而 CPU 芯片、显示屏、键盘、连接器、各式软件等往往由外部专业硬件与软件商提供。

有效率的企业应具备关键核心能力（core competence）；否则，规模本身并不能显著增加竞争力。大而全，但没特色、没专长、没主营业务的企业，通常难以在激烈的市场竞争中获胜。

通用电气（GE）是美国罕见的综合性企业，跨行业、跨产品、跨国界，集工业制造、金融与传媒于一身。但 GE 的资产与业务并非随意地组合，而基本上属于保证 GE 市场领先地位的业务。比如，GE 拥有的电视网络 NBC 就是全美最大的电视广播网络之一，行业评比（rating）很高，盈利性很强。此外，GE 在飞机发动机、医疗仪器设备、消费融资等领域也是行业领先者。

任 GE 首席执行官长达 20 年之久的杰克·韦尔奇，对于非主营业务或资产有一个著名的"三位论"——fix it, sell it, close it。凡是不属于行业前几名的业务，GE 必须先想办法整顿重组，即 fix it；整顿无效，就想办法出售，即 sell it；假如卖不了，就关闭它，一停了之，即 close it。这种自我约束正是中国企业在快速扩张时所必需的。

中国有些企业，民营企业尤其如此，业务太分散，横跨制造业、金融、地产、贸易等，过度多元化，增加了管理半径与风险。韩国高度综合经营的财团 Chaebol 与东南亚华裔家族企业，还有一些中资企业，其大而全但不强不专的弱点在亚洲金融危机中暴露无遗，许多都破产了，而幸存者因其属"综合化公司"（conglomerate），股价表现逊色，相对于同业有一个很大的折价（discount）。在中国香港的资本市场上，主营业务突出、讲究专业化的企业，如利丰（Li&Feng）、约翰逊电工（Johnson Electric）等，它们的股票则享有一个可观的溢价(premium)。

中国石油、中国海油、中国移动、联想公司这些按规模都可以说是世界级的公司。它们是中国的行业龙头,但它们有一个共同特点,即基本上是专业性公司,在其行业领域有专门的知识和技能,能为市场提供专业化的产品与服务。

在业务与行业的取舍上,一定要注重"协同"效应、"互补"优势,不可贪大贪全,好高骛远,好大喜功,盲目扩张,盲目跨行业多元化发展,做所谓"帝国的缔造者"。

"大而精",则一定"强",有竞争力;"大"而"不精",则貌似庞然大物,其实不堪一击,没有竞争力。"三十六行,行行出状元"。中国企业一定要处理好规模经济与专业分工的关系,扩张规模不是无条件的,而是在做"精"、做"专"、做"好"的基础上,再谋求规模,再寻找多元化与业务综合发展。

本文原载于《北大商业评论》2005年。

中国来了

联想收购 IBM 的 PC 业务案预示着中国企业跨境并购浪潮的来临。但在可预见的相当长的时期内，中国仍将是 FDI 的净流入国。

联想出资 17.5 亿美元收购 IBM 的个人电脑业务，成为 2004 年岁末国际金融市场一件备受关注的大事。联想-IBM 合作联盟所产生的影响远远超过交易额的大小。

在中国这个全球第六大经济体中，真正具有全球业务网络与知名度的企业寥若晨星。中国的绝大多数企业还不是全球性的企业，它们无论在规模、品牌、市值，还是研发、管理、盈利上，都难以与美、欧、日、韩的世界级企业相比。

国际金融市场把中国视为全球生产与供应链上的最低端，国际机构投资者的一个最大的困惑与无奈，就是中国的宏观经济虽然诱人，在微观层面却找不到几家可值得长线投资的世界级企业。

联想无疑是中国本土最成功的企业之一，但还不是一个全球性的企业，不是一个全球性的品牌。全面收购 IBM 的 PC 业务，是联想的战略举措。毕竟，IBM 代表着电脑行业的顶峰，其 ThinkPad 手提电脑系列备受推崇，被誉为设计最佳的笔记本型电脑（笔者就是 ThinkPad 的一名长期的忠实的顾客；不用说，此文就是用 ThinkPad 写成的）。

这次收购行动使联想一举跃升为《财富》全球 500 强企业、世界 PC 产业三巨头之一。借助 IBM 的一流 PC 研发能力、无与伦比的品牌与全球销售网络，联想不仅更有实力在中国本土市场防守，而且可在国际市场主动出击,可守可攻,于兵于商,皆高招也。

正是联想这次收购行动展现的周密策划、胆识与想象力引起了世界的关注。它向世界传递了一个信号:中国来了！联想之后,将是哪家中国企业作另一大手笔的跨境收购呢？

走这步高棋并不是没有风险。联想面临的最大考验,是能否成功地整合管理一个从IBM接收过来的庞大国际业务网络与国际员工队伍,充分发挥其互补优势。这也是资本市场最大的担心之处。但是,如果联想按兵不动,让这次难得的收购机会从指缝间溜走,对未来的发展或许有重大负面影响。

中国的快速工业化与城市化进程,刺激了对原油与天然气等化石能源的巨大需求,对铁矿石、有色金属、木材等原材料的需求有增无减。为了保障上游资源的长期供应,中国基础工业企业有必要在全球作一些战略性收购;对于中石油、中石化、中海油、宝钢等中国大型企业,跨境收购在今后相当长的时期应当是其董事会和管理层战略决策的重心之一。

在制造业上,中国企业总体而言有明显的低成本优势,也有明显的母国市场优势。在多数情形下,应依靠在本土市场上的有机成长,而不应贸然到海外扩张。但在一些特定条件下,为了得到先进技术专利,为了加速树立品牌,为了建立全球销售网络,抢占国际市场份额,可以考虑有选择性的跨境收购,或在单项或多个业务领域,在本土市场或海外市场建立互补互利的合资合作与战略联盟。TCL-汤姆逊、华为-3COM、东风-日产汽车、奔驰-北京福田汽车等跨境案例,皆属此类模式。

在服务业上,中国整体上相对滞后。尽管中国本土的服务业市场有着巨大的发展空间,然而服务业对品牌、声誉、专业知识与能力等无形资产有更高的要求,绝大部分中国企业尚无实力到海外扩张。如同制造业的早期一样,服务业更可能出现的形态是中外合资企业,以跨境合资、合作的形式在中国境内开展业务。

毫无疑问,中国企业境外收购的主要制约因素是自身的管理能力。而缺少高流动性的国际收购货币,也大大地增加了跨境收购的成本。这一障碍因素对于尚未上市或只在境内A股市场上市的企业尤其重要。

中国政府虽然积极鼓励中国企业走出去,国家在外汇与资本管制方面也有重大放松,在募集外汇资金上比过去容易得多,但毕竟人民币还是不完全可兑换货币,加之汇率在一定程度上被低估,也增加了企业走出去的成本。2003年,中国到海外直接投资仅有区区29亿美元,远低于外商在华直接投资(580亿美元)。相比之下,当年美国企业到海外直接投资达1 737亿美元,日本企业为373亿美元。

联想收购IBM的PC业务案,为中国企业海外扩张创立了一个崭新模式,树立了一个前所未有的高标准,也预示着中国企业跨境并购浪潮的来临。但是,可以预见,在相当长的时期内,中国仍将是FDI的净流入国。

本文原载于《财经》2004年12月。

"公司中国"的崛起

过去十年,是中国经济发展史上辉煌的十年。在此期间,中国经济发生了深刻的革命性变化,在全球经济中的影响与日俱增。在一系列重要领域中的体制改革不断深化,传统的中央计划经济体系渐趋萎缩,富有活力的新型市场体制逐步确立。工业化、城市化、民营化与全球化的浪潮席卷神州大地,推动了中国经济持续的高速成长。在此期间,中国的名义国内生产总值从1996年的67 884亿元上升到193 600亿元,增加了近两倍;国际贸易总额由1996年的24 134亿元上升到161 460亿元,增加了近六倍。中国作为世界工厂与全球贸易大国的地位已经初步奠定。

中国宏观大格局的十年巨变,也彻底改变了中国经济的微观地貌。十年前,中国经济的主角还是成千上万尚未改制、臃肿昏睡而低效率的传统国企,三资企业与私营企业在计划经济的边缘角壤破土而出、茁壮成长,但是尚未能形成大气候。那时,国有企业的经营不善与累积亏损是如此严重,削弱了宏观经济稳定与增长的微观基础,以至于朱镕基总理在1998年时,把"国有企业扭亏转盈"作为新一届政府的首要战略任务之一。十年后的今天,与世界上任何一个名义GDP超过万亿美元的国家相比,国有企业在中国经济中仍然继续扮演着非常重要的角色,但是大部分国有企业都已在不同程度上经过了某种形式的改制重组以及部分民营化,中央大型国有企业的管理架构有所改善,地方国有企业的市场化与商业化程度更是大幅提高。中国企业的整体盈利水平显著提高。

在"抓大放小"、"国退民进"的基本改革思想指引下,中国私营经济的政治与法律地位有了显著改善,许多歧视性的政策法规被废除或修改,为私人企业的创业与成长塑造了前所未有的环境。这一期间,私营企业如雨后春笋般涌现,在珠江三角洲、长江三角洲与山东半岛地区,私人经济发展尤其迅猛,成为推动经济发展的新型引擎。这十年间,为了满足加入世界贸易组织的条件以及在2001年年底正式入世后履行入世协议中的承诺,中国显著地减少了关税与非关税贸易堡垒,更进一步地开放了市场和改善了外商投资的环境,大大刺激了全球跨国公司在华直接投资的热情,FDI流入量持续增加,外商投资企业也扮演了一个日益重要的角色。到2006年年底,改制重组后的国有企业、私营企业与外资企业在中国经济中已形成三足鼎立之势。

这十年中,中国从一个由政府官僚计划与行政意志主导的经济体转轨成为一个由企业渐唱主角的新兴市场化经济体,从一个过分强调意识形态的政治社会演变成为一个或许"过分"强调利润和消费的新型商业化社会。这种巨变尽管不可避免地产生了一些令人忧虑的负面后果,如收入不平等、贪污腐败和环境污染等,但是十年巨变的基本主流是非常积极的、非常有益的,为中国的现代化奠定了一个较好的微观经济基础。如同1900年标志着"公司美国"(Corporate America)的到来一样,一个"公司中国"(Corporate China)的时代已经悄然来临。

如果说"公司中国"在十年前恐怕还只是一个空洞的、没有意义的名词,那么在今天则对中国经济是一个非常恰当的描绘。公司中国不是从天而降的,而是中国经济改革与发展的产物,是中国经济成就的写照。

公司中国的原动力来自中国政府的国有产业战略重组与民营化,而资本市场则是它的天然催化剂。经过几载重组,中国电信(香港)——今中国移动通信公司——在香港联交所与纽约股票交易所于1997年10月同时挂牌上市,标志着中国第一家能与国际同类公司相比的大型现代公司的诞生。足可令中国人自豪的是,中国移动经过短短十年的飞速发展,今天已取代"沃达丰"成为世界上最大的通信公司。中国移动以其行业领导地位、经营规模、盈利成长记录、市值与流动性等成为"公司中国"时代的标志。除了中国移动以外,中国已经出现了一大批由传统国有企业蜕变而来的行业龙头,其组织架构与管理模式已经与现代企业逐步接轨,包括中国电信、中国石油、中国石化、中国海油、神华煤炭、中国人寿、交通银行、建设银行、中国银行、工商银行、华能国际、上海宝钢,等等。其中,中国石油是亚洲市值最大的公司,中国银行、建设银行与工商银行皆已跻身于世界十五家市值最大的银行行列。

与此同时,中国私营企业在这十年间蓬勃发展,在互联网与IT通信行业尤令人注目,如新浪、搜狐、网易、阿里巴巴、腾讯、盛大、分众传媒、联想电脑、中兴通讯、华为等。在制造业中,远大空调、海尔、三一重工、魏桥纺织、波司登等,以其质量与品牌已经在各自的领域初步建立了一定的市场领导地位。

但是,在全球化的时代,国际竞争日益加剧,"公司中国"是否有能力与"公司美国"在本土市场与国际市场成功角逐?显然,"公司美国"拥有众多的世界级跨国企业,已经在许多产业,如半导体、电脑软件、医药、飞机、航天、传媒、金融等领域称雄全球。"公司中国"虽还稚嫩,但也有许多后发优势。其中,低成本制造是被广为提及的重要竞争优势。

事实上,母国优势可以说是"公司中国"的最主要优势。中国作为全球成长最快的经济体,为中国企业提供了飞速扩大的辽阔的国内市场和无与伦比的发展机会。自英国工业革命以来,每一个经历了工业化的国家都曾孕育了一些优秀的企业,在各自的行业各领风骚数十年,甚至数百年。中国目前正发生的工业化,就规模、广度或速度而言并无历史先例,只有美国较为近似。在未来五十年或最长一百年间,中国公司将完全可以在《财富》全球500强中独占半壁江山,俨如今天的美国。

但是,正处于少年期的"公司中国"也有许多先天不足。首先,对于改制重组上市的国有企业,最令投资者关注的是公司治理问题:国有控股股东如何切实保障外部少数股东的利益,政府部门任命的管理层如何能胜任专业化管理重责为全体股东创造价值,等等。公司治理问题当然在"公司美国"也存在,但在中国这样一个法制尚未健全、企业运作尚不够透明的转轨经济体中,公司治理的矛盾尤显突出。中国的私人企业大多仍然处于家族式经营阶段,在专业化管理、透明度与保障小股东利益方面与现代公司的最佳标准仍相去甚远。所以,改善公司治理,是"公司中国"面临的尖锐挑战。

其次,"公司中国"基本上分布在劳动密集型的制造业或服务业,还处于产业价值链的低端。中国虽然作为"世界工厂",但是能在国际市场上真正有一席之地的品牌寥若晨星。绝大多数的中国企业创新能力不足,缺乏知识产权。知识产权拥有量太少,是未来制约"公司中国"竞争力的一个致命弱点。

最后,尽管"公司中国"有着源源不断的廉价蓝领劳动力的供应,可以在未来较长时期内继续维持低成本优势,但是非常缺少一流的人才,尤其是管理人才与国际型的人才。相比之下,"公司美国"因其激励机制、自由竞争与高流动性,为具有聪明才智、雄心勃勃的人士提供了广阔的发展舞台与成就事业的良好机会,所以汇聚了全世界的精英,包括工程技术、法律、金融与行政和战略管理方面的专才。因此,"公司美国"不但集中了世界上许多最有创意的尖端人才,而且还不断为政府、公共部门、非营利组织输送高级领导人才。且不提"公司美国",就是与韩国公司和印度企业相比,中国从整体而言,国际一流的高管人才奇缺。

如果说,过去十年里经过艰难的结构改革,在传统计划经济的废墟上催生了"公司中国"的绿苗,那么在下个十年中,通过外部环境,即国家在市场经济制度上的不断改进和完善,以及企业内部的进一步重组改革,"公司中国"将会茁壮成长,变得越来越有效率、越来越有竞争力,能持续地为股东创造最大的价值与回报,并在研发、自主创新和知识产权领域迅速缩小与"公司美国"的差距。"公司中国"的兴起,标志着现代化中国的来临,将是全球经济中最激动人心的事件。

本文原载于《财富》中文版十周年特刊(2006年)。

企业卓越之路

自从第一次工业革命以来,一个国家的崛起无不伴随着一批伟大企业的涌现。

这些企业顺应了工业革命的潮流,抓住了独特的发展机会,取得了不朽的成功与业绩。相比任何其他类型的机构或组织,企业的重要性都不言自喻。商业企业是一个国家创造就业、税收与财富的主要源泉,是国家经济强盛的支柱,是社会安定、文化繁荣的基石。

毫无疑问,中国作为全球经济大国的崛起,必须也一定会伴随着一大批优秀企业的出现。从研究者、投资者和政策制定者的角度而言,一个重要而有趣的问题是,哪些企业已经具备了卓越企业的基因,有可能成为未来推动中国经济发展的领军者?

笔者认为,虽然企业的卓越之路各有不同,但伟大的企业皆有如下几个共同的特征:

1. 宏伟的愿景

如果翻开发达国家的企业编年史,我们可以看到,许多伟大的企业在创业伊始,就已经树立了一个未来的发展愿景(vision)。高盛在纽约松树街简陋的地下室里,苹果在其创办人乔布斯养父狭窄的车库里,Facebook在哈佛大学的学生宿舍里,就都已怀有鸿鹄之志,为未来树立了一个明确的发展目标。

这些企业一开始可能只有朦胧的梦想、模糊的雄心,但它们自觉地把模糊的思想加以梳理、完善,使之逐渐变为清晰的战略、可行的行动规划,以及能够加以遵循的发展路径。

没有伟大的愿景,企业就不能敏锐捕捉和充分把握国家宏观经济增长所带来的发展机会,就无法充分发挥它作为一个组织在一个特定时代和市场环境下所具备的潜力,就不能形成独特有效的商业模式,并且难以鼓舞团队与员工士气,激励出持续的和最佳的工作业绩。

2. 卓越的领导

约翰·洛克菲勒与标准石油,安德鲁·卡内基与美国钢铁,亨利·福特与福特汽车,赛蒙·沃尔玛与沃尔玛连锁超市,安迪·格鲁夫与英特尔,史蒂夫·乔布斯与苹果,比尔·盖茨与微软,沃伦·巴菲特与伯克夏-哈萨威,等等,一个伟大的企业从成长到壮大的整个生命周期,无不与一个伟大的领导者息息相关。

平庸的将领无法带出优良善战的军团,平庸的管理团队无法打造一个伟大的企业。现代企业成功的关键在于人才,尤其是顶层领导人才。一个卓越的CEO,就像一个卓越的将军,必须具备战略思维、非凡眼光与个人魅力,能够吸引、凝聚和激励一支一流的团队,率领员工队伍为了一个共同的发展愿景而有效合作,确保经营计划得到一流的执行,从而带领企业在激烈的市场竞争中取得胜利。

3. 独特的文化

企业的文化是决定企业核心竞争力的因素之一。伟大的企业具有共同的文化与价值观,比如追求卓越、团队合作精神,尤其是对不断创新的执著与高度关注。

企业的创办者和CEO对于企业的文化有着最大的影响,通过其信念、思想与言行给企业的文化打下深刻的烙印。企业文化是吸引人才凝聚团队的乳胶,也是决定企业品牌与声誉的一个重要因素。

4. 优异的产品

不言而喻,在市场经济中,一个商业企业成功的法宝在于能够为客户提供优质的产品与服务,比如福特的T型汽车,微软的Windows运营系统与Office软件系列,苹果的iMac、iPod、iTunes、iPhone与iPad,Google的搜索引擎,星巴克的咖啡,联邦快递的快递服务,等等。

伟大的企业一定拥有优异的产品,而平庸的产品却可以损害一个伟大的品牌。只有通过技术与商业模式的创新、卓有成效的研发活动、强大的知识产权,才能够不断地为消费者提供受其欢迎的优良产品与服务,企业才能持续扩张销售收入、提高市场份额与利润。

5. 巨大的韧性

在竞争性市场经济中,企业面临的生存与发展环境充满着不确定性。变化是唯一的常数,技术、商业模式、消费者品位偏好与行业竞争格局等,都是不断变化与更新的。昨日风行的产品今日就不受青睐了,曾经领先的技术过时了,可靠的商业模式也不再灵验了,或者面临没有预料到的突发事故与法律诉讼。宏观经济周期逆转,不时出现的金融危机,可能导致现金流恶化,债务负担急剧上升。可以说,企业从创立伊始到其发展过程中的每一个阶段,都会经历各式各样的风险,而鲜有一帆风顺的案例。

有效地识别与管理风险、灵活性、调整能力与创新,是企业基业长青的基本要素。苹果在其发展过程中,曾一度濒临困境,被人们written off,大家再也不把它当一回事了。但是,乔布斯偏偏不认输,重返苹果担任CEO后,推出了一个接一个的拳头产品,终于东山再起,使苹果成为今天全球最有价值的上市公司。

在瞬息万变、激烈竞争的市场中,企业会不可避免地遇到挫折、失败,甚至倒闭与破产的考验。企业生存与永续发展的关键是有能力从错误中学习,能够被打倒还能拾起信心爬起来,展现出顽强的韧性与忍耐力。

6. 卓越的回报

与非营利组织不同,一个商业企业的成功最终体现在企业的盈利能力与长远价值上。这可能是衡量一个伟大企业最综合、最重要的尺度。

乔布斯之所以被世人尊敬,并不仅仅是因为他的非凡创造力与他及其团队所开发的优质产品,更重要的是他成功地把他自己与团队的创造力和产品转变成了利润与价值。苹果曾一度几乎破产,当乔布斯1997年重返公司时,其净亏损高达8亿余美元,市值仅区区30亿美元。到2011年年底(乔布斯英年早逝的同年),苹果净盈利高达260亿美元,市值为3 740亿美元,成为世界上最值钱的高科技公司。

股东回报率的差异往往反映了一流企业与平庸企业之间的根本区别。不论在什么国家,或者在什么行业,一个伟大的企业必须能够创造持久的与优异的股东回报。离开了这个硬指标,就不必奢谈什么社会责任等话题了,因为社会赋予一个商业企业最核心的使命正是创造价值与回报。

本文原载于《新财富》2012年4月。

如何处置中国概念股"集体信誉"危机？

过去两年间，中国在全球金融危机中稳如泰山的卓越表现与大规模政策刺激下的经济强劲反弹，令全球投资者对于中国刮目相看、信心高涨、浮想联翩，在美国上市的中国概念股备受追捧。然而，近来在美国上市的中国概念股价格暴跌，除了影响大市的中国与全球宏观经济的不确定性因素外，根本原因在于接二连三暴露出来的企业会计作假、财务混乱与公司治理缺陷等问题。投资者先前对于中国概念股那种蜜月般的天真期盼似乎已荡然无存，而被震惊、失望、幻灭和愤怒所取代。

个别中国概念股公司涉嫌财务骗局和欺诈，使人们想起美国的安然、世通，中国的银广夏、欧亚农业等事件。如果查证属实，这些问题公司的最终归宿可能是市值蒸发、股票停牌、退市破产，以及当事人——控股股东、董事和高管受到调查与法律诉讼。遗憾的是，几粒老鼠屎，败坏整锅汤。在对于中国概念股的整体质疑气氛中，市场良莠不分，清白的中国企业也被无辜连累，股价备受抛售与沽空压力。而一些本来计划去纳斯达克或纽约泛欧交易所上市的中国公司则不得不推迟甚至放弃计划。就像每次集体信誉危机后所发生的一样，代价将由远超出几个主要肇事者的更多的人所承受。

中国改革开放以来，美国资本市场为中国企业融资提供了一个重要的市场平台。中国移动、中国石油、中国人寿等大型国有企业通过改制重组与在纽约上市，成功地接受了国际资本市场的洗礼。中国的互联网与IT类公司也大多是在美国上市。在中国境内市场尚欠成熟的早期阶段，发达的美国股市为中国企业提供了一个理想的融资场所。

但是美国在股票发行上的高度市场化与便利、自由,也为一些中国企业提供了急功近利的可乘之机。它们在自身商业模式尚未稳固、盈利前景尚未明朗、公司治理架构极为欠缺的条件下,就挖空心思,寻找捷径,走后门借壳上市。这些企业没有经过正常的公开上市程序,在财务报表、资讯披露、公司治理等关键步骤上蒙混过关。通过走后门借壳上市的中国公司不仅仅发生在美国市场,在中国香港和新加坡市场上这样的案例也屡见不鲜。但总体而言,效果不佳,不仅融资额极为有限,而且后市交易不旺、流动性弱,大都没有起到改善企业经营效率、持续提升企业价值的目的。这类企业薄弱的公司治理不仅成为制约它们自身发展壮大的最大障碍,而且终于不可避免地触发了一场对于中国概念股的集体信誉危机。

上市公司做假账之类的财务欺诈案件在西方国家也并不罕见。但是,由于中国转轨过程中法制不够健全,透明度较低,并缺少道德伦理约束,中国企业的诚信问题相对显得更为突出。企业财务弄虚作假与食品安全问题都反映了中国诚信危机的严重性。鉴于中国在全球经济中所扮演的关键角色,频繁曝光的中国海外上市公司会计与公司治理问题,将不可避免地对于中国在国际上的整体形象和软实力产生负面的影响。因此,对于中国概念股公司所面临的集体信誉危机,必须慎重对待处理,并认真吸取教训。

首先,中国的司法与监管部门应积极配合美国有关当局的调查处置。尽管中国政府对于海外上市的非国有企业中国概念公司并不负有主要监管责任,但鉴于这些企业的资产和业务主要在中国境内,它们中"问题企业"的行为损害了中国上市公司的集体声誉和投资者对于中国的信心,因此,中国证监会、财政部、商务部和公安部等有关机构可以配合有关外国当局的工作,如美国证监会(SEC)、上市公司会计监管局(PCAOB)及司法部门,对于个案的调查和司法程序提供必要的便利与协助。

其次,也是对于中国企业一条最重要的教训,就是切忌在资本市场上过于急功近利。借壳上市反向收购似乎能提供一条上市融资的捷径,但是,这是一条短暂的、获益有限且不可持续的途径。对于想进入资本市场的企业,应当考虑正常的首次公开发行(IPO)的途径,在企业发展过程中选择合适的时期和合适的地点上市。企业应尽可能得到有专业经验和市场声誉的投行、审计机构、律师事务所的辅导服务与尽职调查,在财务体系、信息披露、业务模式、公司治理制度上满足上市的监管要求及市场最佳操作标准。

如果企业还处于发展期中的较早阶段，尚不具备公开发行上市的条件，则应优先考虑其他融资途径，比如通过引进合适的VC/PE投资者。在VC/PE投资者的资本与专业支持下，企业可以得到更快的发展成长，并在财务管理与公司治理方面变得更加规范和透明，为公开上市创造条件。

最后，无论如何，成为公众上市公司仅意味着企业迈上了一个新的发展平台，而非可以在财务和公司治理上松懈敷衍。事实上，公众上市公司面临着投资者的压力、监管的要求和媒体的监督。建立透明诚信的公司文化，对于帮助企业充分利用包括融资在内的资本市场巨大的功能，建立可持续发展的经营模式和创造长期股东价值具有巨大的意义。

财务诚信透明与良好的公司治理，不只是美国、中国香港这样的发达市场对于上市公司的要求，在中国境内资本市场显得更加重要。中国现阶段境内投资者绝大多数仍为散户，专业能力有限，因此受害的风险也最大。不管上市地是在境内，还是美国，或者中国香港，从投资者保护、企业声誉品牌、市场竞争力与长期股东价值创造等方面进行全方位考量，财务诚信透明与良好的公司治理是中国所有上市公司所面临的重大挑战，也是有很大潜力可以显著改善和提高的领域。

在美国上市的中国概念股面临着集体信誉危机，笔者希望这一尴尬困境为中国所有上市公司提供一个深刻的警示，鞭策其树立透明与诚信的高标准，确保上市公司和资本市场未来的健康发展。

本文原载于《新财富》2011年8月。

中国可以复制乔布斯吗?

苹果公司联席创办人乔布斯的英年早逝,引起了全世界的悼念与缅怀。中国许多企业家和年轻人视乔布斯为偶像,对其敬仰有加。不用说,笔者也是乔布斯的一个崇拜者。

只活了56岁的乔布斯为世人留下了许多精美的东西。但他留下最重要的不是iMac、iPod、iPhone、iPad,或者即将问世的iCloud这一系列引领潮流的产品与应用,也不是当前市值名列全球第一的高科技公司,而是他孜孜不倦追求完美的坚定承诺,敢于标新立异的独立人格,以及锲而不舍顽强创业的奋斗精神。乔布斯留下的这些遗产对于正处于民族中兴时期的中国的年轻一代具有特别珍贵的价值。

乔布斯可以用多个词汇来加以描述:一位颠覆性的企业领袖、商业革命家、IT狂人、永不停歇的创新者和偏激的完美主义者。笔者认为,乔布斯最令人钦佩的是他独立的人格,自始至终坚持己见,执著地过自己的人生。他的强烈个性、创造力与杰出的商业成就一起共同确定了他短暂但是灿烂的生命。

作为IT产业的重要先驱,人们常把乔布斯与比尔·盖茨相提并论。但与盖茨一帆风顺的生涯相比,乔布斯的身世与经历更加复杂、曲折。他在事业上经历过惨痛的失败与挫折,最羞辱的低谷是被自己一手创办的苹果公司革职开除,而苹果公司则在经营上遭遇了种种不顺,财务曾陷入困境,一度濒临破产。盖茨的微软则一路平坦、高歌猛进,成为PC产业无可争辩的主宰和全球市值最大的高科技公司。

盖茨是上天的宠儿，人生春风得意，走的是一条宽广平直的大道。他在事业与财富巅峰时急流勇退，全身心转向社会公益事业，创立了有史以来全球最大的慈善基金会，致力于消灭流行疾病和征服癌症这种最终夺去了乔布斯生命的顽症。除了在IT软件领域业已取得的开天辟地的成就，盖茨可能还会在历史上留下规模最大、最具开创性的慈善家的美名。而乔布斯一出生就被父母遗弃，自呱呱落地时起就面临不确定的人生，这使得他具有坚强的生存意志与战斗精神。正当乔布斯领导苹果公司进入势不可挡的黄金发展时期，在市值超越传统宿敌微软之际，他被确诊患有不治之症。乔布斯的人生与事业生涯变化起伏，多有不幸，所以显得更加传奇、更加绚丽多彩。

乔布斯只上了一个学期的大学就退学了，不务正业，只是随性所至，学习书法，皈依佛教，并去印度研习禅宗。他与朋友在养父的车库里白手起家创办了苹果公司。即使在美国这样一个崇尚个人自由的社会，乔布斯仍属另类。他从青年时代起就不随常规，敢于冒险，执意探索一条不同的轨迹。

作为一个企业家，乔布斯最令人刮目相看的是，即使在失意与挫折中，他也继续保持着坚定的信念与对未来清晰的认识。当他重返苹果后，就像魔术师一般，把苹果的创新潜力释放出来，把一个个奇妙的东西呈现在世人面前，iMac、iPod、iPhone、iPad，让人们眼花缭乱、惊叹不绝。苹果推出了一个接一个的热门新产品，博得了千万消费者的喜爱。在供应过剩的资本主义历史上，消费者排长队等候一个新产品的上市发售实不多见。

主要是因为乔布斯的缘故，电脑去掉了复杂与神秘的面纱，已不再是办公室的专用机器，而是变成像iPhone和iPad这样极其方便、简单好用的日常生活必需品。乔布斯使苹果产品成为时尚、酷的标志。

与盖茨不同，乔布斯不是工程师出身，技术功底并不太强，但他具有出色的设计才华、独到的市场眼光与艺术家般的品位。他并不过分迷恋于技术的复杂与深奥，而注重简单、美观、实用、人性化与用户的最佳体验。在iPad2的产品推介会上，乔布斯声称，iPad2是高科技与人文嫁接的结果，会让你的心灵歌唱。试问，有几个高科技公司的CEO能够说出这样诗一般动听的语言呢？

对于许多企业家，一生能够影响或改变某一个行业就是梦寐以求的成就了，而乔布斯颠覆性地改变了五大产业：电脑、通信、娱乐、出版与零售。

他使得个人电脑无处不在,渗透了人们的日常生活。如果盖茨是PC时代当之无愧的领袖,那么乔布斯就是后PC时代无与伦比的教父。

乔布斯是一个怪才、狂才,但又是一个不折不扣的美国企业家。叙利亚(乔布斯生父的国家)、孟加拉,或者朝鲜是出不了乔布斯的。

事实上,任何一个等级森严、官僚死板、不容异见的社会都不可能孕育出乔布斯这样创新型的人才。

美国长期以来是创新与创业的乐土。美国给了乔布斯独特的个性与想象力,给了他非凡的机遇,给了他巨大的发展空间,尤其是让他失败了还能东山再起。美国的自由、多元化与包容性文化使得乔布斯成为乔布斯。

熊彼特认为企业家"创造性的破坏"是推动经济长远增长的持久动力。21世纪信息科技革命方兴未艾。移动互联网、SNS、云计算,等等,将继续深刻地影响与改变全球产业结构、生活方式与商业模式。为了落实"十二五"发展规划,改变经济发展方式,从低成本制造经济体变成自主创新大国,中国急迫需要乔布斯式的人才。

中国能否出乔布斯?毫无疑问,中国有一大批具备潜质成为乔布斯、盖茨或扎克伯格的年轻人。但是,因为目前中国的社会、文化与金融市场环境的限制,他们中绝大多数人可能没有机会脱颖而出、大显身手,或者可能过早夭折。今后,我们必须关注三个领域的制度变革。

1. 进行系统性教育改革

中国现行教育体系唯考试、唯分数、唯文凭,死记硬背,刻板僵化,忽视了能力的培养,未能刺激学生的好奇心与创造力,不利于培养高端创新人才。系统性教育体制改革是中国成为美国式创新强国的先决条件。

2. 建立宽松自由多元化的社会环境

政府、企业与整个社会不再需要单一式循规蹈矩的人,而应当能够容忍和接受"另类",打破职场唯学历、唯文凭的传统,让大学肄业者也有空间发展,让失败者还有第二次机会。

3. 改革与发展金融体系

早期天使投资、后续成长融资与公开资本市场融资是培育创新企业的重要融资生命周期。一个活跃有效率的VC/PE产业和成熟发达的股票与债券资本市场可以为中国千千万万有志者提供充足的创业资本,从而有效克服长期以来制约中国中小企业发展的融资瓶颈,显著推动中国未来一代的创业与创新活动。

"保持饥饿,保持傻劲"与"过自己的人生"。这是乔布斯2005年给斯坦福大学毕业生的寄语。笔者相信,中国年轻一代会认真仿效乔布斯,秉承实践他的价值,从而变成乔布斯式的人。

本文原载于《新财富》2011年11月。

企业家——中国经济可持续增长的动力

一

经济增长是一个国家的国民财富随时间而不断增加的过程。在过去三十年的改革开放时期,中国经济的巨大潜力终于被释放出来,实质国民生产总值保持了快速增长,数以亿计的人脱离了绝对贫困,数以亿计的人变成了中产阶级,也有数以万计的人变成了亿万甚至十亿万富翁。作为世界第二大经济体、第三大贸易国和外汇储备最多的国家,中国经济在全球经济中的地位与影响与日俱增,中国人民的生活水平显著提高。

就在这一时期,中国各行各业涌现了一批企业家,在中国经济迈向市场化的时代浪潮中应运而生、茁壮成长,充满了朝气与生机。这些企业家有的是农民出身,有的是弃官下海,有的是海归创业。与计划经济时代的政府行政官僚或国有企业干部不同的是,这些企业家基本上是白手起家、背水一战,自创业之日起就在传统计划经济的狭缝中求生存谋发展,在激烈的市场竞争中角逐拼搏,适者生存,优胜劣败。许多企业家创业伊始就碰壁失败了;有些先繁荣景气一时,然后走了下坡路;极少数的因其商业模式的优越、管理能力的出众、意志的顽强坚毅,或者好运气,终于生存了、成功了,建立了在国内甚至在国际市场有影响力的企业。

企业家作为一个新兴群体或阶层,为中国经济三十年来的快速成长立下了汗马功劳。他们创造了成千上万的就业机会,为国家提供了重要的税收来源,产生了显著的经济效益和股东价值。中国享有今天所取得的繁荣、稳定和进步，中国的企业家们作出了显著的贡献。

但是，在企业家的地位和价值逐步得到政府与社会承认及肯定的同时，他们也受到许多误解、质疑和批评。除了事业上的巨大压力之外，企业家们还要承受不小的政治上和道德上的压力，甚至承担额外的政治上和法律上的风险。有证据表明，企业家所面临的不确定性近年来已经导致了资本与财富的外流。这种状况如果延续，有可能严重挫伤中国企业家的积极性和创业热情，从而危及中国经济未来的可持续增长。

二

回顾世界经济史，尤其是英国工业革命以来，任何一个国家的经济起飞，无不是一群有远见、有雄心的企业家们在其中扮演主导和中坚的力量。市场经济制度之所以比人类历史上任何一个制度都更富有效率和更具有创造财富的能力，就是因为该制度最有效地提供了财产权利保护、自由创业和自由竞争的良好法律、政治和社会环境，从而使得企业家能够如鱼得水，充分发挥其潜能和才干。

企业家一词的英文为entrepreneur，源自古法语，指发起、组织和管理一个商业企业并承担其风险的人。在中世纪的欧洲，有才华的人如果不能世袭成为王公贵族，则孜孜追逐教会职位和行政官僚的俸禄。但是欧洲文艺复兴后，社会变得更为自由、开放、多元，垂直流动性显著提高。对于王权和教会的僵化特权体系的藐视，对于理性、人权与独立的崇尚，使得企业家作为一个新兴社会与经济阶层应运而生，为工业革命提供了强大的催化剂。英国、欧洲大陆和北美的崛起，正是企业家为其打下了坚实的经济基础。日本与东亚"四小龙"的工业化，企业家在其中也扮演了重要的角色。同样，中国最近三十年的经济奇迹，企业家功不可没。

在2008—2009年全球金融危机和经济衰退后，经济再平衡与可持续发展成为中国必须面对的尖锐挑战。4万亿人民币的政府财政刺激与10万亿人民币的放松银根虽有成效，但毕竟只是短期性的反周期政策举措。从中长期而言，只有民间的投资、就业与消费继续保持较快的成长，才能推动中国经济可持续地增长。而把资本和劳动力等生产要素有效地结合起来，从而创造并增加价值的就是企业家的功能和作用所在。

20世纪初的哈佛经济学大师约瑟夫·熊彼特最先确立了企业家在经济长远增长中的核心作用。创新、创业、落伍、淘汰,到再创新、再发展,市场经济的巨大活力和能量正是来源于这一"创造性的破坏"(creative destruction)的动态过程。

从某种意义上说,2008—2009年的全球金融危机也揭示了这一现象。美国拥有全球最发达、最有效率的金融体系。但是,金融创新尤其是信用衍生品出现了"过度"与泛滥,导致了许多金融机构与企业的减记和损失,市场和实体经济出现了一个不可避免的极端痛苦的调整过程。在2008年年底的危机高峰之后,一些中国的观察家断言华尔街崩溃了,自由资本主义模式失败了,美国从此将一蹶不振。但是,这类结论显然为时过早,有失偏颇。

市场经济总是会呈现周期性的波动,偶尔会出现严重的、急剧的波动,甚至经济危机。但是,不容忽视的是,自由市场经济也具有较强的自我调整能力。在政府的适当干预下,市场经济可以实现较快的矫正、愈合、复苏和增长。即使20世纪30年代空前严重的经济"大萧条",也未能摧毁市场经济固有的调整和恢复机能。虽然凯恩斯主义反周期政策发挥了显著的作用,但最重要的原因还在于企业家精神——这种被凯恩斯称为"动物精神"的创业冲动和冒险精神使得市场经济制度具有顽强的生命力。正是企业家精神确保了"大萧条"后的美国经济复原,刺激了新的科技革命,孵化了崭新的高成长产业,为第二次世界大战后的美国经济长期繁荣奠定了基础。

三

美国的法制与自由、对于私有财产的有效保护、开发新大陆的拓荒精神、新教的伦理价值体系和移民社会自然形成的流动性与"自我奋斗"传统,使得美国成为企业家的理想摇篮。安德鲁·卡内基、约翰·洛克菲勒、J. P. 摩根、亨利·福特、托马斯·爱迪生、亚历山大·贝尔、赛蒙·沃尔玛、比尔·盖茨、沃伦·巴菲特、斯蒂夫·亚伯斯、杨致远、杰夫·贝佐斯、瑟基·贝林、劳伦·佩吉等著名企业家的创业故事不仅在美国家喻户晓,就是在世界其他地方包括中国也是耳熟能详。事实上,中国近十余年在IT和互联网成功创业的企业家大都是借鉴了美国企业家的创新经验,把已经在美国成功了的商业模式和技术应用移植、复制到中国市场。华盛顿的政治机器可能显得低效、无能,令人沮丧,但是美国私人商业部门的自由、效率与创造力,却是值得世界羡慕和仿效的。

最近刚过世的美国经济学大师保罗·萨缪尔森曾说过,美国人的主要行当就是经商创业(American's business is business)。的确,如果一个社会的绝大多数人都是在孜孜不倦地创造就业、贡献税收和积累财富,而不是孜孜以求地等盼分配工作、分享税收和收入的再分配,那么成为这个社会主导力量的将是企业家,而非"寻租者",这个社会就不容易滑入停滞和衰落,就具备了经济增长的永久动力。

令人感到欣慰的是,改革开放后中国涌现了一批优秀的企业家,如柳传志、鲁冠球、曹德旺、任正非、侯为贵、宗庆后、马云、施正荣、李书福、梁稳根、张跃、徐航、马化腾、王传福、马明哲、陈东升、吴小晖,等等。他们充满了创业的理想和激情,为中国的经济起飞作出了贡献。但是,中国的企业家群体还十分弱小。一方面,在复杂多变的市场中,他们必须不断完善自己的商业模式,加强核心竞争力,尤其是开发知识产权,才能继续把企业做大做强;另一方面,在中国的转轨经济制度下,法制仍不完善,随意性的行政干预和官员腐败滥用权力,使得企业的外部经营环境不可预测、充满风险,企业家如履薄冰。此外,在企业家取得商业成功和财富后,社会公众对他们的期望和要求也自然上升。因此,中国企业家也相应必须承担更大的社会责任,除了守法合规经营、自觉履行纳税义务以外,还要树立道德诚信和维护声誉,热心社会公益,在环保、教育、济贫与慈善等领域发挥领袖作用。

但是,企业家的首要责任是建立成功企业,创造股东价值。归根结底,创业和创新,是扩大就业、税收和解决社会问题(如贫困等)的根本途径。

企业家是中国经济长期可持续发展的真正动力。因此,我们必须尊重、爱护和鼓励企业家,尤其是在中国的青少年中倡导和弘扬将使中华民族长盛不衰、永葆活力的企业家精神。

本文原载于《经济观察报》2010年3月22日。